実験で学ぶ経済学

大塚友美 ── 著

創成社

はじめに

　本書を手にされた方は，戸惑いを感じることと思う。経済学の入門書としては，基礎理論に関する解説（各章の前半）が少ない。本書の半分を占めているのは，エクセルやVBAの利用法に関する記述（各章の後半）である。では，エクセルやVBAの概説書かといえば，それらの詳細を紹介しているわけではない。重回帰分析や経済モデルを用いてはいるが，計量経済学を論じているわけでもない（筆者自身，計量経済学についてはまったくの素人である）。鵺のように正体がはっきりしない本，といわれても仕方ないと思う。

　しかし，筆者としては，あくまでも経済学の入門書，概説書を目指したつもりである。本書がこうした性格をもつに至ったのには，それなりの理由がある。多少言い訳がましくなるが，その理由を述べておくことにする。

　経済学を専攻していない学生諸君に講義をしていると，不思議そうな，あるいは困惑した表情をうかべる学生が少なくないことに気がつく。この傾向は，たとえば，予算制約線と無差別曲線を用いて家計の行動を論ずる（本書の第2章）というような，比較的抽象度の高い議論のときに目立った。

　あるとき思い立って，予算制約線と無差別曲線が実際に描けること，両者が接することなどをパーソナル・コンピュータとプロジェクターを利用して実演して見せたところ，ホッとした表情になったのである。彼等は，そのような図が本当に描けるのか，いぶかしく思っていたのであろう。要するに，理論（講義）の内容を体感（実感）できない不全感が，不安感につながっていたのであろう。そこで，他の講義項目についてもこの実演して見せたところ，思いのほか好評であり，理解を深めるのに役立つことがわかった。

　およそいかなる学問分野においても，理論の内容を体感できるか否かは，理解を深める上で決定的ともいえるほど大きな影響力をもっているのではないだ

ろうか。思えば，小中学校の時代，理科の実験が嫌いだった人はあまりいないだろう（試験は別にして）。水の電気分解をはじめとする教科書の内容を，実験で確認できたときは，少なからぬ感動があったはずである。

大学においても，自然科学を専攻している学生は，学問の性格上，こうした体感を積み重ねていることと思う。他方，社会科学に関していえば，状況は自然科学の場合と大きく異なる。社会現象は錯綜した諸要因に起因する1回限りのものであり，自然科学のようにフラスコやビーカーなどの管理された一定の環境下で何度も再現することはできない。また，いうまでもないが，人間社会を実験材料に利用することなど，人道上許されるはずもない。

こうした制約の下で，自然科学の場合と同じような体感を経済現象について得ようとすれば，計量経済モデルを用いて，現実の擬似的状況をコンピュータ内の仮想空間に再現する実験，すなわちシミュレーションを行うしかないだろう。ところが，計量経済学は優れて精緻化された学問であり，経済理論のみならず数学や統計学を習得し，重回帰分析・最尤法・2段階最小二乗法などといった分析手法や，それらの信頼性を確かめる各種の検定法，さらにはコンピュータの操作などにも通じている必要がある。しかしながら，それらを習得することは，経済学を専攻する学生にとっても容易なことではない。

これでは，人文科学や他の社会科学などを学ぶ学生一般にとって，経済学に関する体感を積むことはほぼ絶望的というに等しい。そして，学ぶ側にとっても，教える側にとっても，まことに不幸な状況が一般化するのである。

ここで再び想起されるのは，先の理科実験の事例である。多くの生徒にとって理科実験が楽しかったのは，教科書の内容は十分に理解できない場合でも，教科書の指示にしたがって実験を行うと，その通りの結果が得られることが経験的に確かめられ，理解を深めることができたからである。

これと同じことは，経済学についてもいえよう。経済理論や統計技法などへの理解は十分でなくとも，一定の指示にしたがって，予算制作線と無差別曲線が接する家計行動に関するグラフ描くといった経済学上の「実験」を行い，「体感」を蓄積することは可能なはずである。その体感の蓄積は，経済学の理

解につながっているはずである。まずは，自らの手を動かして，その感触を感ずることが重要である。そして，経済現象への関心が高まってくれば，さらに高度な学習にもさほどの抵抗もなく取り組むことができよう。

先に「実演して見せた」と書いたが，それは筆者が経済理論の妥当性を視覚的に示しただけで，学生が自ら体験したことではない。体感を得るには，自らエクセルなどを用いて，実験を自らの手で行う必要がある。

この実験重視の観点から，本書では多くの事項を削除した。経済理論に関しては，必要最小限の骨格だけを記すにとどめた。回帰分析などに関しては，エクセルの分析ツールの利用法のみを解説し，理論や検定などについては一切論じていない。連立方程式の解などを求めるために，VBAで書いた「行列」や「2分法」などのプログラムは，その原理をごく簡単に解説しただけである（これらの詳細は，巻末の参考文献などを参照されたい）。

本書の鵺のような性格は，こうしたことに由来している。

ところで，筆者の研究領域は人口経済学であって，既述のように計量経済学などに関してはまったくの素人である。また，コンピュータの専門家でもなく，本書で紹介したエクセルの操作法やVBAのプログラムは，筆者が我流で習得したものである。したがって，計量経済学者やコンピュータの専門家，あるいはコンピュータに詳しい諸氏からみれば，おかしな点が多々あることと思う。これらの点に関しては，ぜひご叱責とご教示を賜りたい。

最後に，本書の刊行までには，多くの方々の助力があった。筆者が，執筆に専念できたのは，家族が陰ながら支えてくれたからである。そして，本書が校正の段階にはいってから仕事が多忙を極めたために，校正が大幅に遅れ，創成社出版編集・企画部の塚田尚寛氏には，多大なご迷惑をおかけした。氏の辛抱強さがなければ，本書は日の目をみなかったはずである。これら多くの方々からご助力を賜ったことを，ここに記してお礼申し上げる。

平成17年4月11日

大塚友美

* Windows，Excel，VBA（Visual Basic）及びマイクロソフト製品は，マイクロソフトの商標または登録商標です。
* 本書で用いたエクセルとVBAは，Office2003のものを利用した。しかし，他のバージョンの場合でも，これらの基本的操作方法は同じである。
* 各章「実験編」の参考データを，創成社webサイト（http://www.books-sosei.com）上で提供しているので，本書と一緒に活用されたい。

目 次

はじめに

第1章 市場と市場経済 ―――――――――――――― 1

概 論 編

1 はじめに 2
2 市場と市場経済 2
3 市場経済と社会保障制度・独占禁止法 6
4 市場経済と環境破壊 10
5 まとめ 14

実 験 編

1 はじめに 15

【I】表計算機能の活用 ………………………………… 16

1 データの作成 17
2 需要曲線と供給曲線 17
3 市場モデルの作図 19
4 均衡価格と均衡量の求め方（連立方程式の解法） 22

【II】VBAの活用 ……………………………………… 25

第2章　家計の行動 ―――――――――――――――― 29

[概　論　編]

　　1　はじめに　30
　　2　予算の制約　30
　　3　無差別曲線　32
　　4　効用の最大化と消費パターン　34
　　5　労働供給と所得　37

[実　験　編]

　　1　はじめに　42

【Ⅰ】エクセル表計算機能の活用（家計の消費行動）………… 43
　　1　データの整備　44
　　2　予算制約線　44
　　3　予算制約線と無差別曲線の接点の計算　45
　　4　無差別曲線　48
　　5　家計行動の作図　49

【Ⅱ】VBAの活用 ………………………………………………… 51

【Ⅲ】補論（家計の労働供給）…………………………………… 53
　　1　予算制約線と無差別曲線の接点の導出　54
　　2　労働供給の作図用データ　56
　　3　労働供給の作図　57

第3章　完全競争市場における企業行動 ―――――― 59

[概　論　編]

　　1　はじめに　60
　　2　諸費用　60

3　最適生産量の決定　64

　　　4　価格変化と生産　66

　　　5　まとめ　68

　実　験　編

　　　1　はじめに　69

　【Ⅰ】表計算機能の活用 …………………………………………… 70

　　　1　データの作成（準備作業）　71

　　　2　総費用曲線　71

　　　3　平均費用曲線　74

　　　4　平均固定費用曲線　77

　　　5　平均可変費用曲線　79

　　　6　限界費用曲線　81

　　　7　企業の行動に関するモデルの作図　84

　　　8　最適生産量の求め方　86

　【Ⅱ】VBAによる方法 ……………………………………………… 89

　　　1　プログラムの特徴　89

　　　2　VBAの活用　90

第4章　独占企業の行動 ──────────────── 93

　概　論　編

　　　1　はじめに　94

　　　2　独占と独占企業　95

　　　3　独占企業の行動　96

　　　4　独占による負の影響　99

　　　5　まとめ（独占禁止法の制定）　99

[実験編]

【I】エクセル表計算機能の活用 …………………………………… 102

 1 分析用データの作成 103

 2 需要曲線 103

 3 総収入曲線 105

 4 限界収入曲線 107

 5 平均費用曲線と限界費用曲線 109

 6 独占企業の行動に関する作図 110

 7 方程式の解法（ゴールシークの活用） 112

【II】VBAによる方法 ………………………………………………… 116

 1 プログラムの概用 116

 2 VBAの活用 116

第5章　有効需要の原理 ——————————————— 119

[概論編]

 1 はじめに 120

 2 有効需要の原理 121

 3 高橋是清と「有効需要の原理」 124

 4 「有効需要の原理」の問題点 125

 5 裁量的財政政策の有効性 127

 6 まとめ 130

[実験編]

 1 はじめに 132

【I】エクセル表計算機能の活用 …………………………………… 133

 1 作図用データの作成 133

2　45°線図の作図　135
　　　3　連立方程式の解法　136
　【II】VBA の活用 ……………………………………………… 142

第6章　IS-LM 分析 ——————————————— 145

概論編

　　1　はじめに　146
　　2　IS 曲線と LM 曲線　146
　　3　IS-LM 分析と経済政策　149

実験編

　　1　はじめに　154
　【I】エクセル表計算機能の活用 ………………………………… 155
　　　1　作図用データの作成　155
　　　2　IS-LM 曲線の作図　157
　　　3　連立方程式の解法　158
　【II】VBA の活用 ……………………………………………… 165

第7章　景気変動 ——————————————————— 169

概論編

　　1　はじめに　170
　　2　景気変動と景気指標　170
　　3　景気循環の種類と諸仮説　174
　　4　加速度原理　176
　　5　まとめ　178

> 実 験 編

　　1　はじめに　180

【Ⅰ】表計算機能の活用 ……………………………………………… 181
　　1　景気変動概念図の作成　181
　　2　現実の経済への適用　185

【Ⅱ】VBA による実験 ……………………………………………… 194

第8章　経済成長 ———————————————— 199

> 概 論 編

　　1　はじめに　200
　　2　経済成長と経済成長の決定要因　200
　　3　ハロッド＝ドーマー・モデルの概要　201
　　4　経済成長経路　204
　　5　まとめ　208

> 実 験 編

　　1　はじめに　210

【Ⅰ】表計算機能の活用 ……………………………………………… 212
　　1　実験用データの作成　213
　　2　ハロッド＝ドーマー生産関数の導出　213
　　3　消費関数の導出　214
　　4　政府支出関数の導出　216
　　5　経済成長のコンピュータによる再現　217
　　6　再現した経済成長過程の作図　219

【Ⅱ】VBA の活用 …………………………………………………… 221

【Ⅲ】まとめ ………………………………………………………… 223

第9章　将来人口推計―――――――――――――――225

概　論　編

　　1　はじめに　226
　　2　人口推計の概要　226
　　3　社会経済発展と人口変動（仮説設定の基盤）　232

実　験　編

　　1　はじめに　239
【Ｉ】表計算機能の活用 ……………………………………240
　　1　将来人口推計　240
　　2　人口ピラミッド図の作成　247
【II】VBAの活用 ……………………………………………250
　　1　推計用データの作成　250
　　2　VBAの活用　251

参考文献―――――――――――――――――――――257

索　　引――――――――――――――――――――259

第1章

市場と市場経済

概論編

1 はじめに

　経済学の父アダム＝スミス (Adam Smith, 1723-1790) は，その著書『国富論』(1776年) のなかで，各人が利益を求めて利己的に行動しても，「神の『見えざる手』」の働きに導かれて，結局は全体としての調和が実現するのであって，国家（政府）の経済への介入はかえって「神の『見えざる手』」の働きを乱すことになるので，国家（政府）は経済活動に介入すべきでなく（自由放任），その役割は治安の維持などに限るべきであり（夜警国家観），財政規模の小さな国家（政府）が理想的である（安価な政府），と主張した。この「神の『見えざる手』」こそ，今日の経済学の「市場」に相当するものである。

　後の第5章でみるように，ケインズが唱えた「有効需要の原理」（1936年）に基づいた経済政策を，後に各国の政府が採用するようになるまで，これらの国々の経済の運行は市場の働きに委ねられてきた。

　本章では，概論編においてこの市場の仕組と機能，市場経済の特徴を概観し，次の実験編において数値例を用いて市場モデルを描く。

2 市場と市場経済

　人間の経済的欲望は全体としてみれば無限であるが，これを充たす手段，すなわち財 (goods) は稀少である。それゆえ，何をどれだけ生産し，どのように分配するか，という問題が生ずる。資本主義経済においては財の生産と分配などに関して，市場が極めて重要な役割を果たしている。このため，資本主義経済は，一般に市場経済（これ以降ではこの名称を用いる）とも呼ばれる。

　このことを具体的にみておこう。市場義経済は，基本的には，家計と企業と

いう2つの経済主体から成り立っている。これらの経済主体を結びつけているのは、①生産要素市場（各種の生産要素（土地，労働力，資本など）を提供しようとする家計と，生産のためにそれらを需要する企業との間に成立する），②最終生産物市場（さまざまな消費財などを供給する企業とそれを需要する家計との間に成立する），③中間生産物市場（生産過程で必要になる原材料などを供給する企業とそれらを需要する企業との間に成立する），④直接用役市場（消費用役（各種のサービスなど）を供給する家計とそれを需要する家計との間に成立する）などの市場である（図表1－1を参照）。市場の働きがなければ，経済が機能しないのである。

こうした役割を担っている市場の仕組と機能は，次の通りである。

いま，価格（P）を縦軸に測り，数量（Q）を横軸に測る（図表1－2を参照）。このとき，ある商品の価格（P）と需要量（Q_D）との関係は，右下がりの需要曲線（DD線）によって表される。すなわち，価格が高くなれば需要量は少な

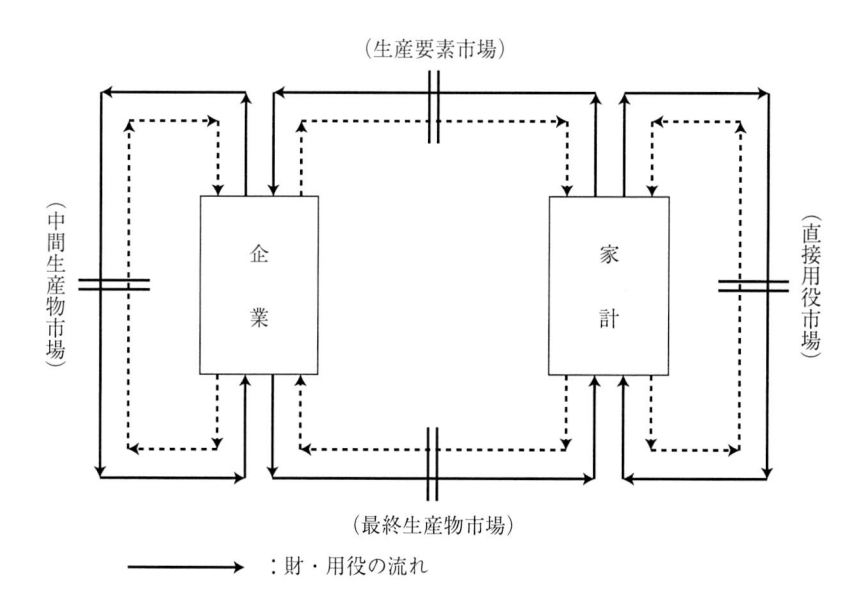

図表1－1　市場経済の概念図

（生産要素市場）

（中間生産物市場）　企業　　家計　（直接用役市場）

（最終生産物市場）

──────▶ ：財・用役の流れ
－－－－－▶ ：貨幣の流れ

図表1－2　市場モデル

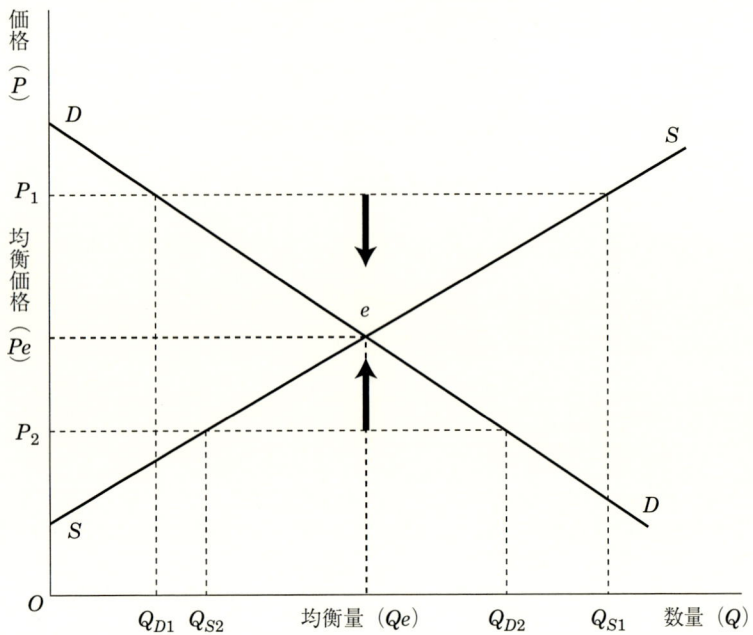

くなり，価格が低くなれば需要量は多くなるのである。また，この商品の価格（P）と供給量（Q_S）との関係は，右上がり供給曲線（SS線）によって表される。すなわち，価格が低くなれば供給量は少なくなり，逆に価格が高くなれば供給量も多くなるのである。そして，DD線とSS線の交点，すなわち均衡点（e点）において均衡価格（Pe）と均衡量（Qe）が決まる。

　市場では，この均衡を成立させる力が働く。たとえば，いま，何らかの理由によって，この商品の価格が均衡価格（Pe）より高いP_1になった，とする。このとき企業が供給する商品の量はQ_{S1}になるが，消費者が需要する数量はQ_{D1}になる。このように，供給量が需要量より大きくなる超過供給の状況下では，価格を引き下げようとする力が働く。逆に，この商品価格が均衡価格（Pe）より低いP_2になった場合，企業が供給する商品の量はQ_{S2}になるが，消費者が需要する数量はQ_{D2}になる。このように，需要量が供給量より大きくなる

図表1−3 消費者余剰と生産者余剰

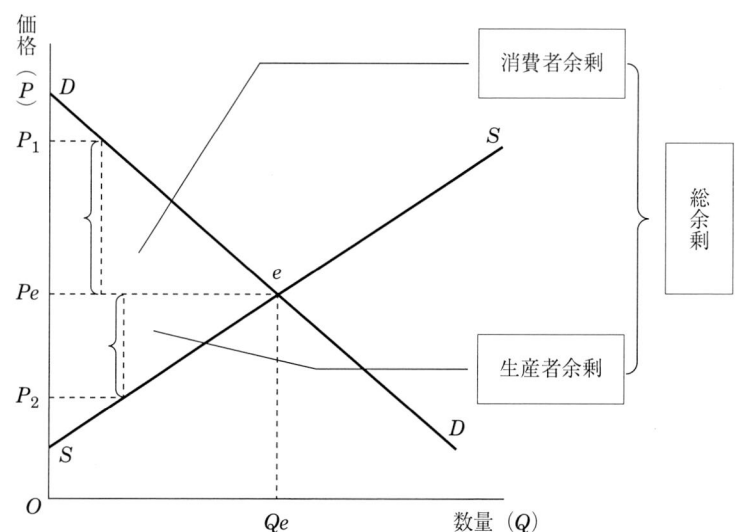

超過需要の状況下では、価格を引き上げようとする力が働くのである。

　こうして決まる均衡価格は、消費者と生産者の双方にとって好ましいものである、といえる。たとえば、価格 P_1 を支払ってもこの商品を手に入れたいと考えている消費者は、それ以下の均衡価格 Pe でこれを入手できるので、その差額 P_1Pe 分の出費をしないですんだことになる（図表1−3を参照）。こう考えると、三角形の面積△$eDPe$ は消費者側に生じた利益の総額を示していることになる。これが消費者余剰である。他方、この商品を P_2 という費用（詳細は第3章を参照）で生産している生産者にとって、この商品が均衡価格 Pe で取引されることは、その差額 P_2Pe 分だけの利潤が得られることを意味する（図表1−3を参照）。このように考えると、三角形の面積△$eSPe$ は生産者側に生じた利潤の総額を示していることになる。これが、生産者余剰である。そして、両余剰の合計額（面積△eDS）が社会全体の利益、すなわち総余剰になる。

　このような仕組をもつ市場を中心に営まれる市場経済では、価格が重要な役割を果たしている。市場経済においては、各経済主体（家計や企業）は価格を

シグナルとして経済活動をしている。その結果，ある商品の価格が上昇すると，この商品に対する消費者の需要は縮小するが，生産者の供給は増大する。他方，この商品の価格が低下すると，消費者の需要は増大するが，生産者の供給は縮小する。こうした力が働く結果，既述のように，需要と供給は一致する。このことを，「市場（価格）の自動調節機能」という。

社会主義経済のように中央計画機関がない市場経済の秩序が保たれているのは，市場にこのような機能があることによる。そして，こうした機能があるからこそ，必要なものは増産される反面，あまり必要のないものは減産されるなどして，希少な経済資源の合理的な配分が可能になるのである。

また，政治的観点からみても，市場は大きな役割を担っている。既述のように，社会主義経済とは異なって，経済計画を立案し，計画目標の実現を命令によって国民に強制する中央計画機関は，市場経済には存在しない。市場経済においては，各経済主体は国家の統制を受けることなく，自らの自由意志によって目標を決定し，自由な経済活動を行うことができる。これが可能であるのは，市場の自動調節機能が経済の秩序を保っているからである。このような経済制度は，民主政治にとって重要な意味をもつ権力分立を経済の側面から体現していることにもなる。換言するなら，民主政治体制を経済的側面から支えるものが市場経済体制である，といっても差し支えないであろう。

ただし，市場の働きには，留意すべきことがある。市場がこれまで述べてきたような機能を充分に発揮できるのは，より多くの利益を求める売り手（企業）とより安価で良質な商品を求める買い手（家計）が市場に無数に存在する結果，自由な競争（完全競争）が市場で行われている場合なのである。

3 市場経済と社会保障制度・独占禁止法

1980年代末から1990年代初頭にかけてソ連・東欧諸国が崩壊し，市場経済へと移行した。この歴史的な出来事の主な要因としては，社会主義経済の生産性が市場経済の生産性よりも低く，東西の冷戦による軍事支出の負担にこれら諸国の経済が耐えきれなかった点などを挙げることができよう。では，市場経

済の生産性は，なぜ高いのであろうか。その背後には，市場の働きが大きく影響している。このことを，次の極端な事例を用いて考えてみよう。

【事例】
　ある国の食糧市場では，需給関係（DD 曲線と SS 曲線を参照）によって，米の価格は Pe の水準に保たれていた（図表1－4を参照）。ところが，ある年，米の生産が減少し，図中の供給曲線が SS 線から $S'S'$ 線へシフトした結果，米価が Pe から Pe' へと大幅に上昇した。このとき，ようやく Pe の価格の米を買っていた貧しい人々はどうなるか。ただし，議論の便宜を図るために，米以外に食糧はなく，外国からの米の緊急輸入などもなく，また貧しい人は他からの借金

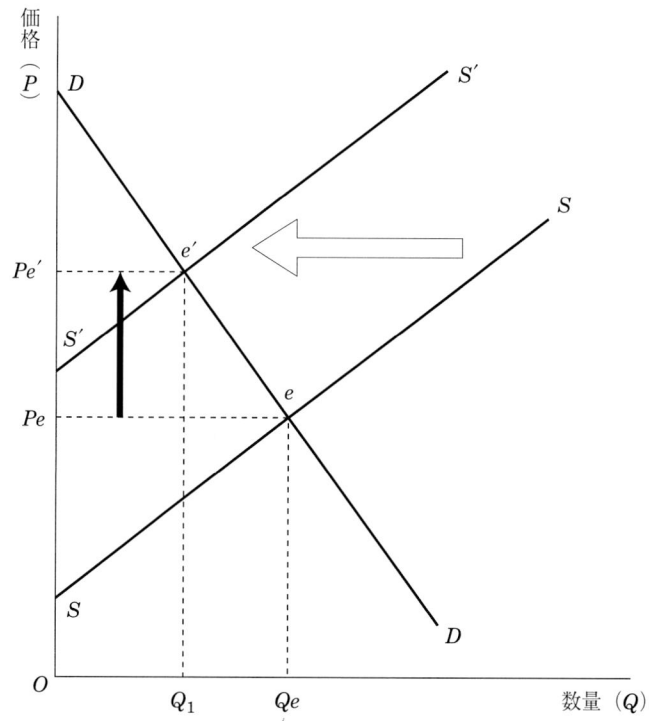

図表1－4　不作による食糧価格の変化

などもできない,と仮定する。

　上記の極端な事例の答は身も蓋もないものではあるが,理論的な観点からすれば,最悪の場合,貧しい人々は餓死するしかない。市場経済においては,上記の需給状況が発生した場合,米価が上昇するのは当然である。そして,市場経済の原則に従うなら,国家(政府)による価格統制などはあってはならない。なぜなら,既述のように,各人が自らの利益を求めて利己的行動しても,経済的秩序が保たれて,全体としての調和が実現するのは,市場(「神の『見えざる手』」)の働きによるのであって,国家(政府)の経済への介入はかえってその働きを乱すことになりかねないからである。それゆえ,各人の「経済活動の自由」が尊重されている市場経済にあっては,自らの行動の結果に対する責任は自らが負う,ということが基本原則の1つになっている(自己責任原則)。

　このように考えるなら,貧者は,自助努力を重ねることによって,自らが招いた貧困状態を改善すべきであって,国家(政府)の救済策は期待できないことになる(社会保障と市場経済の関係については,後述する)。

　ここで留意すべきは,市場のこうした働きが,市場経済の生産性を高めていることである。市場経済では個人的利益を自由に追求でき,個々人の能力に応じて富・地位・名声などを手に入れることができる。他方,怠惰や無能は倒産や失業に結びつき,その後に控えているのは貧困・飢餓・疾病・死などの災厄である。社会主義計画経済とは異なって,自由な市場経済には中央計画機関も命令も存在しない。にもかかわらず,市場経済の生産性が計画経済より高い理由は,市場のこうした「アメ」と「ムチ」の機能が,創意工夫,勤勉な労働へと人々を方向づけ,技術革新,生産性の向上,投資の増大などが進展しやすいことに求められる(図表1-5を参照)。

　しかし,こうした長所は,短所にも通じる。市場での自由競争が激しくなるにつれて,深刻な社会経済問題が生ずる。すなわち,市場において経済競争が進む過程で,勝者と敗者とが峻別される結果,社会経済的格差の拡大や独占の進展などの問題が顕在化せざるを得ない。しかも,ここで自己責任原則が問わ

図表1−5 市場の働きの概念図

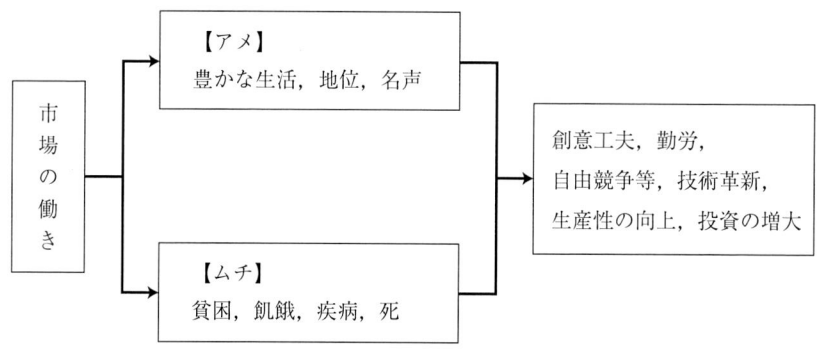

れば，経済競争の敗者（貧しい者）に対して救済措置すらとれない，冷酷な社会が出現することになる。

　社会保障制度などの安全網が充実し，独占禁止法などが備わったわが国の今日からすれば，こうした状況は想像することすら難しい。しかしながら，19世紀末から20世紀初頭にかけて，市場経済は実際に社会経済的格差の拡大や独占の進展といった深刻な問題に直面していた。こうした状況の中から「生存権」の思想が生まれ，そして定着したことが，今日の福祉国家への道を切り開いたのである（それ（19世紀末から20世紀初頭）以前の時代，倒産や失業は貧困・飢餓・疾病・死とつながっていたし，たとえ救済策がとられたにしても，それは慈善事業的な性格が強いものであった）。また，世界初の独占禁止法も，こうした経済状況への対応策として，この時期に制定されたのである。

　しかし，上記の変革がなされたとはいえ，市場のアメとムチの機能は，基本的な機能を失ったわけではない。社会保障制度によって健康で文化的な必要最低限度の生活は保障されているが，それはあくまで最低限の保障であって，よりよい生活を望むなら，やはり各人は創意工夫や勤労などに努めなければならない。この機能があるからこそ，市場経済の生産性は高いのである。

　ところで，上記の社会経済問題に関していえば，この時期にはもう1つ別の対応策もみられた。それは，敗者（貧しい者）に鞭打つような冷酷な市場経済

体制を廃し、平等な経済社会を築こうとする社会主義運動である。こうした動きは、1917年のロシア革命によって現実のものとなった。

社会主義経済では、平等な経済社会を実現するため、政治的には社会主義政党による一党支配（民主集中制）をとり、経済的には中央計画機関が財の生産や分配を決定し、これを命令により人々に強制し、実現させようとする計画経済体制を採用した。しかし、中央計画機関がさまざまな財の生産や分配の詳細を決定することには、実際上、少なからぬ無理があった。また、平等を旨とする社会主義社会には、人々の生産・勤労意欲を喚起する刺激に欠けていた。こうしたことの長年の積み重ねにより、計画経済体制の生産性はしだいに低下し、また硬直的な社会体制をいわゆる制度疲労が徐々に浸食し、やがて軍事支出の負担などに経済が耐え切れなくなったとき、社会主義体制は破綻した。社会主義という壮大な実験は、失敗のうちに終わったのである。

平等な社会を築こうとする社会主義の問題意識は決して誤りではないが、それを実現する方法に誤りがあった、といわざるを得ないであろう。

4 市場経済と環境破壊

以上の議論から明らかなように、市場は決して完全無欠ではない。さらにいえば、市場の機能が充分に働かず、資源の最適配分が実現できないこともある。このことを、「市場の失敗」という。その代表的な事例として、外部効果や自然独占などが挙げられるが、ここでは外部効果について考察する。

市場経済においては、企業が使用する空気や河川の水などに対して対価を払う必要はない。なぜなら、図表1－6から明らかなように、水や空気などは「自由財」（Free Goods）とよばれ、価格がない（成立しない）からである。

すなわち、空気や水に対する人間全体の需要を示す需要曲線（DD線）は、ほぼ垂直になる。他方、地球上における空気や水の賦存量は一定（すなわち、ほぼ垂直の供給曲線（SS線）によって表される）であるだけでなく、その量は人間の需要量をはるかに上回っている。それゆえ、DD線とSS線とは交わらず、価格は成立しない。水や空気の価格は、ゼロ（0）なのである。

図表1－6　自由財の事例

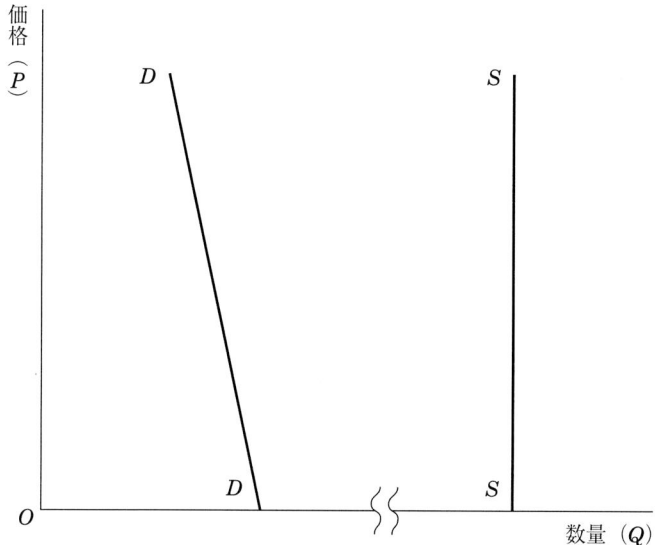

　ちなみに，本章のこれまで部分で議論してきた，市場において価格が成立する財のことを，経済財（Economic Goods）という。

　ここで重要なことは，生まれてこのかた市場経済のなかで生活してきたわれわれは，市場経済の論理を当然のこととして受け入れる性向が身についているために，この問題点に気がつかないことがある，という事実である。

　価格とは市場の需給関係で決まるものであるが，財（商品）の価値を貨幣の尺度で表したものでもある。そして，誰もが欲しがる（需要がある）有用な商品は，価格が上昇することから増産される。逆に，あまり需要のない商品は，価格が低下してゆき，やがて生産されなくなる。こうした状況のもとで長年にわたって経済生活を続けていると，価格が高いものは価値も高く，価格の低いものは価値も低い，と短絡的に考える習慣が知らぬ間に身についてしまう。その結果，価格の高いものを大切にする反面，価格の低いものを疎かにする，といった行動をとるようになるのである。

　ところが，現実の社会では，そうした判断が適切でないこともある。先にみ

た自由財の事例が，これに相当する。空気や水はわれわれの生存に必要不可欠であるが，価格はゼロである。このため，企業のみならずわれわれ自身さえも，価格がないことから価値も低いと考えて，これらを疎かにした結果，河川や大気の汚染をはじめとする公害や環境破壊などの問題が生じてきた，といえよう。これを具体的に説明するのなら，次のようになる。

　市場経済においては，生産活動を行う際に企業が負担するのは，本来，原材料など生産に直接的に伴う費用（私的費用）だけである。大気や水の価格はゼロであるために，企業は何も負担することなくこれらを利用できる。このとき市場では，需給の均衡点 e 点によって，均衡価格 Pe と均衡量 Qe が決まっている（図表1-7を参照）。そして，煤塵や汚水を放出し続けた結果，大気や河川

図表1-7　外部不経済

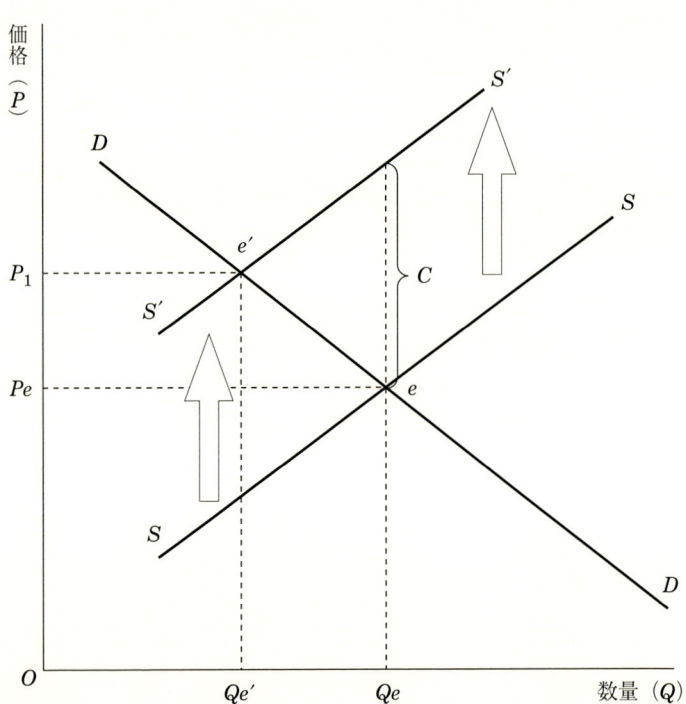

の深刻な汚染が発生して、社会一般に不利な効果をもたらしたのである。これが外部不経済（ある経済主体の行動が、市場機構を通じることなく、無償で他の経済主体に不利な効果を与えること）である。つまり、この不利な効果を受けた経済主体に対して支払うべき費用、すなわち外部費用を企業は支払っていない。仮に、外部費用の額（C）を上乗せすると、供給曲線（SS曲線）は上方にシフトして$S'S'$線となり、均衡点はe'へと推移する結果、社会的に最適な生産量はQeからQe'に減少することになる。言い換えるなら、外部費用を考慮しないことが、より多くの生産と消費を可能にしているのである。

とはいうものの、状況は変化しつつある。これまで公害や環境破壊などに対して、規制的手段を中心とするさまざまな対応策がとられてきた。そして、今日では、新たな対応策が注目されはじめている。その1つが、市場の力を活用する経済的手段、すなわち「排出権の取引」である。

その概要は次の通りである。いま、AとBの2つの企業のみが存在し、生産を効率的に行っているA社は大気汚染物質（温室効果ガス（CO_2）など）をさほど排出していないが、生産が非効率なB社は大量の大気汚染物質を排出している、とする。さて、大気汚染を防止するために、汚染物質の排出量の上限が決められ、A社は新技術を開発するなどしてこの基準以下に排出量を引き下げるのに成功したが、B社にとって技術力などの点からこの基準を達成するのは容易ではない。このとき、A社が実現した排出量と基準値との差額（排出権）を、基準を充たせなかったB社が購入すれば、A社はそれによって利益を得られ、B社はその購入分だけ生産を維持できる。また、A社の汚染物質削減量とB社の未達成の削減量が同じであれば、排出権の取引によって両者を相殺できることになる。さらにいえば、効率的なA社が非効率なB社から排出権を購入すれば、A社は生産をさらに拡大できる一方、B社は生産を縮小・停止せざるを得ないが利益は手にでき、社会全体としてみた場合には、汚染物質の排出量の削減が実現できることにもなる。これが「排出権の取引」である。

ここで留意すべきは、A社とB社との間には排出権に関する需給関係と価格とが生じていること、すなわち市場が成立していることである。簡潔にいえば、

価格のなかったものに，価格をつけることによって，公害や環境破壊を防止しようとしているのが，排出権の取引の大きな特徴なのである。

5 まとめ

　以上，市場の仕組と機能について概観してきた。ここから，市場とは優れた作用を有してはいるが，決して万能ではないことがわかるであろう。

　政治的な観点からすれば，市場経済体制と民主主義（自由主義）体制とは表裏一体の関係にある。また，市場のアメとムチの働きが，市場経済の生産性を高めている。市場のこうした働きは，われわれに大きな利益をもたらす。しかし，市場における優勝劣敗の生存競争は，社会経済的格差の拡大や独占の進展という負の影響をもたらす。こうした問題が顕在化した19世紀末から20世紀の初頭に，「生存権」という新たな思想が生まれ，定着したことによって，福祉国家への道が開かれたのも，また世界初の独占禁止法が制定されたのも，市場が抱えるそうした問題点に対する対応であった，といえよう。

　また，1960年頃から顕在化しはじめた公害問題や環境破壊も，市場が抱える問題点（市場の失敗）の代表的な事例である。こうした問題点に対して，われわれは排出権の取引のような経済的手段によって対抗しようとしている。

　これらの事例からわかるように，市場が有する欠陥を是正しながら，その長所を利用しようとしてきたのが，われわれの経済社会の歴史なのである。

実験編

1 はじめに

本実験編においては，概論編における議論をもとに，下記の市場モデルを実際に描き，また均衡価格と均衡量を求める実験を行う。

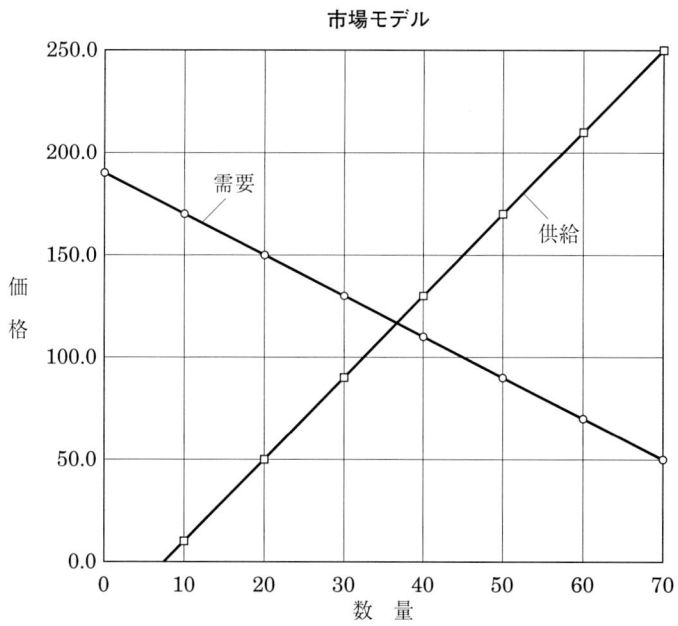

市場モデル

注）このグラフは，若干修正してある。たとえば，実際のエクセルのグラフでは，各線の名称は，グラフの右方に示される【凡例】のなかに表示される。

【均衡価格と均衡取引量】

Pe=	116.6667
Qe=	36.66667

第1章 市場と市場経済

これらの実験を行うにあたり，本編の前半（Ⅰ）ではエクセルの表計算機能を利用し，後半（Ⅱ）ではVBA（Visual Basic for Applications）を利用する。なお，その際に用いる数値例は，下の図表1－8が示す通りである。

図表1－8　市場の数値例

価格（円）	需要量（個）	供給量（個）
10	90	10
30	80	15
50	70	20
70	60	25
90	50	30

　この表は，ある商品の市場における価格と数量の推移を想定したものである。すなわち，この商品市場においては，商品の価格が10円のとき，需要は90個であるのに対して供給量はわずかに10個であるが，価格が30円に上昇すると需要量は80個に減少するが，供給量は15個へと上昇する，といった具合である。

【Ⅰ】表計算機能の活用

　エクセルの表計算機能を用いて市場モデルの図を描き，均衡価格 Pe と均衡量 Qe を計算する実験は，次の作業手順にそって進める。
　① 実験に用いるデータの作成。
　② 需要曲線と供給曲線の導出。
　③ 市場モデルの作図。
　④ 均衡価格と均衡量の計算。
　これ以下では，この手順に従って議論を進めていく。

1 データの作成

エクセルを利用する上で必要な，データ処理を下記の要領で行う。

① エクセルを起動する。
② エクセルのワークシート（Sheet1）のB2，C2，D2の各セルのそれぞれに，「価格」，「需要量」，「供給量」と記入し，その下の各セルに価格，需要量，供給量に関するデータ（表1を参照）を入力することによって，上記の図表1－8をエクセルのSheet1上に再現する（下記の表を参照）。

	B	C	D
2	価格	需要量	供給量
3	10	90	10
4	30	80	15
5	50	70	20
6	70	60	25
7	90	50	30

2 需要曲線と供給曲線

以上の準備作業を終えた後に，分析ツールを用いて需要曲線と供給曲線を求める。需要曲線と供給曲線は，次の方法で簡単に求められる。

（1）需要曲線

① エクセルのメニュー・バーの【ツール（T）】から【分析ツール（D）】を選んでクリックすると，【データ分析】のダイアログ・ボックスが現れるので，【回帰分析】を選んで，【OK】ボタンを押す。

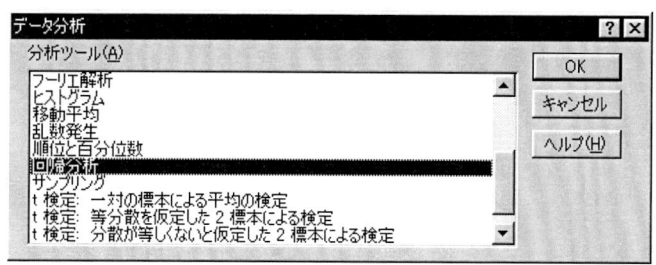

② 【回帰分析】のダイアログ・ボックスが現れたら，次の設定を行う。
　ⓐ 【入力Y範囲（Y）】の入力欄の右端にあるボタン ■（ダイアログ縮小）をクリックした後，Sheet1のセルB3からB7までをドラッグ（左クリックをしながら，マウスを移動）し，次いで入力欄の右端にあるボタン ■ を押して，被説明変数（Y）のデータを入力する。
　ⓑ 【入力X範囲（X）】の入力欄の右端にあるボタン ■（ダイアログ縮小）をクリックした後，Sheet1のセルC3からC7までをドラッグ（左クリックをしながら，マウスを移動）し，次いで入力欄の右端にあるボタン ■ を押して，説明変数（X）のデータを入力する。
　ⓒ 【出力オプション】で【新規または次のワークシート（P）】を選択する。
③ 最後に【OK】ボタンを押す。
　すると，エクセルのSheet4に回帰分析結果が現れる。そのうちの枢要部分を抜き出したものが，下記の表である。

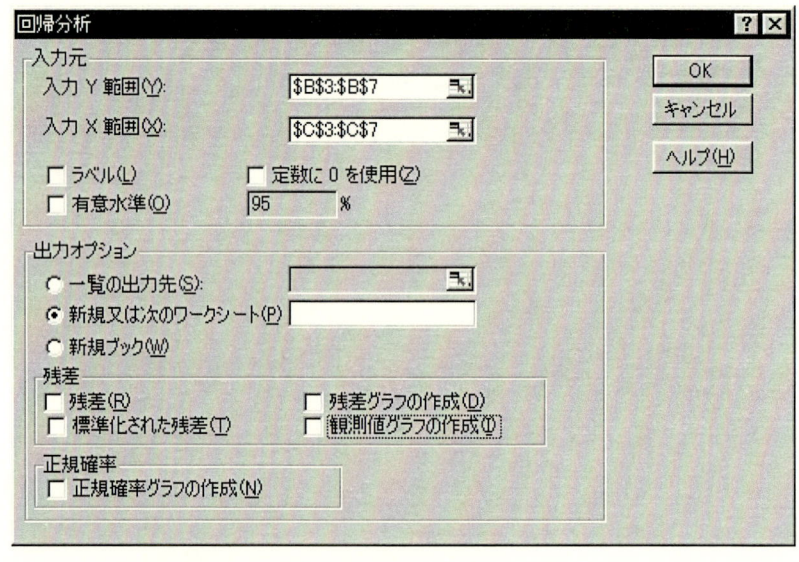

重相関 R	1
切片	190
X 値1	－2

この分析結果から，需要曲線の形は下記のとおりであることがわかる。

$$P = 190 - 2Q$$

（2）供給曲線

① メニュー・バーの【ツール（T）】から【分析ツール（D）】を選び，【データ分析】のダイアログ・ボックスから【回帰分析】を選んで，【OK】キーを押す。

② 【回帰分析】のダイアログ・ボックスで，【入力Y範囲（Y）】にSheet1のセルB3からB7までを入力し，【入力X範囲（X）】にSheet1のセルD3からD7までを入力する。その手順は，上記の需要曲線の②に従う。

③ 【OK】ボタンを押す（クリックする）。

この回帰分析の結果の一部を示すと，下記の表のとおりである。

重相関 R	1
切片	－30
X 値1	＋4

すなわち，供給曲線を示す供給関数は，次の式のとおりである。

$$P = -30 + 4Q$$

3 市場モデルの作図

以上の作業から，需要曲線と供給曲線を示す式が得られた。次に，これら2

つの方程式を用いて，市場モデルを描く．その手順は，次のとおりである．

① ワークシート1（Sheet1）のセルC9とD9に「価格」，セルB10, C10, D10のそれぞれの中に，「数量」，「需要」，「供給」と表題を記入する．

② B11～B18にいたる各セルに，数量を示す数値を「0」,「10」,「20」,……,「50」,「60」,「70」とする．

③ セルC11に，需要関数の計算式「$= 190 - 2 * B11$」を入力する．すると，セルC11のなかに，「190」という値が現れる．

④ セルD11に，供給関数の計算式「$= -30 + 4 * B11$」を入力する．すると，セルD11のなかに，「-30」の値が現れる．

⑤ セルC11からセルD11までドラッグ（左クリックしたまま，マウスを移動）した後に，ポインターをセルD11の右下の角にあわせ，ポインターの印が白（✛）から黒色（✚）に変わったら，D18までドラッグする．すると，各セルの中に，需要量と供給量に対応した価格が現れる．

	B	C	D
9		価格	価格
10	数量	需要	供給
11	0	190.0	-30.0
12	10	170.0	10.0
13	20	150.0	50.0
14	30	130.0	90.0
15	40	110.0	130.0
16	50	90.0	170.0
17	60	70.0	210.0
18	70	50.0	250.0

⑥ セルC10からセルD18にいたる矩形範囲をドラッグする．

⑦ ツール・バーの【グラフウィザード】のアイコン（▦）を押す．

⑧ 画面に現れるグラフウィザードのダイアログ・ボックスで，【グラフの種類(C)】は【折れ線】を，【形式(T)】は【折れ線グラフ】を選択し，【次へ】のボタンを押す．

⑨ 次に現れたダイアログ・ボックスの【系列】のタブをクリックし，【項目軸ラベルに使用(T)】の入力欄の右端にあるボタン▦（ダイアログ縮小）

をクリックした後，Sheet1のセルB11からB18までをドラッグ（左クリックをしながら，マウスを移動）し，次いで入力欄の右端にあるボタン▣を押してから，【次へ】のボタンを押す。

⑩ ダイアログ・ボックスの【タイトルとラベル】のタブをクリックし，【グラフタイトル（T）】に「市場モデル」，【X/項目軸（C）】に「数量」，【Y/数値軸（V）】に「価格」と記入する。次に【目盛線】のタブをクリックし，【X/項目軸】の【目盛線（M）】をクリックして選択した上で，【次へ＞】と【完了】のボタンを押す。

以上で，市場モデルを描く作業の基本は終わり，Sheet1には市場モデルに関する下記の図が現れる。しかし，この図を見やすくするには，若干の調整を施す必要がある。その調整の概要は，下記のとおりである。

① 図の縦横の外辺にある■印にポインターを合わせると，ポインターの印が↕や↔などに変化する。このとき，ドラッグをすることによって，図の大きさを変えることができるので，図を適当な大きさに調整する。

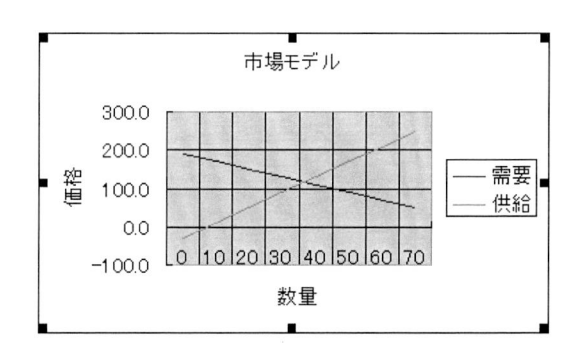

② 図の白地部分（どこでも良い）をダブル・クリックし，ダイアログ・ボックス【グラフエリアの書式設定】が現れたら，【フォント】の【サイズ（S）】を「8」程度にして，【OK】をクリックする。

③ Y軸にポインターをあわせてダブル・クリックすると，ダイアログ・ボックス【軸の書式設定】が現れるので，【目盛】のタブをクリックし，【最小値（N）】を「0」，【最大値（X）】を「250」に設定し，【OK】をクリ

ックする。

④ タイトルの「価格」の字をクリックすると，【数値軸ラベル】を示す枠が現れ，これをダブル・クリックするとダイアログ・ボックス【軸ラベルの書式設定】が現れるので，【配置】の【方向】のうち【文字列】の表示が"縦書き"になっているボックスを選択し，【OK】ボタンを押す。

⑤ X軸にポインターを合わせてダブル・クリックすると，ダイアログ・ボックス【軸の書式設定】が現れるので，【目盛】のタブをクリックし，【項目境界で交差する (B)】のチェック・マーク (✓) を外し，【OK】をクリックする。

⑥ 図中の需要曲線および供給曲線にポインターを合わせてダブル・クリックすると，ダイアログ・ボックス【データ系列の書式設定】が現れるので，【パターン】を選び，【線】の【色 (C)】，【太さ (W)】，【マーカー】の【スタイル (L)】，【前景 (F)】，【背景 (B)】を好みに応じて調節する。

本編の冒頭で示した市場モデルの図は，こうして作成したものである。

4 均衡価格と均衡量の求め方（連立方程式の解法）

以上の作業から，右下がりの需要曲線と右上がりの供給曲線とから成る，市場モデル（本編の冒頭の図）を描くことができる。さて，この市場の均衡価格は約115，均衡量は約37であることは，この図から読み取ることができる。しかし，その正確な値を知るためには，下記の連立方程式を解く必要がある。

$$\begin{cases} P = 190 - 2Q \\ P = -30 + 4Q \end{cases}$$

こうした連立方程式を解くために，さまざまな手法が考案されてきた。本実験編においては，そのうち利用しやすい①行列を利用する方法，次いで②掃出し法により解を求めるためのVBAによるプログラムを概観する。

（1）行列を利用する方法

上記の連立方程式は，次のような形に変換することができる。

$$\begin{cases} P + 2Q = 190 \\ P - 4Q = -30 \end{cases}$$

この連立方程式を行列表示すると，下記のようになる。

$$\begin{bmatrix} 1 & 2 \\ 1 & -4 \end{bmatrix} \cdot \begin{bmatrix} P \\ Q \end{bmatrix} = \begin{bmatrix} 190 \\ -30 \end{bmatrix}$$

いま，この行列を下記のように表すなら，

$AX = B$

これを次のように展開することで，未知数（PとQ）を求めることができる。

$A^{-1}AX = A^{-1}B$
$X = A^{-1}B$

これを実際に計算するための手順は，およそ次のとおりである。

① これから計算する連立方程式を明確化するために，Sheet2のセルA1に「P＋2Q＝190」と記入し，セルA2に「P－4Q＝－30」と記入する。

② セルA4に「係数行列」と記入する。次に，セルB4に数値「1」，C4に「2」，B5に「1」，C5に「－4」を記入する。さらに，セルE4に「190」，セルE5に「－30」と記入する。

③ セルA7に「逆行列」と記入し，逆行列の値が入る範囲（セルB7からセルC8に到る矩形範囲）をドラッグし，ツール・バーのアイコン *fx*（関数貼り付け）をクリックする。

④ 【関数の貼り付け】のダイアログ・ボックスが現れるので，【関数の分類（C）】は【数学/三角】をクリックし，【関数名（N）】は【MINVERSE】をクリックし，【OK】ボタンをクリックする。

⑤ 【MINVERSE】のダイアログ・ボックスが現れるので，配列の入力欄の右端にあるボタン■（ダイアログ縮小）をクリックした後，セルB4からC5に到る矩形範囲をドラッグし，入力欄の右端にあるボタン■を押してから，最後にキーボードの【CTRL】・【SHIFT】・【Enter】の3つのキーを同時に押す。すると，B7からC8に到る各セルに逆行列の値が入る。

⑥ セルA10に「Pe＝」，セルA11に「Qe＝」と記入した後，セルB10からB11をドラッグし，連立方程式の解を記入する範囲を指定する。

⑦ 次いでアイコン■（関数貼り付け）をクリックすると，【関数の貼り付け】のダイアログ・ボックスが現れるので，【関数の分類（C）】は【数学/三角】を選択し，【関数名（N）】は【MMULT】を選択し，【OK】ボタンをクリックする。

⑧ 【MMULT】のダイアログ・ボックスが現れるで，【配列1】の入力欄の右端にあるボタン■（ダイアログ縮小）をクリックした後，セルB7からC8に到る矩形範囲をドラッグし，入力欄の右端にあるボタン■をクリックする。次に【配列2】の入力欄の右端にあるボタン■（ダイアログ縮小）をクリックした後，セルE4からE5に到る矩形範囲をドラッグし，次いで入力欄の右端にあるボタン■をクリックする。最後にキーボードの【CTRL】・【SHIFT】・【Enter】の3つのキーを同時に押す。すると，連立方程式の解である「116.6667」（均衡価格）と「36.66667」（均衡取引量）が，セルB10とB11に入る。

	A	B	C	D	E
1	P+2Q=190				
2	P-4Q=-30				
3					
4	係数行列	1	2		190
5		1	-4		-30
6					
7	逆行列	0.666667	0.333333		
8		0.166667	-0.16667		
9					
10	Pe=	116.6667			
11	Qe=	36.66667			

【Ⅱ】VBA の活用

　これまで述べてきた手法は，エクセルの表計算機能を中心としたものであった。しかし，こうした作業をプログラム化しておけば，計算を何度でも容易に実行することができる。そこで，VBA（Visual Basic for Applications）を用いて書いた，掃出し法による連立方程式の解を求めるプログラムを，最後に紹介しておく。その手順は，およそ下記のとおりである。

① ワークシート 3（Sheet3）を選択し，セル A1 に「方程式の数」と記入し，セル B1 に数値「2」（方程式の数）を入力する。

② セル A3 に「行列」と記入し，先の要領でセル B3，C3，D3 のそれぞれに数値「1」，「2」，「190」を入力し，次いでセル B4，C4，D4 のそれぞれに数値「1」，「－4」，「－30」を入力する。この数値は，本書の冒頭で求めた需要関数と供給関数を，行列表示したものにほかならない。

③ セル A8 に「Pe＝」，セル A9 に「Qe＝」とタイトルを記入。

④ エクセルのメニュー・バーの【ツール（T）】をクリックし，次に現れたプルダウン・メニューの中の【マクロ（M）】を経て，【Visual Basic Editor（V）】をクリックする。

⑤ 画面に現れたビジュアル・ベーシック・エディターのメニュー・バーの【挿入（I）】をクリックし，次に現れたプルダウン・メニューの中の【標準モジュール（M）】をクリックする。

⑥ プログラムの書き込みが可能になるので，下記のプログラムを入力する。

―――――――――――＜掃出し法のプログラム＞―――――――――――

```
Dim x, w
Sub r_sl()
n = Worksheets("sheet3").Cells(1, 2).Value
n1 = n + 1
```

```
ReDim x(n, n1)

For i = 1 To n
    For j = 1 To n1
        x(i, j) = Worksheets("sheet3").Cells(i + 2, j + 1).Value
    Next j
Next i

For k = 1 To n
    w = x(k, k)
    k1 = k + 1
        For j = k1 To n1
            x(k, j) = x(k, j) / w
        Next j
    For i = 1 To n
        If i = k Then GoTo 30
        w = x(i, k)
    For j = k1 To n1
        x(i, j) = x(i, j) - w * x(k, j)
    Next j
30  Next i
Next k
    For i = 1 To n
        Debug.Print x(i, n1)
        Worksheets("sheet3").Cells(i + 7, 2).Value = x(i, n1)
    Next i: Debug.Print

End Sub
```

26　第1章　実　験　編

⑦ これを実行するには，メニュー・バーの【Sub/ユーザーフォームの実行】を示すアイコン（▶）をクリックする。

以上の操作で，下記の結果が得られる。

	A	B	C	D
1	方程式の数	2		
2				
3	行列	1	2	190
4		1	-4	-30
5				
6				
7				
8	Pe =	116.6667		
9	Qe =	36.66667		

第 2 章
家計の行動

概論編

1 はじめに

　前章の概論編でみたように，家計は市場経済を構成する重要な経済主体の1つである。家計は各種の財を消費するだけでなく，土地・資金・労働力などの生産要素を企業に提供する経済主体である。なかでも，特に留意すべきは，経済活動にとって欠くことのできない，労働力という重要な生産要素を再生産していることである。本章では，こうした機能と役割を有する家計を概論編において概観し，続く実験編で家計モデルの実験を行う。

2 予算の制約

　家計が消費行動を行う際の問題は，家計は財や用役の消費を限りある所得のもとで行わなければならないが，そこから得られる効用（満足）を最大化するには，限りある所得をどのような財の購入にあてるべきか，という消費選択である。このことを，下記の図を用いて考察しよう。

　いま，家計の所得を M とし，家計の消費対象となる財は X 財と Y 財の2つのみで，X 財の価格を p_x，Y 財の価格を p_y とする。このとき，全所得を X 財の購入にあてれば x 個購入でき，

$$x = \frac{M}{p_x}$$

また，全所得を Y 財の購入にあてれば y 個購入できることになる。

$$y = \frac{M}{p_y}$$

　図表2－1が示しているのは，こうして得た x と y を，それぞれ X 財を示す

図表2－1　予算制約線

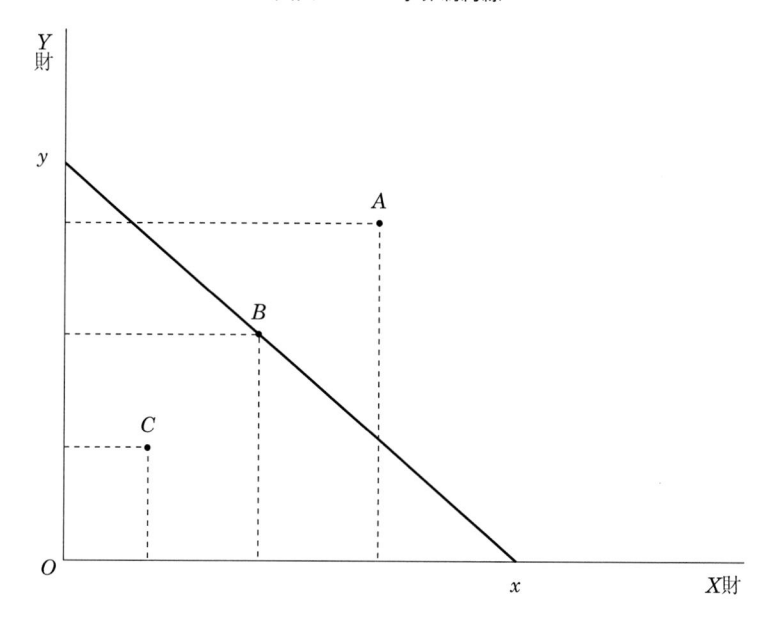

X軸とY財を示すY軸の上にプロットし，その点xと点yを直線で結んだものである。この直線xyは予算制約線と呼ばれるもので，全所得をX財とY財の購入にあてた場合にそれぞれ何個ずつ買えるか，という組合せを示している。この予算制約線（Budget Constraint）は，下記の式によって表される。

$$M = p_x \cdot x + p_y \cdot y$$

この図表2－1中のA点に関していえば，この点は予算制約線を超えた位置にあるので，X財とY財のこうした組合せの購入は不可能である。C点が示す両財の組合せの購入は，予算制約線の範囲内にあるので可能ではあるが，所得の一部が残金として残ることになる。そして，B点が示す財の組合せは，すべての所得を使い切ったときの場合であって，購入は可能である。

3 無差別曲線

これまでの説明から，家計はX財とY財の消費から効用（満足）を得るが，いずれの財をどれだけ購入するかに関しては，さまざまな組合せが存在する。家計は自らの嗜好などに応じて，その整合性のある選択を行わなければならない。この家計の行動を，「無差別曲線」を用いて説明する。

図表2－2中のA点が示す財の組合せの購入からは，ある一定水準の効用が得られる。しかし，これと同じ効用をもたらす財の組合せはA点だけでなく，C点やB点に代表されるように，他にも無数に存在する。こうした点を結んでいくと，曲線U_1が得られる。この曲線上の任意の点が示している財の組合せからは，すべて同じ効用が得られる。その結果，たとえばA点が示す財の組合せよりも，B点が示す財の組合せの方が好ましい，といった区別はできない。このため，曲線U_1は無差別曲線（Indifference Curve）と呼ばれている。

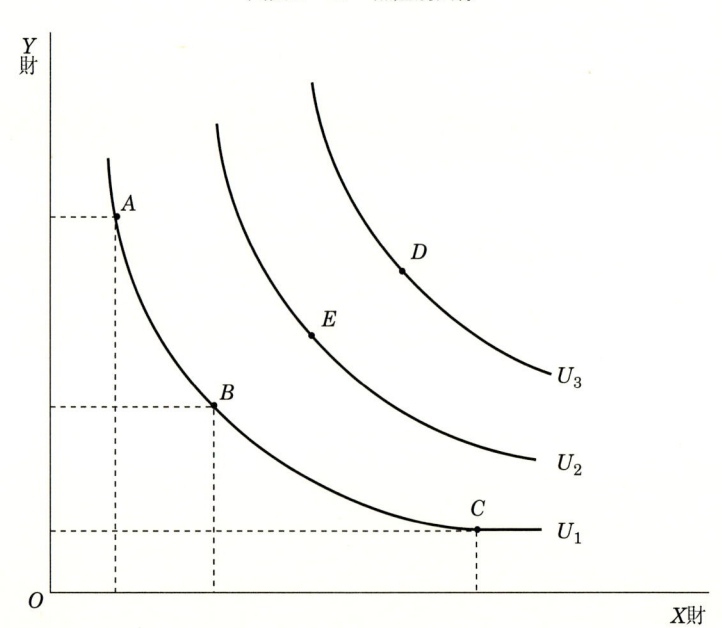

図表2－2　無差別曲線

無差別曲線には，次の4つの特徴がある。
(1) 無差別曲線は無数に存在する：財の組合せは無数に存在し，どの組合せについても，その点を通る無差別曲線が存在するため。
(2) 無差別曲線は右下がり（原点に対して凸）である：一定の効用水準を維持するためには，一方の財の消費量が増えたときは，もう一方の財の消費量は少なくなっていなければならないため。
(3) 右上方にある無差別曲線ほど効用の水準は高い：右上方にある財の組合せほど，より多くの財を含んでいるため。
(4) 無差別曲線は互いに交わらない：このことを説明するには，無差別曲線が交差している場合を考える，と便利である。いま，無差別曲線のU_1とU_2がC点で交わっている，とする（図表2−3を参照）。無差別曲線の定義から明らかなように，無差別曲線U_1上のA点とC点の効用水準は

図表2−3　無差別曲線の証明

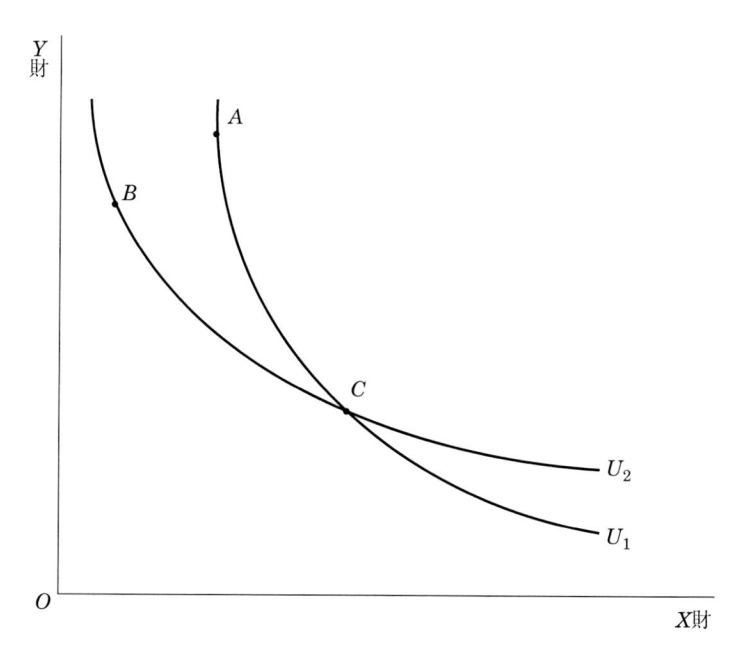

第2章　家計の行動

同じである。また，無差別曲線 U_2 上の B 点と C 点の効用も同じ水準にある。つまり，A 点，C 点，B 点の効用は，すべて同じであることになる。ところが，上記の第3の特徴からするなら，右上方にある A 点の効用の方が，B 点の効用よりも高くなければならない（図表2－3を参照）。すなわち，無差別曲線が交わった場合には，整合性がとれなくなってしまうのである。

4 効用の最大化と消費パターン

　本章の冒頭で述べたように，家計は限られた所得のなかで，効用の最大化を目指して行動する。したがって，家計が行うの最適購入量の決定は，これまでみてきた予算制約線と無差別曲線とを重ね合わせることによって説明できるはずである。このことを示したものが，下記の図表2－4である。

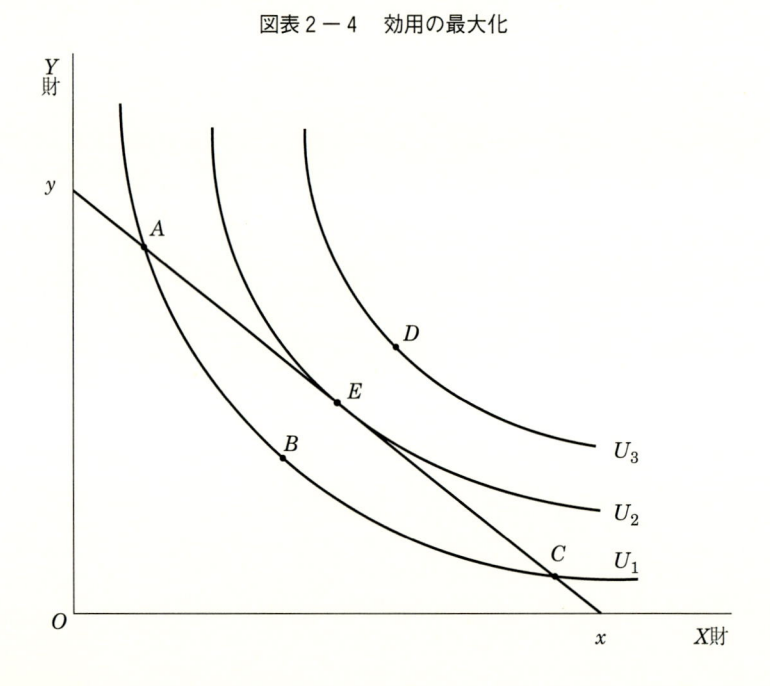

図表2－4　効用の最大化

結論から述べるなら，無差別曲線U_2と予算制約線xyが接したE点が示すX財とY財の組合せの購入が，家計の効用を最大化する最適な購入量である。

その理由は，次のとおりである。この図のなかでは，無差別曲線U_3上のD点の組合せから最大の効用が得られように思える。しかしながら，無差別曲線U_3は予算制約線xyを超えた右上方に位置していることから，D点の組合せの購入は実現できない。B点の組合せは無差別曲線の範囲内にあるために購入は可能であるものの，そこから得られる効用が点Eの組合せから得られる効用よりも低いことは，無差別曲線の性質からも明らかである。

A点とC点に関していえば，図表2－4からわかるように，この2つの点ではE点と同様に2つの線が接している。そこで，それらから得られる効用の水準は，E点から得られる効用と同じであるようにみえる。しかし，A点とC点は無差別曲線U_1上に位置しており，U_1の効用がU_2の効用より低いことも明らかである（無差別曲線上のA点，B点，C点の効用は同じであるが，B点の効用がE点の効用より低いため，A点とC点の効用はE点より低くなる）。よって，E点から得られる満足度が最も大きいことになる。

次に，所得が変化したときに，消費パターンがどのように変化するかを，次に示した図表2－5を用いて概観しておこう。いま，家計の所得Mが増大する一方，X財とY財の価格（px，py）は変化しない，と仮定する。この場合，X財とY財それぞれの購入個数は所得の増加に応じて増加し（先の計算式を参照），予算制約線はx_1y_1からx_2y_2へと右上方にシフトする。そして，それぞれの予算制約線には，それに対応した無差別曲線があるため，両者が接する点（家計の効用が最大になる点）もE_1からE_2へと右上方にシフトしていく。そして，これらの点を結んでいくと，所得の変化に応じて家計の最適な消費購入量がどう変化するかを示す「所得・消費曲線」を描くことができる。

さて，この図では，所得・消費曲線は右上がりになっている。このことは，所得が増加するにつれて，財の消費購入量も増えることを意味している。このように，所得が増えるとそれに応じて消費購入量が増える財のことを，「正常財」という。しかし，所得・消費曲線は，常に右上がりの形状をとるわけでは

図表2−5　所得・消費曲線

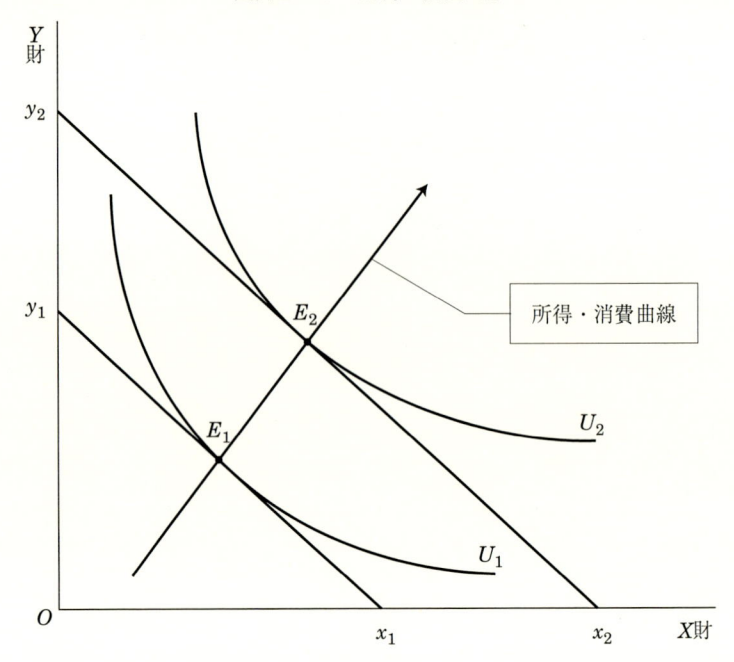

ない。たとえば，次の図表2−6に示された所得・消費曲線は，左上がりになっている。このことは，所得の増加に伴ってY財の消費購入量は増加するものの，X財の消費購入量は減少することを意味している。このX財のように，所得の増加に伴って消費購入量が減少する財のことを，「下級財」という。

最後に，価格の変化が，家計の消費需要に及ぼす影響を概観しておこう。図表2−7が示しているように，X財の価格の低下によって，予算制約線がx_1y_1からx_2y_1にシフトし，これに伴って家計の最適消費点もE_1からE_2にシフトしたとする。こうした均衡点の推移は，代替効果（Substitution Effect）と所得効果（Income Effect）という2つ効果によって説明できる。

代替効果とは，当初の効用を維持できるように所得を調整した上で，相対価格の変化（すなわち両財の価格比の変化）に伴う需要量の変化を示すものである。具体的にいえば，これは，予算制約の傾き（すなわち価格比）が価格変化後の予

図表2－6　下級財の事例

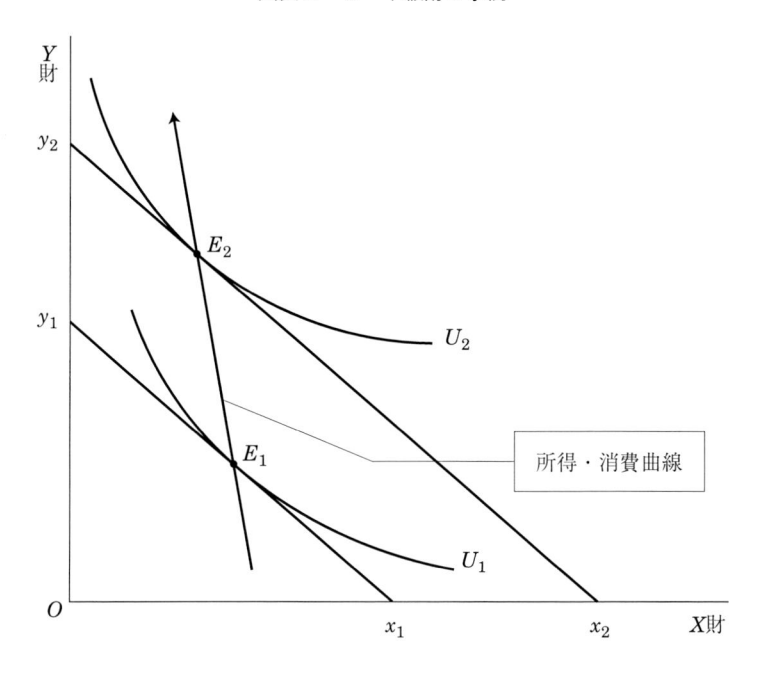

算制約線 x_1y_2 と同じであり，また無差別曲線 U_1 と接する予算制作線 $x'y'$ を想定すれば，E_1 から E' への均衡点のシフトとして示される。

これに対する所得効果とは，両財の価格が一定である（すなわち，価格比が変化しない）場合における，所得の変化に伴う需要量の変化を示している。すなわち，X 財の価格の低下は，実際には，家計の購買力の増大となって表れることから，予算制約線が $x'y'$ から x_2y_1 へのシフトする結果，均衡点が E' から E_2 へシフトした，ということである。

なお，価格変化が生じたときの最適消費点の推移の方向は，代替効果と所得効果のいずれが強く前面に出てくるかによって変わることになる。

5 労働供給と所得

本章の冒頭で述べたように，家計では労働力を再生産し，企業などに提供し

図表2－7　代替効果と所得効果

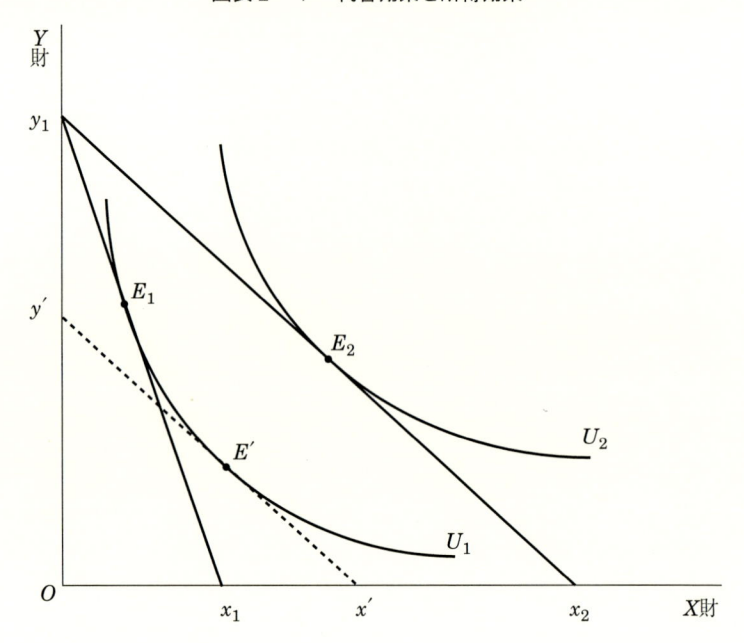

ている。家計が行う労働供給は、どのようにして行われているのだろうか。この点について概観しよう。

いま、1日の利用可能総時間数（24時間）をT、労働時間をW、賃金率をr、労働以外に費やす余暇時間（睡眠や食事などの時間を含む）をL、そして家計所得をYとする。すると、労働時間と家計所得は、次のようになる。

$W = T - L$

$Y = rW = r(T - L)$

この式からわかるように、rを一定とした場合、余暇時間を多くすればその分労働時間が少なくなって、家計所得は減少する。逆に、労働時間を多くすれば、家計所得は多くなるが、余暇時間は減少することになる。

このような条件のもとで、労働者は労働に苦痛を感じ、余暇に満足感を感じる、とするなら、労働者の効用関数は次のように表すことができる。

図表2-8 家計の労働供給

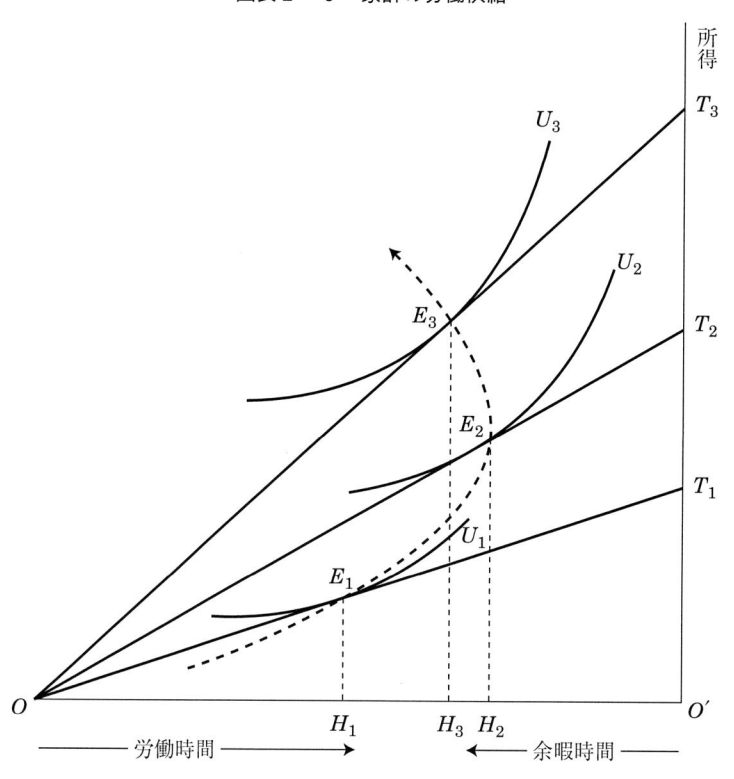

$$U = f(Y, L)$$

　以上の説明からわかるように，労働力を企業などに供給する家計は，24時間という限りある時間 T のなかで効用を最大化するために，労働と余暇にいかに時間を配分したらよいか，という問題に直面しているのである。

　以上の問題を，図表2-8を用いて考察しよう。この図では，原点 O と O' の間が24時間を示しており，労働時間は原点 O から右に向かって測り，余暇時間は原点 O' から左へ向かって測る。また，両時間の合計は，当然のことながら24時間になる。さて，労働時間数に賃金率 r（たとえば，傾き $\angle T_1 O O'$ によって示される）を乗ずると，家計所得を示す OT_1 線が得られる（これは，先にみた

第2章　家計の行動

予算制約線に相当するものである，といえる）。

このように考えていくと，労働者の効用Uは所得Yと余暇時間Lとの間に成立する無差別曲線U_1によって表されるため，この無差別曲線（U_1線）と予算制約線（OT_1線）との接点E_1のときに効用が最大化することになる。すなわち，OH_1時間を労働に費やし，$O'H_1$時間を余暇に費やすのが，この家計にとって最適であることになる。また，賃金率が上昇し，予算線がOT_2になった場合には，その接点はE_2になり，労働時間は増え，余暇時間が減少することになる。しかしながら，賃金率がさらに上昇すると，逆に労働時間が減少しはじめ，逆に余暇時間が増大することになるのである。

こうした力が働く結果，賃金率を縦軸に測り労働量を横軸に測ると，労働供給曲線（図表２－９を参照）は，図表２－８の破線で示したのと同型の後屈型なる。

労働供給がこのように変化する理由は，当初の間，労働者は賃金の上昇に応

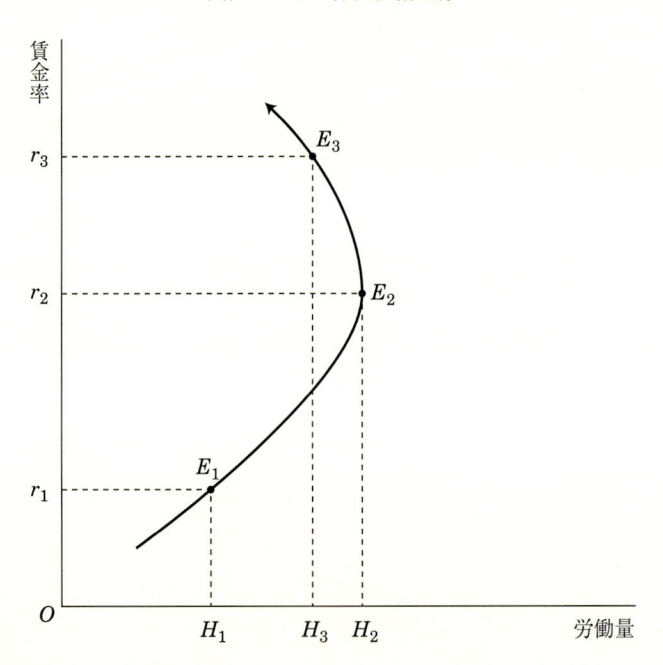

図表２－９　労働供給曲線

じて多くの労働力を供給しようとするが，賃金がある水準を超えると労働よりも余暇に価値をみいだすからである。賃金の上昇に対する労働者のこうした対応は，先にみた代替効果と所得効果によって説明できる。

　既述のように，賃金率が高まると，余暇の相対的価格も上昇する。余暇時間が多くなることは，働けば得られたであろう家計所得をその分だけ犠牲にせざるを得ないからである。そこで，賃金の上昇に際して，労働者は働くことを選択する結果，労働時間は長くなる。これが，代替効果である。他方，賃金率が高まると，以前と同じ時間働けばそれ以上の家計所得が得られるため，労働者は以前より多くの余暇時間をもとうとする。これが，所得効果である。

　図表2-9の均衡点E_1からE_2にいたる範囲内では，労働供給曲線は右上がりであるが，これは代替効果が強く働いた結果である，といえる。これとは逆に，図表2-9の均衡点E_2からE_3にいたる範囲内では，労働供給曲線は左上がりになるが，これは所得効果がより強く働いた結果である，といえる。

実験編

1 はじめに

本実験編では，概論編で議論を進めるに際して用いた予算制約線と無差別曲線を実際に描き，その交点を求める実験を行う。

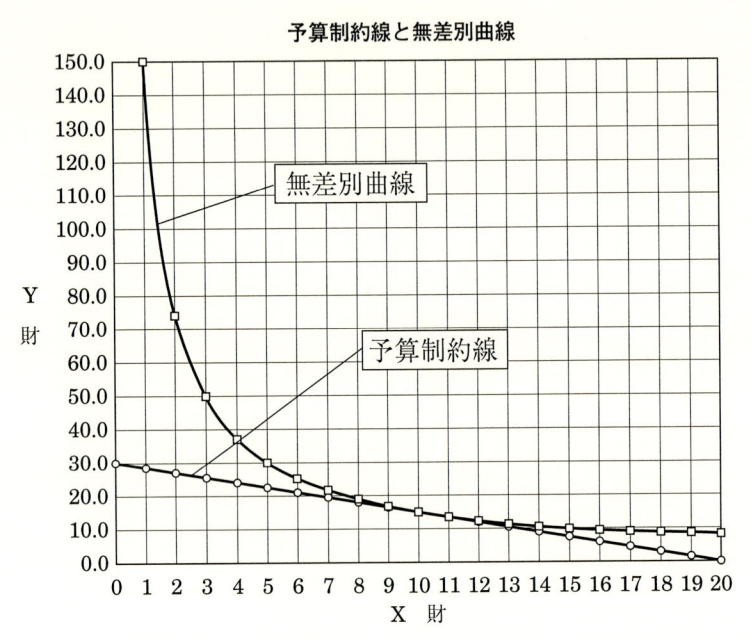

予算制約線と無差別曲線

（グラフ：横軸 X財 0〜20，縦軸 Y財 0.0〜150.0。無差別曲線と予算制約線が描かれている。）

注）このグラフは，若干修正してある。たとえば，ここで実際に作成したエクセルのグラフでは，各線の名称は表示されない。

【予算制約線と無差別曲線の交点】

x（X財の個数）	10
y（Y財の個数）	15
U（効用）	12.247449

なお，本編で用いる数値例では，下記の図表2－10に示されているように，ある家計の所得Mは60であり，この家計の消費対象となる財はX財とY財の2つだけであって，X財の価格p_xは3，Y財の価格p_yは2であるとする。

図表2－10　ある家計の行動の数値例

家計の所得（M）	60
X財の価格（p_x）	3
Y財の価格（p_y）	2

予算制約線は概論編で概観したとおりであり，

$$M = p_x \cdot x + p_y \cdot y \qquad (1)$$

無差別曲線は経済学でよく用いられる下記の関数を用いる（記号Uは効用）。

$$U = x^{0.5} y^{0.5} \qquad (2)$$

また，本実験編の前半（Ⅰ）ではエクセルの表計算機能を用いて議論を進め，後半（Ⅱ）ではVBAを用いて議論を進めることとする。

【Ⅰ】エクセル表計算機能の活用（家計の消費行動）

エクセルの表計算機能を用いた家計の行動に関する実験（予算制約線と無差別曲線を描き，両者の接点を求める）の作業手順は，下記のとおりである。

① 分析に用いるデータを作成する。
② 予算制約線のデータを作成。
③ 予算制約線と無差別曲線の接点を求める。
④ 上（③）で求めた接点を通る無差別曲線のデータを作成。
⑤ 家計の行動に関する作図。

これ以下では，この手順に従って実験を進めていく。

第2章　家計の行動

1 データの整備

まず，下記の作業を行い，図表2-10をエクセルのワークシート上に再現する。

① エクセルを起動し，ワークシート1 (Sheet1) を利用する。
② Sheet1のセルA1，A2，A3のそれぞれに，「M（所得）」，「px（X財価格）」，「py（Y財価格）」という文字を記入する。
③ Sheet1のセルB1，B2，B3のそれぞれに，「60」，「3」，「2」という数値を入力する。

	A	B	C
1	M(所得)	60	
2	px(X財価格)	3	
3	py(Y財価格)	2	
4			

2 予算制約線

次に，下記に手順に従って，予算制約線に関する計算を行う。

① Sheet1のセルA5に「予算制約線」，セルB5「X財個数」，セルC5に「Y財個数」とタイトルを記入する。
② B6～B26の各セルのなかに，X財の個数を示す数値「0」，「1」，…，「19」，「20」をそれぞれ入力する。
③ セルC6に計算式「=(60-B6*3)/2」を入力する。すると，セルC6のなかに，「30.0」という数値が現れてくる。
④ セルC6クリックし，セルC6の右下隅にポインターを合わせ，ポインターの印が白（⇧）から黒（✚）に変わったら，セルC26までドラッグ（左クリックしたままマウスを移動）すると，各セル内に計算結果が現れる。

以上の作業で，予算制約線に関する計算は終わりである。

	A	B	C
5	予算制約線	X財個数	Y財個数
6		0	30.0
7		1	28.5
8		2	27.0
9		3	25.5
10		4	24.0
11		5	22.5
12		6	21.0
13		7	19.5
14		8	18.0
15		9	16.5
16		10	15.0
17		11	13.5
18		12	12.0
19		13	10.5
20		14	9.0
21		15	7.5
22		16	6.0
23		17	4.5
24		18	3.0
25		19	1.5
26		20	0.0

3 予算制約線と無差別曲線の接点の計算

予算制約線と無差別曲線の接点の計算には，ソルバーを用いる。

（1）ソルバー利用の準備

① エクセルのワークシート2（Sheet2）を選択する。

② Sheet2のセルA1に「M（所得）」，A2に「x（X財個数）」，A3に「y（Y財個数）」，セルA4に「px（X財価格）」，セルA5に「py（Y財価格）」という文字を記入する。

③ セルB1に数値「60」，セルB4に数値「3」，セルB5に数値「2」を入力する。ただし，セルB2とB3は，空欄にしておく。ここには，後で計算の解が現れる。

④ セルC1に，「無差別曲線」の文字を記入する。

⑤ セルD1に，無差別曲線（第2式）の計算式「= B2^0.5 * B3^0.5」を入力する。すると，セルD1のなかに，数値「0」が現れる。

⑥ セルE1に，「予算制約線」の文字を記入する。

⑦ セルF1に，予算制約線（第2式）の計算式「＝B4＊B2＋B5＊B3」を入力する。すると，セルF1のなかに，数値「0」が現れる。
⑧ セルE2に，「制約条件」の文字を記入する。
⑨ セルF2に「0」と数値を記入する。

以上の操作の結果，エクセルのワークシート2は次のようになる。

	A	B	C	D	E	F
1	M(所得)	60	無差別曲線	0	予算制約線	0
2	x(X財個数)				制約条件	0
3	y(Y財個数)					
4	px(X財価格)	3				
5	py(Y財価格)	2				

（2）ソルバーによる接点の算出

予算制約線と無差別曲線の接点は，以上の準備作業の後で，エクセルのソルバーを利用するだけで簡単に求めることができる。

① メニュー・バーの【ツール(T)】を，クリックする。
② 現れたプルダウン・メニューなかの【ソルバー(V)】をクリックして，ソルバーを起動させる。すると，ダイアログ・ボックスが現れてくるので，その指示に従って，次の操作を行う。
③ 【目的セル(E)】の入力欄の右端にあるボタン■（ダイアログ縮小）をクリックした後，セルD1をクリックし，最後にボタン■をクリックする。指定する。これにより，D1（無差別曲線の計算式）の設定終了。
④ 【目標値】として，【最大値(M)】をクリックする。
⑤ 【変化させるセル(B)】の入力欄の右端にあるボタン■をクリックした後，セルB2とB3の範囲をドラッグしてから，ボタン■をクリックする。以上で，変化させるセル（B1とB2）の設定は終了。
⑥ 次に，【制約条件(U)】を指定する。まず，【追加(A)】ボタンを押して，【セル参照(R)】にF1を入力（ボタン■をクリックした後，セルF1をクリックしてから，ボタン■をクリックする），次に【＝】ボタンをクリック，

そして【制約条件（C）】にセル B1 を入力する（ボタン ■ をクリックした後，セル F1 をクリックしてから，ボタン ■ をクリックする）。

⑦ 【追加（A）】ボタンを押し，【セル参照（R）】に B2 を入力，【＞＝】ボタンを指示，【制約条件（C）】にセル F2 を入力する（詳細は⑥を参照）。

⑧ 【追加（A）】ボタンを押し，【セル参照（R）】に B3 を入力，【＞＝】ボタンを指示，【制約条件（C）】にセル F2 を入力する。（詳細は⑥を参照）

⑨ 以上の作業を行い，ダイアログ・ボックスにおける記載は次のようになったことを確認した上で，【実行（S）】ボタンを押す。

```
ソルバー：パラメータ設定                              ? ×

目的セル(E):    $D$1       ■              実行(S)
目標値：  ⊙ 最大値(M)  ○ 最小値(N)  ○ 値(V):  0     閉じる
変化させるセル(B):
$B$2:$B$3                          ■   自動(G)
制約条件(U):                                      オプション(O)
$B$2 >= $F$2                           追加(A)
$B$3 >= $F$2
$F$1 = $B$1                            変更(C)     リセット(R)
                                       削除(D)     ヘルプ(H)
```

⑩ すると，X 財の個数は 10，Y 財の個数に 15 であり，このときの無差別曲線の効用は 12.24745 である，という解が得られる。

	A	B	C	D	E	F
1	M(所得)	60	無差別曲線	12.24745	予算制約線	60
2	x(X財個数)	10			制約条件	0
3	y(Y財個数)	15				
4	px(X財価格)	3				
5	py(Y財価格)	2				

以上で説明してきたソルバーの操作方法を言葉で説明するなら，$60 = 3 \cdot$

第 2 章　家計の行動

$x + 2 \cdot y$ という予算に関する制約条件の下において，無差別曲線 $U = x^{0.5} y^{0.5}$ の効用 U を最大化させる未知数 x_1 と y_1 の値（X財とY財の個数）と，そのときの効用 U_1 の値を求めよ，ということになる。これは，本文中で説明した家計の行動を，エクセル表記で表したものにほかならない。

その計算結果は，本編の冒頭で示したように，効用が 12.24745 の無差別曲線と予算制約線は，X が 10 で Y が 15 の時に接する，というものである。

x（X財の個数）	10
y（Y財の個数）	15
U（効用）	12.24745

4 無差別曲線

上記の計算結果に基づいて，無差別曲線の計算作業に入る。

① ワークシート 1 に戻り，セル D5 に「無差別曲線」と記入する。

② セル B6 に，数値「0.00001」を入力する。これは，作業（④）で無差別曲線を求める計算を行うが，その際に効用 U をゼロで除して計算不能になるのを防ぐために，ゼロに近い小数を入れる必要からである。

③ セル F5 に，「効用」と記入する。次いで，セル F6 の中に先ほど求めた効用の値「12.24745」を，入力する。

④ セル D6 に，数式「=($F$6/B6^0.5)^(1/0.5)」を入力する（なお，この式 $y = (U/x^{0.5})^{1/0.5}$ は，無差別曲線 $U = x^{0.5} y^{0.5}$ を展開して得たもので，効用 U のある一定の値と x の値がわかっているとき，この効用を実現するための必要な y の値を求めるためのものである）。すると，セル D6 のなかに，このときの y の値を示す数値「15000003.2」が現れる。

⑤ その後，再びセル D6 をクリックし，次いでセル D6 の右下隅にポインターを合わせ，ポインターの印が白（✛）から黒（✚）に変わったら，セル D26 までドラッグ（左クリックしたままマウスを移動）すると，各セル内に無差別曲線に関する計算結果が現れる。

	A	B	C	D	E	F
5	予算制約線	X財個数	Y財個数	無差別曲線		効用
6		0	30.0	15000003.2		12.24745
7		1	28.5	150.0		
8		2	27.0	75.0		
9		3	25.5	50.0		
10		4	24.0	37.5		
11		5	22.5	30.0		
12		6	21.0	25.0		
13		7	19.5	21.4		
14		8	18.0	18.8		
15		9	16.5	16.7		
16		10	15.0	15.0		
17		11	13.5	13.6		
18		12	12.0	12.5		
19		13	10.5	11.5		
20		14	9.0	10.7		
21		15	7.5	10.0		
22		16	6.0	9.4		
23		17	4.5	8.8		
24		18	3.0	8.3		
25		19	1.5	7.9		
26		20	0.0	7.5		

5 家計行動の作図

　以上の作業の計算結果に基づいて，限られた所得の中で効用を最大化しようとする家計の行動に関する図を作成する作業に入る。

　その手順は，およそ次のとおりである。

① セルC6からセルD26に至る矩形範囲を，ドラッグ（左クリックしながらマウスを移動）し，ボタン▥（グラフウィザード）を押す。

② ダイアログ・ボックスの中で，【グラフの種類（C）】は〔折れ線〕を，【形式（T）】は〔折れ線グラフ〕を指定し，【次へ>】のボタンを押す。

③ 【系列】のタブをクリックし，次いで【項目軸ラベルに使用（T）】の入力欄の右端にあるボタン▥をクリックした後に，セルB6～B26の範囲をドラッグしてから，ボタン▥をクリックし，【次へ>】のボタンを押す。

④ 【タイトルとラベル】に関しては，【グラフタイトル（T）】に，「予算制

約線と無差別曲線」と記入。【X/項目軸（C）】に「X財」と記入，【Y/数値軸（V）】に「Y財」と記入。【目盛線】に関しては，【X/項目軸】の【目盛線（M）】をクリック。【凡例】に関しては，【凡例を表示する（S）】のチェックをはずす。そして，【次へ＞】ボタンを押し，さらに【完了（F）】のボタンを押す。しかし，こうしてできたグラフには，さらなる調整が必要である。

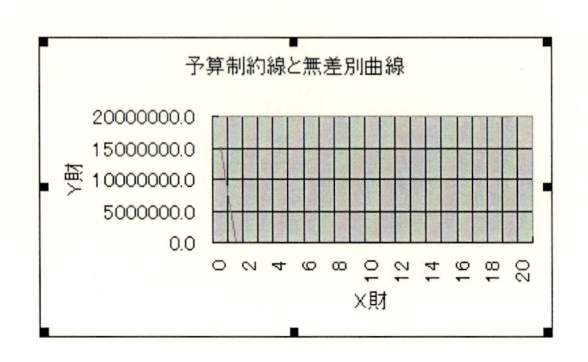

予算制約線と無差別曲線

⑤ 図の縦横の外辺にある■印にポインターを合わせると，ポインターの印が↕や↔などに変化する。このとき，ドラッグをすることによって，図の大きさを変えることができるので，図を適当な大きさに調整する。

⑥ 図の白地部分（どこでも良い）をダブル・クリックし，ダイアログ・ボックス【グラフエリアの書式設定】が現れたら，【フォント】の【サイズ（S）】を「8」程度にして，【OK】をクリックする。

⑦ 出来あがったグラフのY軸にポインターを合わせ，ダブル・クリックする。浮き出てきたダイアログ・ボックス内の【目盛】の項目を指示し，【最大値（X）】の値を「150」に，【目盛間隔（A）】を「10」にしたあと，【OK】ボタンを押す。

⑧ グラフのX軸にポインターを合わせ，ダブル・クリックする。浮き出てきた【軸の書式設定】のダイアログ・ボックス内の【目盛】のタブをクリックし，【項目境界軸で交差する（B）】のチェック（✓）をはずす。

以上で，作業終了。後は，図のサイズや描かれた曲線の色などを，各自の好みに合わせて調整することで，本編冒頭の図ができあがる。

【Ⅱ】VBA の活用

これまで述べてきた手法は，エクセルの表計算機能を中心としたものであった。しかし，こうした作業をプログラム化しておけば，計算を何度でも容易に実行することができる。そこで，VBA (Visual Basic for Applications) を用いて書いた，予算制約線と無差別曲線に関するプログラムを，最後に紹介しておく。その手順は，およそ下記のとおりである。

① ワークシート 3 (Sheet3) を選択し，セル A2 に「M (家計所得)」，セル A3 に「px (X財価格)」，セル A4 に「py (Y財価格)」，セル A5 に「α値」，そしてセル A6 に「β値」とタイトルを記入する。
② セル B2, B3, B4, B5, B6 に，上記の家計所得等に関するそれぞれのデータ値「60」,「3」,「2」,「0.5」,「0.5」を入力する。
③ エクセルのメニュー・バーの【ツール (T)】をクリックし，次に現れたプルダウン・メニューの中の【マクロ (M)】を経て，【Visual Basic Editor (V)】をクリックする。
④ 画面に現れたビジュアル・ベーシック・エディターのメニュー・バーの【挿入 (I)】をクリックし，次に現れたプルダウン・メニューのなかの【標準モジュール (M)】をクリックする。
⑤ プログラムの書き込みが可能になるので，下記のプログラムを入力する。

──────＜予算制約＆無差別曲線プログラム＞──────

```
Dim m, px, py, a, b, nx, x1, y1, ex, ey, cu, idc
Sub household()

m = Worksheets("sheet3").Cells(2, 2).Value
```

```
px = Worksheets("sheet3").Cells(3, 2).Value
  py = Worksheets("sheet3").Cells(4, 2).Value
 a = Worksheets("sheet3").Cells(5, 2).Value
b = Worksheets("sheet3").Cells(6, 2).Value


nx = m / px

ReDim x1(nx), y1(nx)


For i = 0 To nx
   x1(i) = i
      If x1(i) = 0 Then x1(i) = 0.00001 Else GoTo 10
10       Worksheets("sheet3").Cells(i + 10, 2).Value = x1(i)
      y1(i) = (m - px * x1(i)) / py
   If y1(i) = 0 Then y1(i) = 0.00001 Else GoTo 20
20 Worksheets("sheet3").Cells(i + 10, 3).Value = y1(i)
Next i


ex = (m / px) * (a / (a + b))
ey = (m / py) * (b / (a + b))
cu = ex ^ a * ey ^ b


For i = 0 To nx
  idc = (cu / (x1(i) ^ a)) ^ (1 / b)
  Worksheets("sheet3").Cells(i + 10, 4).Value = idc
Next i


End Sub
```

⑥ これを実行するには，メニュー・バーの【Sub/ユーザーフォームの実行】を示すアイコン（▶）をクリックする。

以上の操作で，先に見たのと同じ計算結果が得られる。

【Ⅲ】補論（家計の労働供給）

概論編で述べた家計の労働供給に関する数値実験の進め方は，先の場合（家計の行動の数値例）とほぼ同じであるが，念のために紹介しておく。

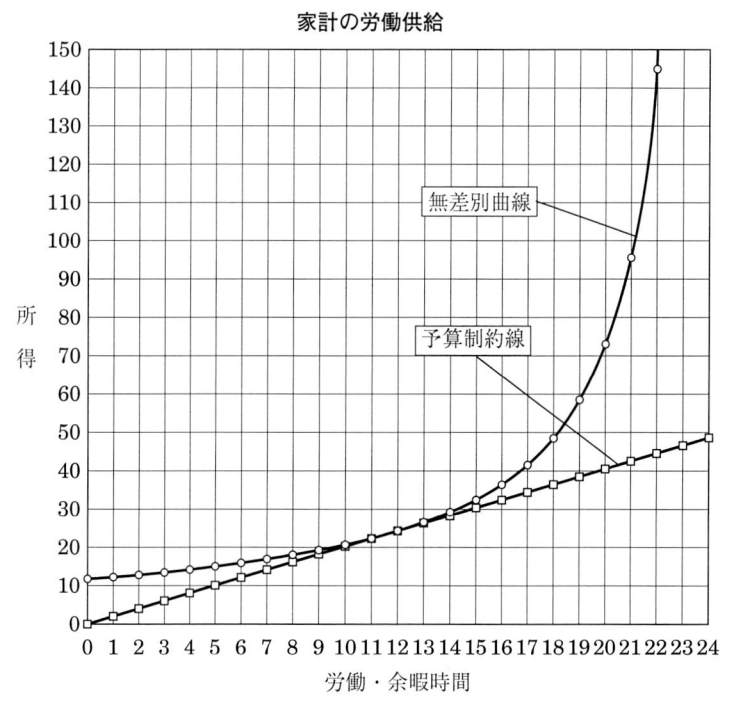

家計の労働供給

（縦軸：所得，横軸：労働・余暇時間）

無差別曲線／予算制約線

注）このグラフは，若干修正してある。たとえば，ここで実際に作成したエクセルのグラフでは，各線の名称は表示されない。

その際に用いる予算制約線と効用曲線の式は，基本的に概論編と同じであるが，効用を表す無差別曲線は下記の最も単純な形のものを用いた．

$Y = rW = r(T - L)$

$U = YL$

ただし，記号の意味は，Y：家計の所得，r：賃金率，W：労働時間，T：1日の利用可能総時間（24時間），L：余暇時間，U：効用である．また，今回の実験では，賃金率を2に設定（仮定）する．

以上の条件のもとで，下記の手順に従って実験を進める．

1 予算制約線と無差別曲線の接点の導出

① ワークシート4（Sheet4）を選択する．

② セルA1に「1日」，A2「労働時間」，セルA3に「余暇時間」，セルA4に「賃金率」，セルC1に「効用」，セルE1に「時間条件」，セルE2に「予算制約」，セルE3に「制約条件」と記入する．

③ セルB1に数値「24」を，セルB4に数値「2」を入力する．セルB2とセルB3は空欄にしておく．セルD1に計算式「=(B2*B4)*B3」，セルF1に計算式「=B2+B3」，セルF2に計算式「=B4*B2」，セルF3に計算式「=B4*B1」，セルF4に数値「0」を入力する．

④ メニュー・バーの【ツール (T)】をクリックし，次に現れるプルダウン・メニューの中の【ソルバー (V)】をクリックする．

⑤ 画面に現れたダイアログ・ボックス【ソルバー：パラメータ設定】で，【目的セル (E)】に「セルD1」を設定し，【目標値】は「最大」を選択する．【変化させるセル (B)】にはセルB2とセルB3を設定する（なお，設定の方法の詳細は，既述の無差別曲線を参照されたい）．

⑥ さらに，この計算に必要な，下記の制約条件を入力する（なお，制約条件の入力の詳細は，既述の無差別曲線を参照されたい）．

(a) B2 <= B1
(b) B2 >= F4
(c) B3 <= B1
(d) B3 >= F4
(e) F1 = B1
(f) F2 <= F3

⑦ 【OK (A)】ボタンをクリックする。

以上の設定を行うと，ダイアログ・ボックスは下記のようになる。

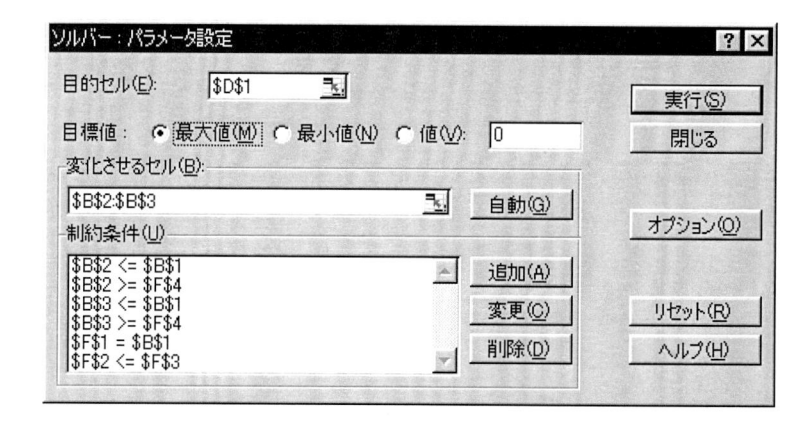

この設定を文章で説明するなら，「労働時間と余暇時間の合計は24時間であって，労働時間と余暇時間はそれぞれ0時間以上24時間以下であり，また，1日の総賃金が48 (= 2 * 24) を超えない，という条件のもとで，効用を最大にする労働時間と余暇時間の組合せは，どのようなものか」である。

⑧ そして，【実行 (S) ボタン】を押すと，次の解が得られる。

	A	B	C	D	E	F
1	1日	24	効用	288	時間条件	24
2	労働時間	12			予算制約	24
3	余暇時間	12			制約条件	48
4	賃金率	2				0

すなわち，労働時間が12時間（X軸），賃金水準（予算制約）が24（Y軸）のとき，効用が288の無差別曲線と接する，ということである。

2 労働供給の作図用データ

以上の計算結果に基づいて，労働供給の作図を行う。

① まず，セルA6に「労働時間」，セルB6に「所得」，セルC6に「余暇時間」，セルD6に「無差別曲線」と入力する。

② セルA7に数値「0.00001」と入力し，零の近似値とする。

③ セルA8からA31の各セル内に，数値「1」,「2」,「3」,………,「22」,「23」,「24」と数値を入力する。

④ セルB7に計算式「＝A7＊$B$4」を入力すると，セルB7のなかに数値「0」が現れる。その後，セルB7をクリックし，同セルの右下の角にポインターを合わせ，ポインターの印が白（✛）から黒（✚）に変わったら，セルB31までドラッグ（左クリックしたままマウスを移動）すると，各セル内に所得の計算結果が現れる。

⑤ セルC7に計算式「＝$B$1－A7」を入力すると，セルC7のなかに数値「24」が現れる。その後，セルC7をクリックし，同セルの右下の角にポインターを合わせ，その印の色が白（✛）から黒（✚）に変わったら，セルC31までドラッグ（左クリックしたままマウスを移動）すると，各セル内に余暇時間の計算結果が現れる。ただし，C31に関しては計算結果を使用せず，数値「0.00001」をゼロの近似値として入力する。

⑥ セルD7に計算式「＝$D$1/C7」を入力すると，セルD7のなかに数値「12」が現れる。その後，セルD7をクリックし，同セルの右下の角にポインターを合わせ，ポインターの印が白（✛）から黒（✚）に変わった

ら，セル D31 までドラッグ（左クリックしたままマウスを移動）すると，各セル内に無差別曲線の計算結果が現れる。

以上の計算結果を示すと，次のようになる。

	A	B	C	D
6	労働時間	所得	余暇時間	無差別曲線
7	0	0	24	12.0
8	1	2	23	12.5
9	2	4	22	13.1
10	3	6	21	13.7
11	4	8	20	14.4
12	5	10	19	15.2
13	6	12	18	16.0
14	7	14	17	16.9
15	8	16	16	18.0
16	9	18	15	19.2
17	10	20	14	20.6
18	11	22	13	22.2
19	12	24	12	24.0
20	13	26	11	26.2
21	14	28	10	28.8
22	15	30	9	32.0
23	16	32	8	36.0
24	17	34	7	41.1
25	18	36	6	48.0
26	19	38	5	57.6
27	20	40	4	72.0
28	21	42	3	96.0
29	22	44	2	144.0
30	23	46	1	288.0
31	24	48	0	2880000.0

3 労働供給の作図

① セル B7 からセル B31 までをドラッグ（左クリックしたままマウスを移動）する。次いで，キーボードの【コントロール】キーを押しながら，セル D7 からセル D31 までをドラッグする。

② ツール・バーのアイコン 📊（グラフウィザード）を押す。

③ ダイアログ・ボックスの中で，【グラフの種類（C）】は【折れ線】を，【形式（T）】は【折れ線グラフ】を指定し，【次へ＞】のボタンを押す。

④ 【系列】のタブをクリックし，【項目ラベルに使用 (T)】の空欄をクリックした後，セル A7 からセル A31 までをドラッグし，【次へ>】のボタンをクリックする。

⑤ 【タイトルとラベル】に関しては，【グラフタイトル (T)】に，「家計の労働供給」と記入。【X/項目軸 (C)】に「労働・余暇時間」と記入，【Y/数値軸 (V)】に「所得」と記入。【目盛線】に関しては，【X/項目軸】の【目盛線 (M)】を選択する。凡例に関しては，【凡例を表示する (S)】のチェックをはずす。そして，【次へ】ボタンを押し，さらに【完了 (F)】ボタンを押す。

⑥ 出来あがったグラフを先に述べた要領（「家計行動の作図」の⑤を参照）で，適当な大きさに拡大する。次に，図の白地部分（どこでも良い）をダブル・クリックし，【グラフエリアの書式設定】が現れたら，フォントを「8」程度にする。

⑦ 出来あがったグラフの Y 軸にポインターを合わせ，ダブル・クリックする。浮き出てきたダイアログ・ボックス内の「目盛の項目」を指示し，【最大値 (X)】の値を「150」に，【目盛間隔 (A)】を「10」にしたあと，【OK】ボタンを押す。

⑧ X 軸にポインターを合わせてダブル・クリックするとダイアログ・ボックス【軸の書式設定】が現れるので，【目盛】のタブをクリックし，【項目境界で交差する (B)】のチェック・マーク（✓）を外し，【OK】をクリックする。

以上で，作業終了。本補論の冒頭で示した図の基本が完成する。後は，図のサイズや描かれた曲線の色などを，各自の好みに合わせて調整すればよい。

第 3 章
完全競争市場における企業行動

概論編

1 はじめに

　第1章でみたように，市場がその力を十分に発揮できるのは，市場に多数の企業と家計が存在し，自由な競争が行われている場合である。このような場合，各経済主体の個々の市場への影響力は微小であることから，各経済主体は市場価格を所与のものとして受け入れ，これに基づいて経済活動を行わざるを得ない。こうした競争の理想的形態が完全競争であり，本章ではそうした競争が行われている完全競争市場における企業の行動を概観する。

　完全競争および完全競争市場は現実には存在しないが，そうした状況を想定し，そこにおける企業行動を考察する理由は，市場経済における企業行動の特徴点をより明確に浮き彫りにすることができるからである。

2 諸費用

　企業の目的から述べるなら，それは利潤の最大化である。利潤の最大化を目指す企業は，これを実現するために，合理的な選択をしなければならない。では，利潤（Profit）πは何かといえば，それは企業の総収入（Total Revenue）TRから総費用（Total Cost）TCを差し引いたものである。

$$\pi = TR - TC \tag{1}$$

　また，総収入TRは，生産した商品を市場で販売した結果であり，価格Pと生産数量Qの積であることから，第1式を変形すると第2式が得られる。

$$\pi = P \cdot Q - TC \tag{2}$$

この式からわかるように，完全競争市場の仮定を採用すると，企業は市場が決定した価格Pを一方的に受け入れ，これに基づいて行動することになる。すなわち，企業は市場で決まる価格を所与（与えられたもの）として一方的に受け入れるプライス・テーカー（価格受容者）なのである。このとき利潤を最大化しようとする企業が自らの意志で操作できるのは，第2式に即していえば，生産量Qと総費用TCの2つである。では，利潤を最大化するために，企業はどのように行動するのであろうか。まずは，総費用からみていこう。

　総費用TCは，固定費用（Fixed Cost）FCと可変費用（Variable Cost）VCから成っている。前者の固定費用とは，減価償却費や固定資産税などの生産量のいかんにかかわらず生ずる一定額の支払いのことを意味している。また，後者の可変費用とは，原材料費やパートタイマーの人件費などのように，生産量の変動に伴って変化するものを意味する。下記の図表3－1が示しているのは，総費用・固定費用・可変費用と生産量との関係である。

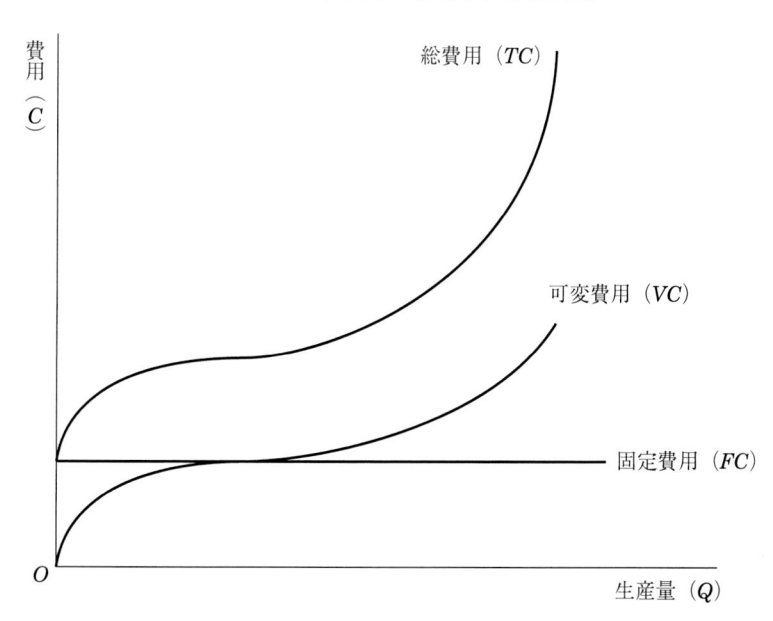

図表3－1　総費用・可変費用・固定費用

この図が示しているように，企業の生産量が推移するのに伴って，各種の費用もさまざまに変化している（固定費用は除く）。つまり，利潤を最大化しようとする企業は，価格が市場で決定されてしまう以上，このような費用の変化を考慮に入れて，そこからくる負担を最小にする生産要素の組合せを選択することによって，合理的な生産活動を行わなければならないのである。

　こうした企業の行動をみるためには，平均費用（Average Cost）AC と限界費用（Marginal Cost）MC という概念を理解しておく必要がある。平均費用ACとは，生産物1単位当たりにかかる費用のことであって，総費用TCを生産量Qで除すことによって得られる（$AC = TC/Q$）。ただし，総費用TCは固定費用FCと可変費用VCの和であるから，平均費用は平均固定費用AFC（$= FC/Q$）と平均可変費用AVC（$= VC/Q$）との和ともいえる（第3式）。限界費用MCとは，生産物を1単位増加させるのに要する総費用の増加のことであって，総費用の増加分ΔTCを生産量の増加分ΔQで除すことで得られる（第4式）。

$$AC = \frac{TC}{Q} = \frac{FC}{Q} + \frac{VC}{Q} = AFC + AVC \qquad (3)$$

$$MC = \frac{\Delta TC}{\Delta Q} \qquad (4)$$

　こうした準備作業のもとに，企業の行動をみる上で必要な平均費用，限界費用，生産量，そして市場で決まる価格の関係をみることにする。これらの関係を表しているのが，次の図表3－2である。

　まず，最初に，生産量と平均費用および限界費用との関係を，図表3－2【a】および図表3－2【b】を用いて概観することにしよう。

　既述のように，平均費用ACは総費用TCを生産量Qで除したものである。図表3－2【a】に即すると，たとえば，総費用$Q_1\kappa$を生産量OQ_1で除せばよいのであるから，このときの平均費用ACの値は点κと原点Oとを結んだ破線の勾配αによって表すことができる（$AC = \alpha = Q_1\kappa/OQ_1$）。このような操作を続けていくと，平均費用（すなわち，勾配α）は生産量が増えるにつれて減少していき，生産量がQ_2に達したとき（すなわち，破線が総費用曲線に接したとき）

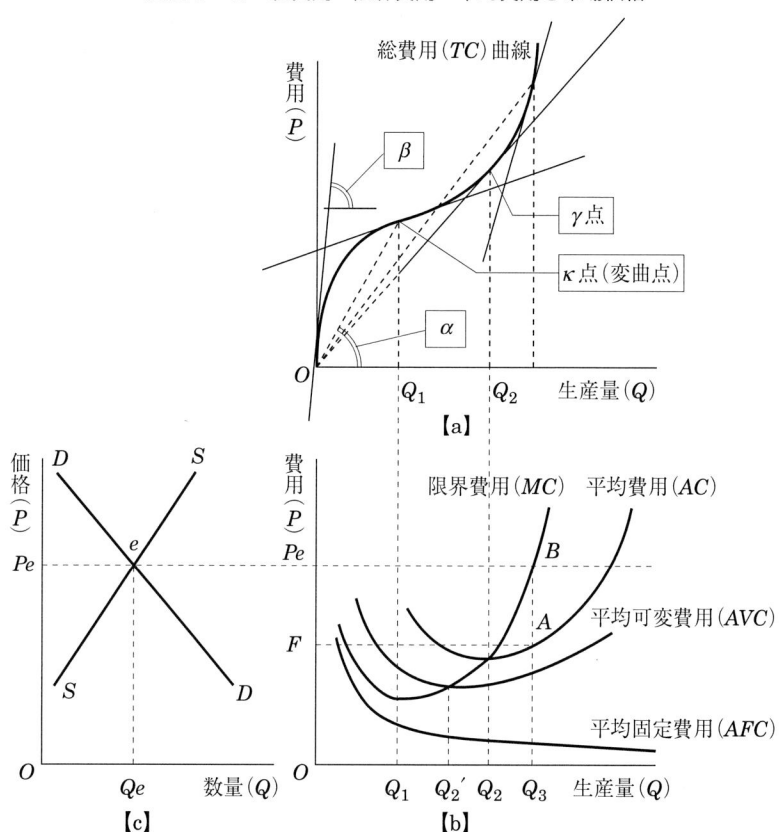

図表3－2　総費用・限界費用・平均費用と市場価格

【a】総費用（TC）曲線、β、γ点、κ点（変曲点）、α、Q_1、Q_2、生産量（Q）、費用（P）

【c】価格（P）、D、S、e、Pe、Qe、数量（Q）

【b】費用（P）、限界費用（MC）、平均費用（AC）、Pe、B、A、平均可変費用（AVC）、F、平均固定費用（AFC）、Q_1、Q_2'、Q_2、Q_3、生産量（Q）

に最も低くなり，生産量がQ_2を超えると再び増加に転ずることがわかる。したがって，図表3－2【b】が示しているように，平均費用は生産量がQ_2のときに最も値が低くなるU字型の曲線を描くことになる（平均費用曲線）。

　この平均費用と同じ操作を行うことによって，平均可変費用も導き出すことができる。しかし，平均費用と異なって固定費用が含まれていないことから，平均可変費用が最低水準に達するのは，平均費用よりも早い段階の生産量がQ_2'のときである。また，平均固定費用AFCは，固定費用FCを生産量Qで除したものであって（$AFC = FC/Q$），一方的に減少する。

限界費用 MC は総費用の増分 ΔTC を生産量の増分 ΔQ で除したものである（$MC = \Delta TC/\Delta Q$）。これは，総費用を生産量で微分したものにほかならず，これを図表 3 − 2【a】のなかで表現するなら，総費用曲線上の任意の点における接線の勾配 β として表すことができる。当初，この勾配 β は非常に大きいが，生産量が増加するに伴って減少し，生産量が Q_1 に達したとき，すなわち総費用曲線が逓減から逓増に転ずる κ 点（変曲点）に達したときに最も小さくなる。勾配 β は生産量が Q_1 を超えると再び増加し，生産量が Q_2 に達すると限界費用を示す勾配 β は平均費用を表す勾配 α と一致し，その後は一方的に増加していく。そこで，限界費用は，図表 3 − 2【b】が示しているように，生産量が Q_1 のときに最も値が小さく，生産量が Q_2 に達したときに平均費用曲線を下方から上方へと横切る U 字型の曲線を描くことになる（限界費用曲線）。

価格に関していえば，図表 3 − 2【c】が示しているように，これは市場で決定される。そして，既述のように，市場で決まった価格を，企業は一方的に受け入れなければならない。図表 3 − 2【c】で決まった価格を示す点線をその水準を保ったまま図表 3 − 2【b】の中に延長しているのは，このことを示すためである。

3 最適生産量の決定

次に，企業がいかにして利潤を最大化するかを考察する。本章の冒頭でみたように，企業の利潤は第 1 式（$\pi = P \cdot Q - TC$）によって示すことができる。そこで，このときに企業が利潤 π を最大化するための条件は，この式を生産量 Q で微分し，$\Delta \pi / \Delta Q = 0$ とおくことによって求められる。

$$\frac{\Delta \pi}{\Delta Q} = \frac{\Delta (P \cdot Q)}{\Delta Q} - \frac{\Delta TC}{\Delta Q} = 0 \quad (5)$$

$$\frac{\Delta \pi}{\Delta Q} = P - \frac{\Delta TC}{\Delta Q} = 0 \quad (6)$$

$$P = MC \quad (7)$$

この第 7 式は，価格と限界費用が一致したときに，企業の利益は最大化することを示している。また，上記の第 5 式の（$\Delta (P \cdot Q)/\Delta Q$）は，企業が生産を 1

単位増やした場合に，企業が得る収入はどれほど変化するか，を意味する限界収入（Marginal Revenue）にほかならない。そして，限界収入MRの値は，次に示すようにP，すなわち価格に一致することがわかる。

$$MR = \frac{\Delta(P \cdot Q)}{\Delta Q} = P \qquad (8)$$

つまり，市場で決まる価格Pと限界費用MCが一致したときに，企業が手にする利潤πは最大化することになるのである。

$$MR = P = MC \qquad (9)$$

次に，以上で説明してきたことを，下記の図表3－3を用いて説明する。なお，この図表3－3は，先に示した図表3－2【b】の主要部を拡大したものである。

企業の利潤は価格Pと限界費用MCが一致したB点で最大になり，企業に

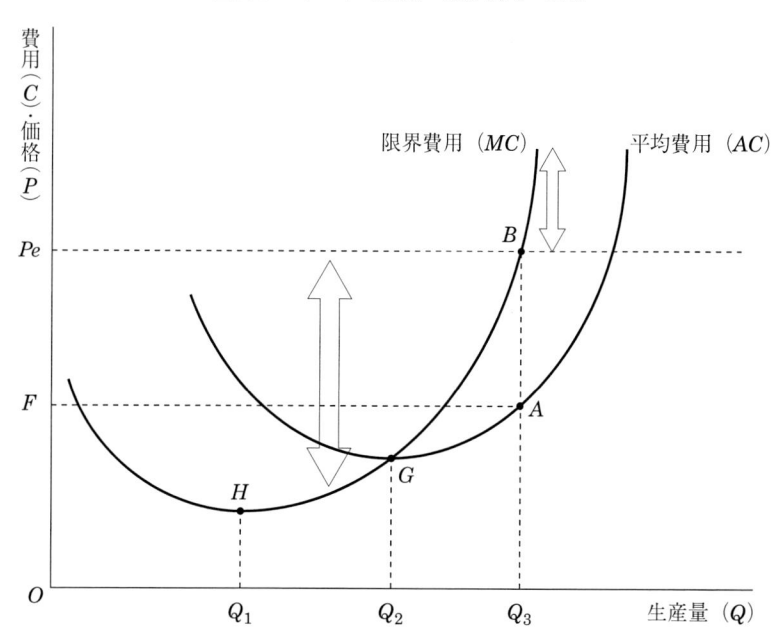

図表3－3　平均費用・限界費用・価格

第3章　完全競争市場における企業行動

そうした利潤をもたらす最適な生産量は Q_3 ということになる。なぜなら，生産量が Q_3 の左方に位置している場合，企業が生産を1単位増やしたことから得られる収入の増分（限界収入 $MR = P$）は，生産が1単位増やすことから生ずる費用の増分（限界費用 MC）よりも大きいことから，企業は生産を増やして利潤をさらに大きくしようとする。これとは逆に，生産量が Q_3 の右方に位置している場合には，企業が生産を1単位増やすことから生ずる費用の増分（限界費用 MC）は，生産を1単位増やすことから生ずる収入の増分（限界収入 $MR = P$）を上回ってしまうために，企業は生産を減らすことによって損失を少なくしようとする。つまり，企業にとって，最も好ましい生産量は，P と MC とが一致する Q_3 ということになる。

では，こうした総収入 TR，総費用 TC，利潤 π の大きさは，この図表3－3ではどのように表せるであろうか。次にこの点を，みておこう。

先に示した第2式からわかるように，総収入 TR は価格 P と生産量 Q の積である（$TR = P \cdot Q$）。この図では，価格が OPe で生産量が OQ_3 であることから，総収入は $OPe \cdot OQ_3$ となり，その大きさは面積□$PeBQ_3O$ によって表される。次に総費用 TC であるが，当然のことながら，これは生産量 Q に平均費用 AC（1単位の生産に要する費用）を乗ずることによって求めることができる。

$$TC = AC \cdot Q \tag{10}$$

図表3－3において，平均費用は $OF (= Q_3A)$ であり，生産量は OQ_3 であることから，その大きさは面積□FAQ_3O によって表される。また，利潤は総収入と総費用の差であることから，その大きさは面積□$PeBAF$ によって表される。

4 価格変化と生産

最後に，価格変化と生産との関係を，図表3－4を用いてみておこう。いま，当初 P_1 の水準にあった価格が，何らかの理由によって P_2 の水準にまで低下すると，生産量は Q_1 から Q_2 へと減少する。ここで留意すべきは，価格 P と限

図表3-4 価格変化と生産量

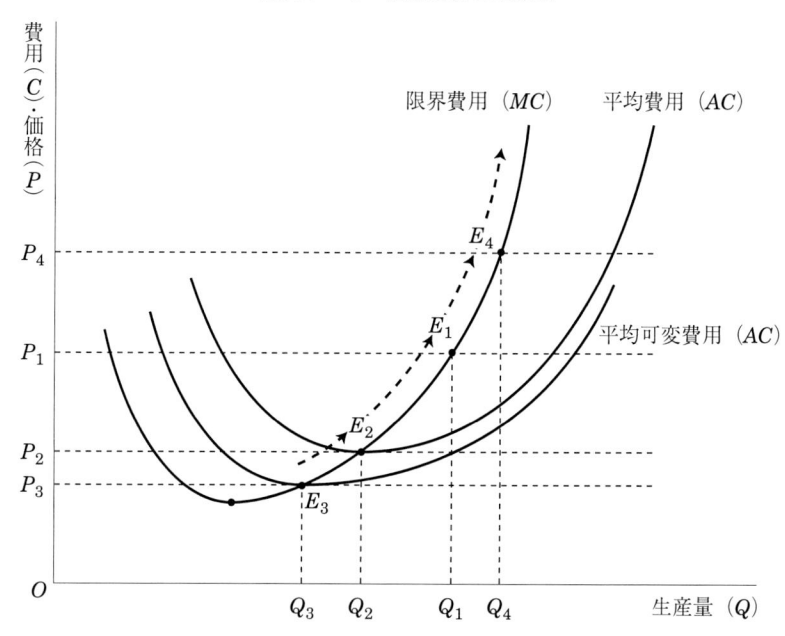

縦軸：費用（C）・価格（P）、横軸：生産量（Q）

曲線：限界費用（MC）、平均費用（AC）、平均可変費用（AC）

点：E_1, E_2, E_3, E_4 に対応する価格 P_1, P_2, P_3, P_4 および生産量 Q_1, Q_2, Q_3, Q_4

界費用（MC）曲線の交点が E_1 から E_2 へとシフトしたことである。この E_2 点上においては、限界費用 MC と平均費用 AC とが一致していることから、企業は利潤を得ることができず、価格がこれより下に低下すれば、企業は損失を被ることになる。そこで、E_2 点のことを損益分岐点（Break-even Point）という。

ただし、価格が損益分岐点に達した時点で、企業が生産を中止するわけではない。第3式からわかるように、平均費用は平均固定費用と平均可変費用から成っている（$AC = AFC + AVC$）。つまり、価格 P が損益分岐点 E_2 を下回ったとしても、それが平均可変費用（正確には、限界費用曲線と平均可変費用曲線との交点）を上回っている限り、平均可変費用 AVC の全額と平均固定費用 AFC の一部を支払うことはできる。したがって、このような場合には、たとえ損失が生ずるとしても生産活動を継続することが、企業にとっては合理的な選択なのである。企業が生産活動を停止するのは、価格が平均可変費用を下回った場合

である。それゆえに，平均可変費用曲線と限界費用曲線との交点E_3のことを操業停止点（Shut-down Point）という。

以上の議論から，次のことがわかる。市場で決まる価格が操業停止点以下の水準にある場合，企業は生産を行わない。しかし，操業停止点を超えた価格が，図表3－4に示されているようにP_2，P_1，P_4と上昇していくと，価格と限界費用曲線の交点もE_2，E_1，E_4へとシフトし，生産量はQ_2，Q_1，Q_4と増大する。ここで価格と限界費用曲線の交点に注目すると，それぞれの点はそれに対応する価格のもとで企業が市場に供給する生産量との関係を示しているのであるから，限界費用曲線の操業停止点を超えた右側の部分は，この企業の供給曲線を意味していることになる。本書の第1章（市場）では，右上がりの供給曲線を描いた理由は，各企業のこうした行動に基づいている。

5 まとめ

現実の市場経済において，企業が技術開発や経費削減などと積極的に取り組んでいることは，周知の事実である。この理由は，これまでみてきたように，市場で決まる価格を企業は一方的に受け入れなければならず，価格の変動に対処し，そして利潤を最大化するためには，生産効率の向上と費用の削減といった改善を不断に継続してゆく必要に迫られているからである。

市場経済の生産性の高さの秘訣は，こうした市場の力に求められよう。

実験編

1 はじめに

本実験編では，既に概論編で概観した企業の行動に関する下記の図を実際に描き，その最適生産量に関する解を求める，という実験を行う。

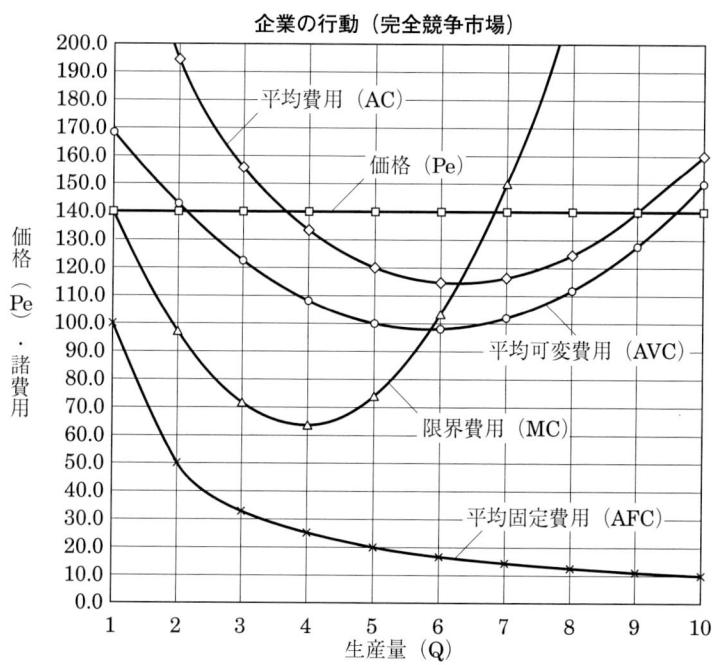

企業の行動（完全競争市場）

縦軸：価格（Pe）・諸費用
横軸：生産量（Q）

曲線：平均費用（AC），価格（Pe），平均可変費用（AVC），限界費用（MC），平均固定費用（AFC）

注）このグラフは，若干修正してある。たとえば，実際のエクセルのグラフでは，各曲線等の名称は，グラフの右方に示される【凡例】のなかに表示される。

【最適生産量】

生産量（Q）	6.79694
価格（P）	140

第3章 完全競争市場における企業行動

なお，本編の前半（Ⅰ）で行う実験にはエクセルの表計機能を用い，後半で行う実験においてはVBA（Visual Basic for Applications）を用いる。その際に用いる数値例は，下記のとおりである。

図表3－5　ある企業の費用

生産量（Q）	固定費用（FC）	可変費用（VC）	総費用（TC）
0	100	0	100
1	100	168	268
2	100	284	384
3	100	366	466
4	100	432	532
5	100	500	600
6	100	588	688
7	100	714	814
8	100	896	996
9	100	1152	1252
10	100	1500	1600

上記の表は，ある企業の生産量の変化とそれに伴う諸費用（固定費用・可変費用・総費用）の変化を想定した数値例である。また，この企業が生産している商品には市場で140の価格がついている，と仮定する。

【Ⅰ】表計算機能の活用

エクセルの表計算機能を活用して，本編冒頭の図が示している企業行動のモデルを描き，その最適生産量を求める実験は，下記の要領で行う。
① 実験を行うためのデータの作成。
② 総費用（TC）曲線を表す関数を求める。

③ 平均費用（AC）曲線を表す関数求める。
④ 平均固定費用（AFC）曲線を表す関数求める。
⑤ 平均可変費用（AVC）曲線を表す関数求める。
⑥ 限界費用（MC）曲線を表す関数求める。
⑦ 企業行動に関するモデルの作図をする。
⑧ 限界費用と市場価格の交点を求める。

以下では，この要領に従って議論を進める。

1 データの作成（準備作業）

まずは，下記の作業を行い，図表3－5をエクセルのシート上に再現する。

① エクセルを起動し，ワークシート1（Sheet1）を利用する。
② Sheet1のセルA1，B1，C1，D1，のそれぞれに，「生産量（Q）」，「固定費用（FC）」，「可変費用（VC）」，「総費用（TC）」というタイトルの文字を記入する。
③ 上記の図表3－5に示された数値を，セルA2～A12，B2～B12，C2～C12，D2～D12の適切な位置に入力する。

	A	B	C	D
1	生産量(Q)	固定費用(FC)	可変費用(VC)	総費用(TC)
2	0	100	0	100
3	1	100	168	268
4	2	100	284	384
5	3	100	366	466
6	4	100	432	532
7	5	100	500	600
8	6	100	588	688
9	7	100	714	814
10	8	100	896	996
11	9	100	1152	1252
12	10	100	1500	1600

2 総費用曲線

下記の手順に従って，総費用を示す関数を求める。総費用関数は下記の3次曲線の形状が普通であるので，この式を回帰分析によって求める。

$$TC = aQ^3 + bQ^2 + cQ + d$$

① セル A1 〜 A12 のデータを，下記の要領でセル C14 〜 25 にコピーする。ⓐセル A1 〜 A12 の範囲を，ドラッグ（左クリックをしたまま，マウスを移動）する。ⓑツール・バーのアイコン 📋 （コピー）をクリックする。ⓒセル C14 をクリックする。ⓓツール・バーのアイコン 📋 （貼り付け）をクリックする。

② セル D1 〜 D12 のデータを，セル D14 〜 25 にコピーする（①と同じ要領で行う）。

③ セル A14 に「Q^3」，B14 に「Q^2」と記入する。

④ セル A15 に計算式「= C15^3」と入力する。すると，数値「0」が，セル A15 の中に現れる。次いで，セル A15 をクリックし，セル A15 の右下にポインターを合わせ，ポインターの色が白（✛）から黒（✚）に変わったら，A25 までドラッグ（左クリックしたまま，マウスを移動）する。すると，計算結果が各セル内に現れる。

⑤ セル B15 に計算式「= C15^2」と入力する。すると，数値「0」が，セル B15 の中に現れる。次いでセル B15 をクリックし，セル B15 の右下にポインターを合わせ，ポインターの色が（✛）から黒（✚）に変わったら，B25 までドラッグ（左クリックしたまま，マウスを移動）する。すると，計算結果が各セル内に現れる。

	A	B	C	D
14	Q^3	Q^2	生産量(Q)	総費用(TC)
15	0	0	0	100
16	1	1	1	268
17	8	4	2	384
18	27	9	3	466
19	64	16	4	532
20	125	25	5	600
21	216	36	6	688
22	343	49	7	814
23	512	64	8	996
24	729	81	9	1252
25	1000	100	10	1600

⑥ メニュー・バーの【ツール(T)】をクリックし，画面に現れたプルダウン・メニューのなかの【分析ツール(D)】を選択（クリック）する。次に，画面に現れてきた【データ分析】のダイアログ・ボックスのなかから，【回帰分析】を選択し，【OK】ボタンをクリックする。

⑦ 画面に【回帰分析】のダイアログ・ボックスが現れるので，ⓐ【入力Y範囲(Y)】に関しては，入力欄の右端のボタン（ダイアログ縮小）をクリックしてから，ⓑセルD15～25の範囲をドラッグし，さらにⓒボタンを押すことで，入力範囲を指定する。次いで，ⓓ【入力X範囲(X)】に関しては，入力欄の右端のボタン（ダイアログ縮小）をクリックしてから，ⓔセルA15～C25にいたる範囲をドラッグし，さらにⓕ入力欄右端のボタンを押すことで，入力範囲を指定する。また【出力オプション】では【新規または次のワークシート(P)】を選択，【残差】では【観測値グラフの作成(I)】を選択し，【OK】ボタンをクリックする。

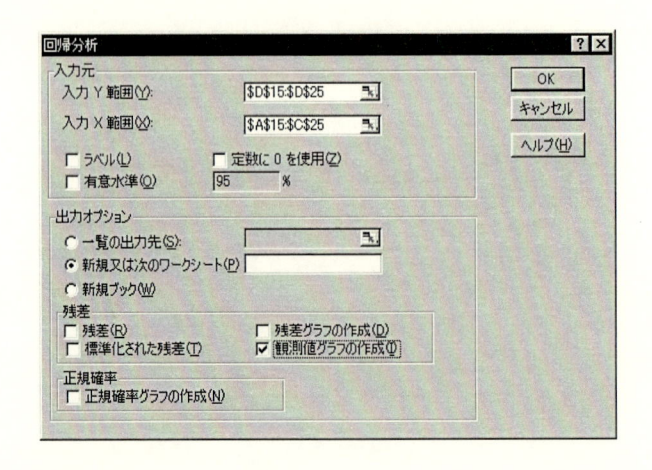

以上の作業から，回帰分析の結果が得られるが，その一部を紹介すると次のようになる。重相関R（その値は1）は，生産量Qと総費用TCとの間に極めて良好な相関関係があることを示している。

重相関R	1
切片	100
X値1	3
X値2	−35
X値3	200

また，切片とX値の値から，総費用曲線の回帰式は下記のようになる。

$$TC = 3Q^3 - 35Q^2 + 200Q + 100$$

3 平均費用曲線

次に，下記の手順に従って，平均費用を示す関数を求める。この関数は下記の2次曲線の形状をしているので，この式を回帰分析によって求める。

$$AC = \frac{TC}{Q} = aQ^2 + bQ + c + \frac{d}{Q}$$

① セル D14〜D25 のデータを，先の要領でセル D27〜D38 にコピーする。また，セル C14〜C25 のデータも，セル B27〜B38 にコピーする。

② セル B14〜B25 のデータをセル A27〜A38 コピーするが，これらのセルには計算式（＝ C15^2 など）が入っているので，次の要領でコピーを行う。ⓐセル B14〜B25 の範囲を，ドラッグする。ⓑツール・バーのアイコン 🗐（コピー）をクリックする。ⓒコピー先のセル A27 をクリックする。ⓓメニュー・バーの【編集（E）】をクリックし，【形式を選択して貼り付け（S）】をクリックする（アイコン 🗐（貼り付け）は用いない）。すると，ⓔダイアログ・ボックスが画面に現れるので，【値（V）】をクリックして，【OK】ボタンをクリックする。

③ セル C27 に「1/Q」と記入する。

④ 平均費用を表す式の項 d/Q に必要な説明変数を求めるため，セル C29 に計算式「＝ 1/B29」と入力する（分母が 0 の場合は計算できなので，C28 は空欄にしておく）。すると，セル C29 の中に，数値「1」が現れる。次いでセル C29 をクリックし，セル C29 の右下にポインターを合わせ，ポインターの色が白（✥）から黒（✚）に変わったら，C38 までドラッグすると計算結果が各セル内に現れる。

⑤ セル E27 に「平均費用（AC）」と記入する。

⑥ セル E29 に計算式「＝ D29/B29」と入力する（分母が 0 の場合は計算できなので，E28 は空欄にしておく）。すると，セル E29 に数値「268」が現れる。次いでセル E29 をクリックし，次にセル E29 の右下にポインターを合わせ，ポインターの色が白（✥）から黒（✚）に変わったら，E38 までドラッグする。すると，計算結果が各セル内に現れる。

	A	B	C	D	E
27	Q^2	生産量(Q)	1/Q	総費用(TC)	平均費用(AC)
28	0	0		100	
29	1	1	1.0000	268	268
30	4	2	0.5000	384	192
31	9	3	0.3333	466	155
32	16	4	0.2500	532	133
33	25	5	0.2000	600	120
34	36	6	0.1667	688	115
35	49	7	0.1429	814	116
36	64	8	0.1250	996	125
37	81	9	0.1111	1252	139
38	100	10	0.1000	1600	160

⑦ 次に，このデータを用いて回帰分析を行う。回帰分析の実行の仕方は，先の総費用曲線の場合と全く同じである（上記の説明を参照）。なお，データの入力についてだけ説明しておくと，回帰分析のダイアログ・ボックスの【入力Y範囲（Y）】にはセルE29〜E38を，【入力X範囲（X）】にセルA29〜C38にいたる範囲のセルを指定するものとする。

以上の手順に基づく作業の最終段階における回帰分析のダイアログ・ボックスは，次のようになる。また，回帰分析の結果のすべてを示すことはできないが，主要部分を下に示しておく。

重相関 R	1
切片	200
X値1	3
X値2	−35
X値3	100

　この回帰分析結果の重相関Rは，生産量Qと平均費用ACとの間に良好な相関関係があることを示している。また，切片とX値の値から，総費用曲線の式は下記のようになることがわかる。

$$AC = 3Q^2 - 35Q + \frac{100}{Q} + 200$$

4 平均固定費用曲線

　平均固定費用AFCは，固定費用FCを生産量Qで除すことによって得られる。本編の数値例では，固定費用が100であるから，AFC = 100/Qになる。ここでは，この式を回帰分析によって得られるか否か，を確認する。この場合に用いる式は，説明変数を1/Q，被説明変数をAFCとする下記の関数である。

$$AFC = a + b \cdot \frac{1}{Q}$$

この形の関数を，次の手順によって導出する。

① セルA1～A12のデータを，先に述べた要領（すなわち，アイコン 📋 と 📋 を利用する方法）で，セルF1～12にコピーする。

② 同じ要領でB1～B12のデータを，セルH1～12にコピーする。

③ セルG1に「1/Q」とタイトルを記入する。

④ セルG3に計算式「＝1／F3」と入力する（分母が0の場合は計算できないので，G2は空欄にしておく）。すると，セルG3には数値「1」が表れる。次いでセルG3をクリックし，次にセルG3の右下にポインターを合わせ，ポインターの色が白（✛）から黒（✚）に変わったら，G12までドラッ

グ（左クリックしたまま，マウスを移動）する。すると，計算結果が各セル内に現れる。

⑤ セルI1に「平均固定費用（AFC）」とタイトルを記入する。次に，セルI3に計算式「＝H3／F3」と入力する。すると，セルI3に数値「100」が表われる（分母が0の場合は計算できなので，G2は空欄にしておく）。次いでセルI3をクリックし，次にセルI3の右下にポインターを合わせ，ポインターの色が白（⇧）から黒（✚）に変わったら，I12までドラッグする。すると，計算結果が各セル内に現れる。

	F	G	H	I
1	生産量(Q)	1/Q	固定費用(FC)	平均固定費用(AFC)
2	0		100	
3	1	1.000	100	100.000
4	2	0.500	100	50.000
5	3	0.333	100	33.333
6	4	0.250	100	25.000
7	5	0.200	100	20.000
8	6	0.167	100	16.667
9	7	0.143	100	14.286
10	8	0.125	100	12.500
11	9	0.111	100	11.111
12	10	0.100	100	10.000

⑥ 次に，このデータを用いて回帰分析を行う。回帰分析の実行の仕方は，先の総費用曲線の場合と全く同じである（上記の説明を参照）。なお，データの入力についてだけ説明しておくと，回帰分析のダイアログ・ボックスの【入力Y範囲（Y)】にはセルI3～I12を，【入力X範囲（X)】にセルG3～G12にいたる範囲のセルを指定するものとする。

以上の手順に基づく回帰分析の結果のすべてを示すことはできないが，その主要部分を下に示しておく。

重相関R	1
切片	0
X値1	100

この回帰分析結果の重相関Rは，変数1/Qと平均固定費用AFCとの間に極めて良好な相関関係があることを示している。また，切片とX値の値から，総費用曲線の式は下記のようになる。

$$AFC = \frac{100}{Q}$$

5 平均可変費用曲線

平均可変費用AVCと総費用TCとの関係についていえば，総費用TCから固定費用FCを差し引いたものが可変費用VCであり，これを生産量Qで除したものが，平均可変費用AVCである。つまり，下記のようになる。

$$VC = (3Q^3 - 35Q + 200Q + 100) - 100$$

$$AVC = \frac{VC}{Q} = 3Q^2 - 35Q + 200$$

では，この平均可変費用を示す関数式は回帰分析から得られるだろうか。この問題を，以下の要領の作業を行うことによって確認する。

① セルC1～セルC12の可変費用のデータを，先のアイコン 📋 と 📋 を利用する方法によって，セルH14～セルH25にコピーする。

② セルA1～セルA12の生産量に関するデータを，アイコン 📋 と 📋 を利用方法によって，セルG14～セルG25にコピーする。

③ セルF14に「Q^2」と記入する。次に，セルF15に計算式「＝G15^2」を入力する。すると，セルF15の中に数値「0」が現れる。次いでセルF15をクリックし，次にセルF15の右下の角にポインターを合わせ，ポインターの色が白（✥）から黒（✚）に変わったら，F25までドラッグする。すると，計算結果が各セル内に現れる。

④ セルI14に「平均可変費用（AVC）」と記入する。次に，セルI16に計算式「＝H16/G16」と入力する（分母が0の場合は計算できないので，I15は空欄にしておく）。すると，セルI16の中に数値「168」が現れる。次いで，

第3章 完全競争市場における企業行動

セル I16 をクリックした後に，セル I16 の右下の角にポインターを合わせ，ポインターの色が白（⊕）から黒（✚）に変わったら，I25 までドラッグすると，計算結果が各セル内に現れる。

	F	G	H	I
14	Q^2	生産量(Q)	可変費用(VC)	平均可変費用(AVC)
15	0	0	0	
16	1	1	168	168
17	4	2	284	142
18	9	3	366	122
19	16	4	432	108
20	25	5	500	100
21	36	6	588	98
22	49	7	714	102
23	64	8	896	112
24	81	9	1152	128
25	100	10	1500	150

⑤ 次に，このデータを用いて回帰分析を行う。回帰分析の実行の仕方は，先の総費用曲線の場合と全く同じである（上記の説明を参照）。なお，データの入力についてだけ説明しておくと，回帰分析のダイアログ・ボックスの【入力 Y 範囲 (Y)】にはセル I16～I25 を，【入力 X 範囲 (X)】にセル F16～G25 にいたる範囲のセルを指定するものとする。

以上の手順に基づく，回帰分析の結果のすべてを示すことはできないが，主要部分を下に示しておく。

重相関 R	1
切片	200
X 値 1	3
X 値 2	−35

この回帰分析結果の重相関 R は，生産量 Q と平均可変費用 AVC との間に極めて良好な相関関係があることを示している。また，切片と X 値の値から，平均可変費用曲線の式は，先に示したのと同じ式になることがわかる。

$$AVC = 3Q^2 - 35Q + 200$$

すなわち，回帰分析からも，同じ式を導出できるのである。

6 限界費用曲線

限界費用曲線は，先の総費用の式を微分すると，下記の2次曲線となる。

$$MC = \frac{\Delta TC}{\Delta Q} = 9Q^2 - 70Q + 200$$

そこで，回帰分析によってこの式が得られるか，を確かめることにする。ただし，限界費用MCは，生産量Qの1単位の増加に伴う総生産費の増分TCであるため（$MC = \Delta TC / \Delta Q$），若干のデータ操作を必要とする。

① ワークシート2（Sheet2）のセルA1，B1，C1，D1，E1に，それぞれ「Q^2」「生産量（Q）」，「総費用（TC）」，「TC補間値」，「$\Delta TC/\Delta Q$」とタイトルを記入する。

② セルB2からセルB22までの各セルに，それぞれ生産量を示す数値「0」，「0.5」，「1」，……，「9」，「9.5」，「10」を入力する。

③ セルA2に計算式「＝B2^2」と入力する。すると，セルA2の中に数値「0」が現れる。次にセルA2をクリックし，セルA2の右下の角にポインターを合わせ，その色が白（✛）から黒（✚）に変わったら，A22までドラッグ（左クリックしたままマウスを移動）する。すると，これらのセルの中に，生産量を2乗した計算結果が現れる。

④ セルC2，C4，……，C20，C22の偶数の各セルに，総費用の数値「100」，「268」，「384」，……，「996」，「1252」，「1600」を入力する。

⑤ セルD3に計算式「＝(C4＋C2)/2」と入力する。すると，セルD3の中に数値「184」が現れる。次に，セルD3をクリックし，セルD3の右下にポインターを合わせ，ポインターの色が白（✛）から黒（✚）に変わったら，D22までドラッグ（左クリックしたままマウスを移動）する。すると，計算結果が各セル内に現れる。

⑥ セル E3 に $\Delta TC/\Delta Q$ の計算式,「=(C4 − D3)/0.5」を入力する。すると,セル E3 の中に数値「168」が現れる。次に,セル E3 をクリックし,同セルの右下にポインターを合わせ,ポインターの色が白（✥）から黒（✚）に変わったら,E22 までドラッグする。すると,$\Delta TC/\Delta Q$ に関する計算結果が各セルの中に現れる。

	A	B	C	D	E
1	Q^2	生産量(Q)	総費用(TC)	TC補間値	$\Delta TC/\Delta Q$
2	0.00	0.0	100		
3	0.25	0.5		184	168
4	1.00	1.0	268	0	0
5	2.25	1.5		326	116
6	4.00	2.0	384	0	0
7	6.25	2.5		425	82
8	9.00	3.0	466	0	0
9	12.25	3.5		499	66
10	16.00	4.0	532	0	0
11	20.25	4.5		566	68
12	25.00	5.0	600	0	0
13	30.25	5.5		644	88
14	36.00	6.0	688	0	0
15	42.25	6.5		751	126
16	49.00	7.0	814	0	0
17	56.25	7.5		905	182
18	64.00	8.0	996	0	0
19	72.25	8.5		1124	256
20	81.00	9.0	1252	0	0
21	90.25	9.5		1426	348
22	100.00	10.0	1600	0	0

さらに回帰分析を行うために,以上の計算結果をまとめる。

⑦ セル H1 に「生産量(Q)」と記入し,セル H2 ～ H11 に数値「0.5」,「1.5」,「2.5」,……,「7.5」,「8.5」,「9.5」を入力する。

⑧ セル I1 に「$\Delta TC/\Delta Q$」と記入し,セル I2 ～ I11 に,先に計算した限界費用（セル E3 ～ E22）の数値「168」,「116」,「82」,……,「182」,「256」,「348」を入力する。

⑨ セル G1 に「Q^2」と記入し,セル G2 に計算式「=H2^2」を入力する。すると,セル G2 の中に数値「0.25」が現れる。次に,セル G2 をクリックし,セル G2 の右下の角にポインターを合わせ,その色が白（✥）か

ら黒（＋）に変わったら，G11までドラッグ（左クリックしたまま，マウスを移動）する。すると，計算結果が各セル内に現れる。

	G	H	I
1	Q^2	生産量(Q)	△TC/△Q
2	0.25	0.5	168
3	2.25	1.5	116
4	6.25	2.5	82
5	12.25	3.5	66
6	20.25	4.5	68
7	30.25	5.5	88
8	42.25	6.5	126
9	56.25	7.5	182
10	72.25	8.5	256
11	90.25	9.5	348

⑩ 次に，このデータを用いて回帰分析を行う。回帰分析の実行の仕方は，これまでの場合と全く同じである（上記の説明を参照）。なお，データの入力についてだけ説明しておくと，回帰分析のダイアログ・ボックスの【入力 Y 範囲（Y）】にはセル I2～I11 を，【入力 X 範囲（X）】にセル G2～H11 にいたる範囲を指定するものとする。

以上の作業から，回帰分析の結果が得られるが，その一部を紹介すると次のようになる。重相関 R は，生産量 Q と限界費用 MC との間に極めて良好な相関関係があることを示している。

重相関 R	1
切片	200.75
X 値 1	9
X 値 2	−70

この結果から，限界費用曲線の式は次のとおりである。

$MC = 9Q^2 − 70Q + 200.75$

なお，この分析結果は先の総費用曲線を示す式を微分したものとほぼ同じ結果になることから，信頼性の高いものであることがわかる。

$$\frac{\Delta TC}{\Delta Q} = 9Q^2 - 70Q + 200$$

ただし，本編の以下の部分では，この後者の式を用いることとする。

7 企業の行動に関するモデルの作図

本編のこれまでの部分で得られた結果に基づいて，企業行動を示すモデルを描くことにする。その手順は，次のとおりである。

① ワークシート 3（Sheet3）のセル A1 に「生産量 (Q)」，セル B1 に「平均費用 (AC)」，セル C1 に「限界費用 (MC)」，セル D1 に「平均固定費用 (AFC)」，セル E1 に「平均可変費用 (AVC)」，セル F1 に「価格 (Pe)」と記入する。

② セル A2 から A11 のそれぞれに，生産量 Q を示す数値「1」，「2」，「3」，「4」，……，「8」，「9」，「10」を入力する。また，セル F2 から F11 の全セルに市場価格の値「140」を入力する。

③ セル B2 に平均費用の計算式「＝ 3 ＊ A2^2 － 35 ＊ A2 ＋ 100/A2 ＋ 200」を，セル C2 に限界費用の計算式「＝ 9 ＊ A2^2 － 70 ＊ A2 ＋ 200」を，セル D2 に平均固定費用の計算式「＝ 100/A2」を，セル E2 に平均可変費用の計算式「＝ 3 ＊ A2^2 － 35 ＊ A2 ＋ 200」を入力する。すると，セル B2，セル C2，セル D2，セル E2 の中に，それぞれ数値「268」，「139」，「100」，「168」が現れる。

④ 次に，セル B2 からセル E2 までをドラッグしてから，セル E2 の右下の角にポインターを合わせ，ポインターの色が白（✥）から黒（✚）に変わったら，E11 までドラッグ（左クリックしたまま，マウスを移動）する。すると，計算結果が各セル内に現れる。

	A	B	C	D	E	F
1	生産量(Q)	平均費用(AC)	限界費用(MC)	平均固定費用(AFC)	平均可変費用(AVC)	価格(Pe)
2	1	268.0	139.0	100	168	140
3	2	192.0	96.0	50	142	140
4	3	155.3	71.0	33	122	140
5	4	133.0	64.0	25	108	140
6	5	120.0	75.0	20	100	140
7	6	114.7	104.0	17	98	140
8	7	116.3	151.0	14	102	140
9	8	124.5	216.0	13	112	140
10	9	139.1	299.0	11	128	140
11	10	160.0	400.0	10	150	140

⑤ セルB1からセルF11までをドラッグして,データの範囲指定をした後に,アイコン📊(グラフウィザード)をクリックする。

⑥ ダイアログ・ボックスの中で,【グラフの種類(C)】は【折れ線】を,【形式(T)】は【折れ線グラフ】を指定する。【次へ>】のボタンを押す。

⑦ 【系列】のタブをクリックし,【項目軸ラベルに使用(T)】の入力欄の右端にあるボタン📊(ダイアログ縮小)をクリックしてから,セルA2～A11の範囲をドラッグし,さらに📊を押すことによって,項目ラベルに使用するデータの範囲を指定する。そして,【次へ>】のボタンを押す。

⑧ タイトルとラベルに関しては,【グラフタイトル(T)】に,「企業の行動(完全競争市場)」と記入。【X/項目軸(C)】に「生産量(Q)」と記入,【Y/数値軸(V)】に「価格(Pe)・諸費用」と記入。目盛線に関しては,【X/項目軸】の【目盛線(M)】をクリックする。そして,【次へ>】ボタンを押し,さらに【完了(F)】ボタンを押す。

しかし,こうして出来上がったグラフは見にくいので,若干の調整を施す。

⑨ 出来あがったグラフの外辺にある■印にポインターを合わせると,ポインターの印が↕や↔などに変化する。このとき,ドラッグすることによって図の大きさを変えることができるので,図を適当な大きさにする。

⑩ 出来上がったグラフ内の白地の部分(どこでも良い)にポインターを合わせ,ダブル・クリックする。浮き出てきた【グラフエリアの書式設定】のダイアログ・ボックス内の【フォント】のタブを押してから,【サイズ(S)】の「8」を選択したあと,【OK】ボタンを押す。

⑪ 次に，グラフの縦軸（Y軸）にポインターを合わせてダブル・クリックすると，【軸の書式設定】のダイアログ・ボックスが画面に現れてくるので，【目盛】の【最大値（X）】を「200」に変更し，【目盛間隔（A）】を「10」に変更した後，【OK】ボタンをクリックする。

⑫ 次に，グラフの横軸（X軸）にポインターを合わせてダブル・クリックすると，【軸の書式設定】のダイアログ・ボックスが画面に現れてくるので，【目盛】の【項目境界で交差する（B）】をクリックし，チェック・マーク（✓）を外した後，【OK】ボタンをクリックする。

以上で，作業終わり，本編の冒頭で示した図を得ることができる。後は，図のサイズや描かれた曲線の色などを，好みに合わせて調整すればよい。

8 最適生産量の求め方

本編冒頭の図から判断すると，価格と限界生産費用が交わった点で求められる企業の最適生産量は，6.5 と 7.0 の中間に位置している。しかし，その正確な値はわからない。そこで，次にこの最適生産量を求める方法を概観する。これには，ソルバーを用いる方法とゴールシークを用いる方法，の2つがある。

（1）ソルバーの活用

① ワークシート3（Sheet3）のセル A14 に「ソルバー」，セル B16 に「生産量（Q）」，セル B17 に「価格（Pe）」，セル D15 に「限界費用（MC）」，セル E15 に「制約式」，セル E17 に「制約条件」と入力する。

② セル C17 に価格を示す数値「140」を，セル D16 に限界費用の計算式「＝9＊C16^2－70＊C16＋200」を，セル E16 に交点（0 = Pe － MC）を示す制約式「＝C17－D16」を入力する。また，セル E18 に数値「0」，セル E19 と E20 に解が存在する範囲を示す初期値「5」と「15」を入力する。

③ メニュー・バーのなかの【ツール（T）】をクリックする。

④ 現れたプルダウン・メニューなかの【ソルバー（V）】をクリックして，

ソルバーを起動させる。

⑤ すると，ダイアログ・ボックスが現れてくるので，その指示に従って，次の操作を行う。

⑥ 【目的セル（E）】として，D16を指定する（その際に，先ほど説明したボタン ![] と ![] を利用すると便利である）。このD16には，先に説明した限界費用曲線を示す関数の計算式が入っている。

⑦ 【目標値】として，【最大値（M）】を指定する。

⑧ 【変化させるセル（B）】では，空欄のC16を指定（ボタン ![] と ![] を利用する）。このセルのなかに，最適生産量の解が表示される。

⑨ 次に，【制約条件（U）】を指定する（ボタン ![] と ![] を利用する）。まず，【追加（A）】ボタンを押して，【セル参照（R）】にE16を入力，次いで【＝】ボタンを指示，さらに【制約条件（U）】にはセルE18と入力した後，【追加】ボタンをクリックする。その意味は，市場価格と限界費用の差（＝C17－D16，すなわち＝140－（9＊C16^2－70＊C16＋200））が交点では零になることである。以下，この要領で操作を行う。

⑩ 【セル参照（R）】にC16を入力，【＞＝】ボタンを指示，【制約条件（U）】にセルE19を入力し，【追加】ボタンを押す。

⑪ 【セル参照（R）】にC16を入力，【＝＜】ボタンを指示，【制約条件（U）】にセルE20を入力し，【OK】ボタンを押す。

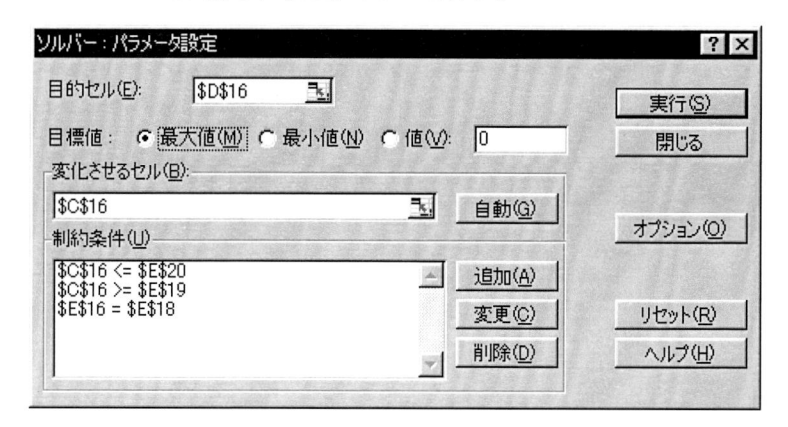

第3章 完全競争市場における企業行動

⑫ 最後に【実行（S）】ボタンをクリックすると，解 **6.7969** が得られる。

	A	B	C	D	E
14	ソルバー				
15				限界費用(MC)	制約式
16		生産量(Q)	6.796944971	140.0000005	-4.7714E-07
17		価格(Pe)	140		制約条件
18					0
19					5
20					15

（2）ゴールシークの活用

次に，ゴールシークを用いて最適解を求める方法を説明する。

① まず，Sheet3 のセル A22 に「ゴールシーク」と記入する。
② 次いで，セル C23 に計算式「＝ 9 ＊ B23^2 － 70 ＊ B23 ＋ 200」を，セル B23 に初期値「15」と入力する。
③ メニュー・バーのなかの【ツール（T）】を左クリックする。
④ 現れたプルダウン・メニューなかの【ゴールシーク（G）】を左クリックして，ゴールシークを起動させる。
⑤ すると，ダイアログ・ボックスが現れてくるので，その指示に従って，次の操作を行う。
⑥ 【数式入力セル（E）】にセル C23 を，【目標値（V）】に数値「140」を，【変化させるセル（C）】にセル B23 を設定し，【OK】ボタンを押す。

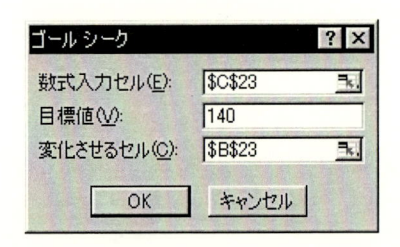

ゴール シーク	? ×
数式入力セル(E):	$C$23
目標値(V):	140
変化させるセル(C):	$B$23
OK	キャンセル

すると，上の解と同様に，数量が 6.7969 のときに限界費用が 140 になる，

という解答が得られる。

	A	B	C
22	ゴールシーク		
23		6.796945083	140.0000063

【Ⅱ】VBAによる方法

本編のこれまでの部分では，ソルバーとゴールシークを用いて最適生産量を求める方法をみてきた。これ以降では，VBAの活用法を説明する。

1 プログラムの特徴

本章の概論編での説明からわかるように，限界費用曲線と市場価格を示す水平線との交点で企業の最適生産量が決まる。また，実験編の数値例における限界費用と市場価格とは，次の2つの式によって示される。

$$\begin{cases} MC = 9Q^2 - 70Q + 200 \\ P = 140 \end{cases}$$

したがって，両者の交点を求めるには，下記の式を解けばよい。

$$0 = (9Q^2 - 70Q + 200) - 140$$

このような方程式の解を求める代表的な方法の1つに，下記のプログラムが示す2分法がある。この方法の概要は，およそ次のとおりである。

関数 $f(x)$ は，ゼロの近傍の片側では $f(x_1) > 0$ となり，その反対側では $f(x_2) < 0$ となる。そこで，この関係を維持しながら，x_1 と x_2 の差の絶対値を小さくしていく計算を繰り返し，その差が無視し得るほど微小になったとき，x_1 と x_2 のいずれかを解として採用する方法である。

2 VBAの活用

VBAの活用するための作業手順は，次のとおりである。

① エクセルのツール・バーの【ツール (T)】をクリックし，プルダウン・メニューのなかの【マクロ (M)】を経て，【Visual Basic Editor (V)】をクリックする。

② 画面に現れたビジュアル・ベーシック・エディターのメニュー・バーの【挿入 (I)】をクリックし，次に現れたプルダウン・メニューのなかの【標準モジュール (M)】をクリックする。

③ すると，プログラムの書き込みが可能になるので，下に示してあるプログラムを入力する。

――――――――＜2分法プログラム＞――――――――

```
Function pe(q)
pe = (9 * q ^ 2 - 70 * q + 200) - 140
End Function
Sub slv2()

q1 = 10
q2 = 6
lmt1 = 0.00000001
lmt2 = 0.0000001
c = 0

Do While c <= 200

c = c + 1

q = (q1 + q2) / 2
```

```
p = pe(q)

If p 〉 lmt1 Then q1 = q
If p 〈 lmt1 Then q2 = q
If Abs(q1 - q2) 〈 lmt2 Then Exit Do

Loop

Debug.Print
Debug.Print "Couneter="; Format(c, "###")
Debug.Print "      q="; Format(q1, " ####.######")
p = pe(q1)
Debug.Print "    f(x)="; Format(p, "  ####.######")

End Sub
```

④ これを実行するには，メニュー・バーの【Sub/ユーザーフォームの実行】を示すアイコン（▶）をクリックする。

　以上の操作を行うことによって，ビジュアル・ベーシック・エディターのイミディエイト・ウインドのなかに，6.7969 という答が現れてくる。

第4章

独占企業の行動

概論編

1 はじめに

　第1章および第3章でみたように，市場での自由競争は重要な意味をもっている。この競争があるからこそ，より多くの利潤を求める企業は進んだ技術の導入や費用の削減などに努め，消費者はより良い商品をより安く入手することができるのであり，また，市場（すなわち，アダム＝スミスがいう「神の『見えざる手』」）はその自動調節機能を十分に発揮できるのである。
　しかし，市場における激しい競争は，相矛盾した結果をもたらす。
　市場で行われる競争も弱肉強食の生存競争の一種であって，競争の過程において勝ち残る企業はしだいに絞られていく。そして，最終的に勝ち残る企業は，わずか1社になってしまう。いわゆる独占企業とは，市場における生存競争の最終的勝者（企業）の別称であって，激しい競争のなかから生まれたものにほかならない。こう考えると，最終的勝者である独占企業は，敬意をはらわれて然るべきであるように思われるが，実際の評価は芳しいものではない。その理由は，先の市場の自動調節機能を想起すれば，容易に理解できる。市場が調節機能を十全に発揮できるのは，先にみたように，多くの企業が激しく競っている場合である。それゆえ，独占企業の誕生によって，市場経済の心臓部ともいえる市場は，機能不全に陥ってしまうのである。
　市場経済は，市場での競争が激しいほど，市場がその機能を発揮することによって，生産性などが高まるものの，この激しい競争そのものが，市場の働きの障害になる独占企業を産みだす，という矛盾を抱えている。この問題への対応策として提示されたものが，いわゆる独占禁止法である。
　本章の概論編では，こうした独占企業の特徴を概観する。

2 独占と独占企業

独占とは、既述のように、ある市場に1社しか存在しないことを意味する。言い換えるなら、ある商品への社会全体の需要に対して、わずか1社（独占企業）がその商品を生産し、その商品の市場に供給している場合のことである。しかし、独占企業も企業の一種であって、利潤の最大化を目指して行動している点では、前章でみた完全競争市場下における企業となんら変わりはない。したがって、この点に関しては、前章で見たのと同じ式を利用できる。

$$\pi = TR - TC \tag{1}$$
$$\pi = P \cdot Q - TC \tag{2}$$

（ただし、上記式中の記号の意味は、π：利潤、TR：総収入、TC：総費用、P：価格、Q：生産量、である。）

すなわち、独占企業も利潤（すなわち商品を生産して得た総収入TRから、その生産に要した総費用TCを差し引いたもの）の最大化を目指して行動する（第1式）。具体的にいうなら、ある独占企業が生産し販売した商品の量Qに価格Pを乗じた総収入TRから、その商品の生産に要した総費用TCを差し引いた値である利潤πの最大化を目指して行動するのである（第2式）。

しかし、完全競争市場下における企業と独占企業との間には大きな違いが存在する。完全競争市場下における企業は、市場で決定された価格を所与（与えられたもの）として商品を生産するプライス・テイカー（価格受容者）であった。これに対して、独占企業には競争相手が存在しない。それゆえに、独占企業は、競争相手の反発などに配慮することなく、価格や供給量を決定できる。より直接的にいえば、独占企業は市場支配力を有しているために、価格などを自らの意志で自由に決定するプライス・メーカー（価格設定者）として行動することになる。

これ以下では、こうした独占企業の行動を図表4－1に即して概観する。

図表4－1　独占企業の行動

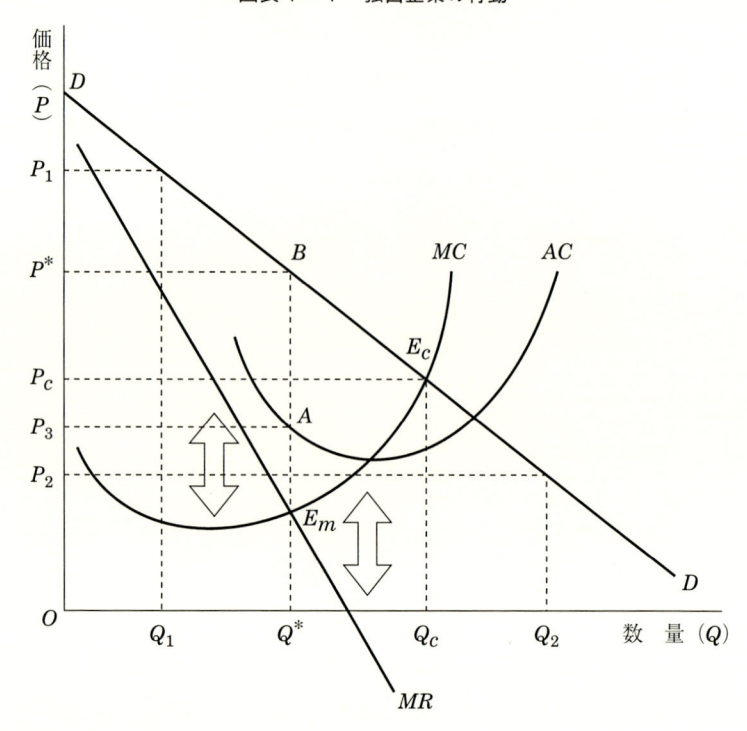

3 独占企業の行動

　先にも述べたように，独占企業はその商品の唯一の生産者であって，社会全体の需要（図表4－1の DD 線によって表される）を一手に引き受けている。そして，プライス・メーカーである独占企業は自ら価格を設定できるが，このときの価格は独占企業の総収入 TR を左右することになる。なぜなら，①独占企業が製品の価格を高く設定すれば（図表4－1中の P_1），当然，需要は少なくなることから生産量も少なくなり（図表4－1中の Q_1），逆に，②価格を低く設定すれば（図表4－1中の P_2），需要は多くなることから生産量も多くなる（図表4－1中の Q_2）のであるが，③先の第1式と第2式からわかるように，独占企業が手にする総収入 TR は，価格 P と生産量 Q の積（$TR = P \cdot Q$）にほかならない

96　第4章　概論編

からである。

　このとき，独占企業はどのようにして利潤の最大化を図るだろうか。この問題を考える際に必要な分析用具が，収入に関する限界収入（Marginal Revenue）MR，費用に関する平均費用（Average Cost）AC と限界費用（Marginal Cost）MC，の3つである。まず，最初は，下記の式によって表される限界収入であるが，これは独占企業が生産物を1単位だけ追加することから得られる総収入の増分を意味しており，図表4－1ではMR曲線によって表される。

$$MR = \frac{\Delta TR}{\Delta Q} = \frac{\Delta(P \cdot Q)}{\Delta Q} = P + \frac{\Delta P}{\Delta Q} \cdot Q \qquad (4)$$

　次にみるのは，製品の生産に要する費用であるが，独占企業の利潤最大化を分析する場合には，製品1単位当たりの生産に要した費用を意味する平均費用ACと，製品1単位を増産するのにかかる費用である限界費用MCの2つを用いる。図表4－1においては，これら2つの費用は，それぞれAC曲線とMC曲線によって表されている。

$$AC = \frac{TC}{Q} \qquad (5)$$

$$MC = \frac{\Delta TC}{\Delta Q} \qquad (6)$$

　なお，MR，AC，MCがもっている意味に関しては，前章（第3章）で既に説明してあるので，本章においては詳細な説明は控える。

　さて，本題の利潤最大化であるが，利潤の最大化の条件は，次のようにして求める。まず，利潤を示した第2式を微分すると，次のようになる。

$$\pi = P \cdot Q - TC$$

$$\frac{\Delta \pi}{\Delta Q} = \frac{\Delta(P \cdot Q)}{\Delta Q} - \frac{\Delta TC}{\Delta Q}$$

$$= P + \frac{\Delta P}{\Delta Q} Q - \frac{\Delta TC}{\Delta Q}$$

　そして，この式がゼロのとき，利潤は最大になるので，

$$P + \frac{\Delta P}{\Delta Q}Q - \frac{\Delta TC}{\Delta Q} = 0$$

その条件は次式のようになる。

$$P + \frac{\Delta P}{\Delta Q}Q = \frac{\Delta TC}{\Delta Q}$$

ここで、第4式と第6式を想起するなら、利潤を最大化する条件は、限界収入と限界費用とが一致したときであることがわかる。

$$MR = MC \qquad (7)$$

このことは、図表4-1では次のように示されている。MR（限界収入）曲線とMC（限界費用）曲線の交点（E_m点）の左方の範囲では、限界収入が限界費用を上回っている（$MR > MC$）。すなわち、製品を1単位ほど増産するのにかかる費用より、この増産から得られる収入の方が大きいことを意味している。この場合には、独占企業は商品の増産を決意する。逆に、両曲線の交点（E_m点）の右方の範囲では、限界収入が限界費用を下回っている（$MR < MC$）。すなわち、製品を1単位ほど増産するのにかかる費用より、この増産から得られる収入の方が小さいことを意味している。この場合には、独占企業は商品の減産を決意する。つまり、独占企業にとって利潤を最大化する最適生産量は、両曲線の交点（E_m点）が決定する生産量Q^*ということになる。次は価格であるが、生産量Q^*を通る垂直線を引き、これを上方へ辿ると需要曲線に突き当たり（B点）、この交点を通過する水平線を左方に進むとP^*に達する。

以上から明らかなように、生産量がOQ^*で価格がOP^*のとき利潤が最大になるのであるが、上記の一連の式が表している利潤・総収入・総費用の関係は、図表4-1においては次のように説明することができる。生産量がOQ^*で価格がOP^*のとき、独占企業の総収入（$TR = P \cdot Q$）は、面積□OP^*BQ^*によって表される。また、商品をOQ^*生産したときの平均費用の額はQ^*Aになり、総費用（$TC = AC \cdot Q$）は面積□OP_3AQ^*によって表される。それゆえ、独占企業の利潤（$\pi = TR - TC$）は、面積□P_3P^*BAによって表される。

4 独占による負の影響

　さて，独占企業のこうした行動は，各種の負（マイナス）の影響を社会に及ぼすことになるが，ここではそのうちの代表的なものを概観する。

　前章（第3章：完全競争市場における企業行動）でもみたように，完全競争市場の場合には，ある商品を生産している各企業の限界費用曲線（より正確には，限界費用曲線のうち操業停止点を超えた右側の部分）は各企業の供給曲線を意味しているのであるから，当然，各企業の生産量の総計が市場全体としての供給曲線になる。これこそが第1章の図表1－2で見た，右上がりの供給曲線（SS線）にほかならず，均衡価格（Pe）と均衡量（Qe）の2つは，この供給曲線と需要曲線（DD線）とが交差する均衡点eの水準に定まったのである。

　こう考えると，独占の場合にはある商品を1社だけが生産し，市場に供給しているので，独占企業の限界費用曲線は市場全体の供給曲線（すなわち，第1章の図表1－2のSS線）に相当することになる。そうであるなら，本章の図表4－1において，独占企業が完全競争市場における企業のように競争的に行動したとすれば，限界費用曲線（MC線（換言するならSS線））と需要曲線（DD線）との交点はE_Cになり，価格はOP_C，生産量はOQ_Cになるはずである。

　ところが，独占の場合には独占均衡を意味するE_m点によって，独占価格OP^*は競争的価格OP_Cより高い水準に，そして独占均衡の生産量OQ^*は競争的均衡の生産量OQ_Cよりも少ない水準に決まってしまうのである。このことからわかるように，独占が生じた場合の社会全体の利益（すなわち総余剰）は，完全競争市場の場合に比べて，面積E_CBE_mだけ少なくなってしまうのである。

　総余剰のこのような減少は，独占が生じたことによって資源配分が効率的に行われなくなった結果，社会全体が損失を被ることを示している。

5 まとめ（独占禁止法の制定）

　以上でみてきたように，完全競争市場における企業とは異なって，他社と市場で争う心配のない独占企業は，自らの利潤を最大化するように，一方的に生産量・価格を設定することができる。その結果，社会全体が損失を被ることに

ならざるを得ない。独占に伴うこうした問題は，19世紀末から20世紀初頭ごろから顕在化しはじめた。すなわち，アダム＝スミスが「神の『見えざる手』」について論じた時代には，無数の企業が市場で競争していたのであるが，市場での競争が行われる過程で，敗者は次々と脱落してゆき，資本の集中が進んだ結果，独占の弊害が顕在化しはじめた。この時期の経済状況は，アダム＝スミスの時代の経済状況とは大きく異なっていたのである。

　この独占の弊害を除去し，経済に活力と調和とを呼び戻すには，独占企業を分割することにより，あるいはカルテルなどを禁止することによって，市場に自由な競争を復活させるしかない。このため，独占の弊害に直面した国々は，19世紀末から20世紀の初頭にかけて，独占禁止法を次々と制定しはじめたのである。たとえば，アメリカでは世界初の独占禁止法である「シャーマン法」が1890年に，次いで「クレイトン法」が1914年に制定された。ドイツでは「経済力濫用取締例」が1923年に制定されている。また，イギリスでは「独占および制限的慣行法」が1948年に制定されたのである。

実験編

本編においては，エクセルの機能を用いて，下記の独占企業の行動モデルを描き，同企業の最適生産量を求める実験を行う。

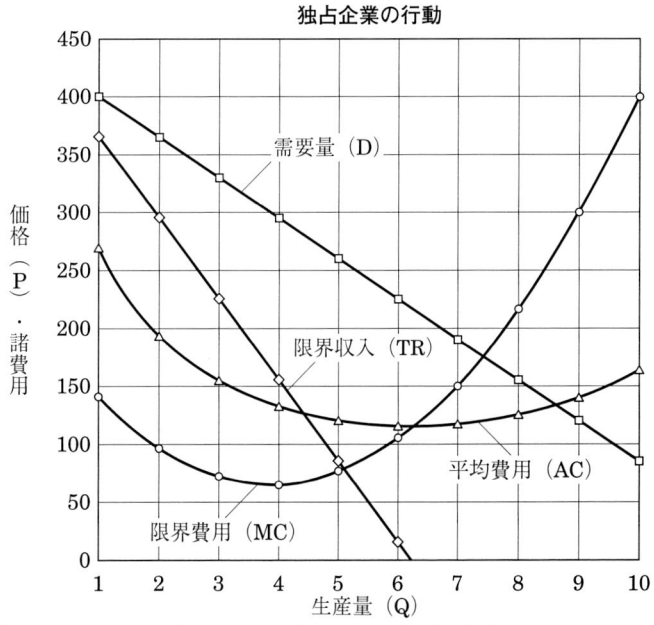

独占企業の行動

（グラフ：横軸 生産量（Q）1〜10，縦軸 価格（P）・諸費用 0〜450。曲線：需要量（D），限界収入（TR），限界費用（MC），平均費用（AC））

注）このグラフは，若干修正してある。たとえば，実際のエクセルのグラフでは，各曲線の名称は，グラフの右方に示される【凡例】のなかに表示される。

【最適生産量と独占価格】

最適生産量	5.109901

この実験は本編の前半（Ⅰ）では Excel の表計算機能を用いて行い，本編の後半（Ⅱ）では VBA（Visual Basic For Applications）を用いて行う。なお，下

第4章 独占企業の行動

記の図表4-2が示しているのは，この実験に用いる数値例である。

図表4-2　独占企業の数値例

生産量	価格	総費用
0	435	100
1	400	268
2	365	384
3	330	466
4	295	532
5	260	600
6	225	688
7	190	814
8	155	996
9	120	1252
10	85	1600

【I】エクセル表計算機能の活用

独占企業のモデルに関する実験の手順は，およそ下記のとおりである。
① 実験に用いる数値データの作成。
② 需要曲線を示す需要関数を作成。
③ 総収入曲線を示す関数の作成。
④ 限界収入曲線を示す関数の作成。
⑤ 平均費用曲線と限界費用曲線を示す関数の作成。
⑥ 独占企業の行動に関するモデル図の作成。
⑦ 独占企業の最適生産量の算定。

1 分析用データの作成

まず，下記の作業を行い，図表4－2をエクセルのワークシート上に再現する。

① エクセルを起動させ，ワークシート1（Sheet1）を選択する。

② セルA1，B1，C1に，それぞれ「生産量（Q）」，「価格（P）」，「総費用（TC）」のタイトル文字を入力する。

③ セルA2～A12の各セルに，生産量に関する図表4－2のデータ（数値「0」，「1」，「2」……「8」，「9」，「10」）を入力する。

④ セルB2～B12の各セルに，価格に関する図表4－2のデータ（数値「435」，「400」，「365」……「155」，「120」，「85」）を入力する。

⑤ セルC2～C12の各セルに，総費用に関する図表4－2のデータ（数値「100」，「268」，「384」……「996」，「1252」，「1600」）を入力する。

	A	B	C
1	生産量(Q)	価格(P)	総費用(TC)
2	0	435	100
3	1	400	268
4	2	365	384
5	3	330	466
6	4	295	532
7	5	260	600
8	6	225	688
9	7	190	814
10	8	155	996
11	9	120	1252
12	10	85	1600

2 需要曲線

需要曲線の関数は，下記の要領で求める。

① メニュー・バーの【ツール（T）】をクリックし，画面に現れたプルダウン・メニューのなかの【分析ツール（D）】を選択（クリック）する。次に，画面に現れてきた【データ分析】のダイアログ・ボックスのなかから，【回帰分析】を選択し，【OK】キーをクリックする。

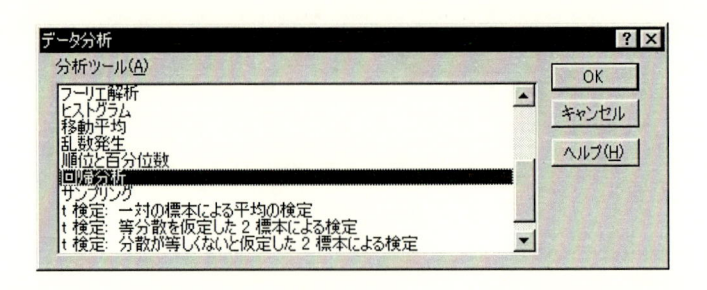

② 画面に【回帰分析】のダイアログ・ボックスが現れるので，ⓐ【入力Y範囲（Y）】に関しては，ボックスの右端にあるボタン▣（ダイアログ縮小）をクリックしてから，ⓑセルB2～B12の範囲をドラッグし，さらにⓒボタン▣を押すことによって，入力範囲を指定する。次いで，ⓓ【入力X範囲（X）】に関しては，ボックスの右端にあるボタン▣（ダイアログ縮小）をクリックしてから，ⓔセルA2～A12にいたる範囲をドラッグし，さらにⓕボタン▣を押すことで，入力範囲を指定する。またⓖ【出力オプション】では【新規又は次のワークシート（P）】を選択，ⓗ【残差】では【観測値グラフの作成（I）】を選択し，ⓘ【OK】キーをクリックする。

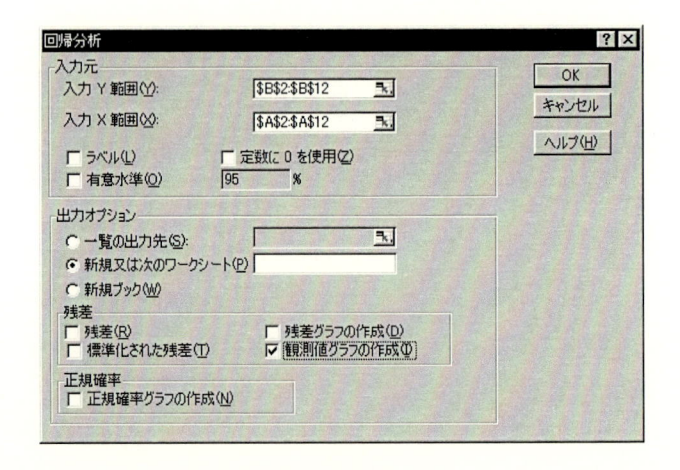

以上の作業から，回帰分析の結果が得られるが，その一部を紹介すると次のようになる。重相関R（その値は1）は，需要量Qと価格Pとの間に極めて良好な相関関係があることを示している。

重相関R	1
切片	435
X値1	−35

　また，切片とX値の値から，需要曲線の回帰式は下記のようになる。

$$P = 435 - 35Q$$

3 総収入曲線

　総収入曲線の関数は，下記の要領で求める。

① セルA1〜A12の生産量に関するデータを，セルB14〜B25にコピーする。これは，次の要領で行う。
　ⓐセルA1〜A12の範囲を，ドラッグ（左クリックをしたまま，マウスを移動）する。ⓑツール・バーのアイコン（コピー）をクリックする。ⓒセルB14をクリックする。ⓓツール・バーのアイコン（貼り付け）をクリックする。

② ①と同じ要領で（アイコンと を用いて），セルB1〜B12の価格に関するデータを，セルC14〜C25にコピーする。

③ セルD14に，「総収入（TR）」と記入する。

④ セルD15に，総収入（TR = P・Q）を計算する計算式「= C15 * B15」を入力する。すると，セルD15のなかに数値「0」が現れる。次いで，セルD15をクリックし，セルD15の右下の角にポインターを合わせ，ポインターの色が白（✥）から黒（✚）に変わったら，D25までドラッグ（左クリックしたまま，マウスを移動）する。すると，計算結果が各セル内に

現れる。

⑤ セル A14 に,「Q^2」と記入する。
⑥ セル A15 に, Q^2 を計算する計算式「＝B15^2」を入力する。すると,セル A15 のなかに数値「0」が現れる。次いで, セル A15 をクリックし, セル A15 の右下の角にポインターを合わせ, ポインターの色が白（✥）から黒（✚）に変わったら, A25 までドラッグ（左クリックしたまま, マウスを移動）する。すると, 計算結果が各セル内に現れる。

	A	B	C	D
14	Q^2	生産量(Q)	価格(P)	総収入(TR)
15	0	0	435	0
16	1	1	400	400
17	4	2	365	730
18	9	3	330	990
19	16	4	295	1180
20	25	5	260	1300
21	36	6	225	1350
22	49	7	190	1330
23	64	8	155	1240
24	81	9	120	1080
25	100	10	85	850

⑦ 次に, このデータを用いて回帰分析を行う。回帰分析の実行の仕方は, 先の需要曲線の場合と全く同じである（上記の説明を参照）。なお, データの入力についてだけ説明しておくと, 回帰分析のダイアログ・ボックスの【入力 Y 範囲 (Y)】にはセル D15～D25 を,【入力 X 範囲 (X)】にセル A15～B25 にいたる範囲セルを指定するものとする。

　以上の作業から, 回帰分析の結果が得られるが, その一部を紹介すると次のようになる。重相関 R（その値は 1）は, 生産量 Q と総収入 TR との間に極めて良好な相関関係があることを示している。

重相関 R	1
切片	0
X値1	−35
X値2	435

また，切片とX値の値から，総収入曲線の回帰式は下記のようになる。

$$TR = -35Q^2 + 435Q$$

4 限界収入曲線

限界収入曲線を示す式は，上記の総収入の式を微分すると，下記の1次式のようになる。

$$MR = \frac{\Delta TR}{\Delta Q} = 435 - 70Q$$

そこで，回帰分析によってこの式が得られるか，を確かめることにする。ただし，限界収入MRは，生産量Qの1単位の増加に伴う総収入TRの増分であるため（$MR = \Delta TR/\Delta Q$），若干のデータ操作を必要とする。

① ワークシート2（Sheet2）のセルA1，B1，C1，D1に，それぞれ「生産量（Q）」，「総収入（TR）」，「TR補間値」，「$\Delta TR/\Delta Q$」とタイトルを記入する。

② セルA2からセルA22までの各セルに，それぞれ生産量の数値「0」，「0.5」，「1」，……，「9」，「9.5」，「10」を入力する。

③ セルB2，B4，……，B18，B22の偶数の各セルに，総収入の数値「0」，「400」，「730」，……，「1240」，「1080」，「850」を入力する。

④ セルC3に計算式「＝(B4＋B2)/2」と入力する。すると，セルC3のなかに数値「200」が現れる。次に，セルC3をクリックし，セルC3の右下の角にポインターを合わせ，ポインターの色が白（⇧）から黒（✚）に変わったら，C22までドラッグ（左クリックしたままマウスを移動）する。

第4章　独占企業の行動

すると，計算結果が各セル内に現れる。

⑤ セル D3 に $\Delta TC/\Delta Q$ の計算する計算式，「＝(B4－C3)/0.5」を入力する。すると，セル D3 のなかに数値「400」が現れる。次に，セル D3 をクリックし，同セルの右下の角にポインターを合わせ，ポインターの色が白（✥）から黒（✚）に変わったら，D22 までドラッグする。すると，計算結果が各セル内に現れる。

	A	B	C	D
1	生産量(Q)	総収入(TR)	TR補間値	ΔTR/ΔQ
2	0.0	0		
3	0.5		200	400
4	1.0	400	0	0
5	1.5		565	330
6	2.0	730	0	0
7	2.5		860	260
8	3.0	990	0	0
9	3.5		1085	190
10	4.0	1180	0	0
11	4.5		1240	120
12	5.0	1300	0	0
13	5.5		1325	50
14	6.0	1350	0	0
15	6.5		1340	-20
16	7.0	1330	0	0
17	7.5		1285	-90
18	8.0	1240	0	0
19	8.5		1160	-160
20	9.0	1080	0	0
21	9.5		965	-230
22	10.0	850	0	0

さらに回帰分析を行うために，以上の計算結果をまとめる。

⑥ セル F1 に「生産量 (Q)」と記入し，セル F2〜F11 に数値「0.5」，「1.5」，「2.5」，……，「7.5」，「8.5」，「9.5」を入力する。

⑦ セル G1 に「$\Delta TR/\Delta Q$」と記入し，セル G2〜G11 に，先に計算した限界収入（セル D3〜D21）の数値「400」，「330」，「260」，……，「－90」，「－160」，「－230」を入力する。

	F	G
1	生産量（Q）	△TR/△Q
2	0.5	400
3	1.5	330
4	2.5	260
5	3.5	190
6	4.5	120
7	5.5	50
8	6.5	−20
9	7.5	−90
10	8.5	−160
11	9.5	−230

⑧ 次に，このデータを用いて回帰分析を行う。回帰分析の実行の仕方は，先の需要曲線の場合と全く同じである（上記の説明を参照）。なお，データの入力についてだけ説明しておくと，回帰分析のダイアログ・ボックスの【入力Y範囲（Y）】にはセルG2～G11を，【入力X範囲（X）】にセルF2～F11にいたる範囲セルを指定するものとする。

　以上の作業から，回帰分析の結果が得られるが，その一部を紹介すると次のようになる。重相関R（その値は1）は，生産量Qと限界収入TRとの間に極めて良好な相関関係があることを示している。

重相関R	1
切片	435
X値1	−70

　また，切片とX値の値から，限界収入曲線の回帰式は下記のようになる。

$$MR = 435 - 70Q$$

5 平均費用曲線と限界費用曲線

　次は，総費用（TC）に関するデータから，平均費用（AC）と限界費用（MC）の曲線を求める方法である。しかし，これらを導出する方法は，すでに第3章の実験編で考察済みであるため，ここでは割愛する。なお，本実験編の先の数

第4章　独占企業の行動

値例に示された総費用のデータは，第3章の数値例と全く同じであることからわかるように，本実験編では前章の成果をそのまま用いる。

$$AC = 3Q^2 - 35Q + \frac{100}{Q} + 200$$

$$MC = 9Q^2 - 70Q + 200$$

6 独占企業の行動に関する作図

以上の分析結果を用いて，本章の概論編でみた独占企業に関する図表4－1を描いてみることにする。この作業は，次の要領で進める。

① ワークシート3（Sheet3）を選択する。

② A1，B1，C1，D1，E1のセルに，「生産量（Q）」，「需要量（D）」，「限界収入（MR）」，「限界費用（MC）」，「平均費用（AC）」と記入する。

③ セルA2～A11に，生産量を示す数値「1」，「2」，「3」，……，「8」，「9」，「10」を入力する。

④ セルB2に需要を示す計算式「＝435－35＊A2」を，セルC2に限界収入を示す計算式「＝435－70＊A2」を，セルD2に限界費用を示す計算式「＝9＊A2^2－70＊A2＋200」を，セルE2に平均費用を示す計算式「＝3＊A2^2－35＊A2＋100／A2＋200」を入力する。すると，各セルのなかに数値「400」，「365」，「139」，「268」が現れる。

⑤ セルB2からセルE2までをドラッグする。次いで，セルE2の右下の角にポインターを合わせ，ポインターの色が白（✥）から黒（✚）に変わったら，E11までドラッグ（左クリックしたまま，マウスを移動）する。すると，計算結果が各セル内に現れる。

	A	B	C	D	E
1	生産量(Q)	需要量(D)	限界収入(MR)	限界費用(MC)	平均費用(AC)
2	1	400	365	139	268
3	2	365	295	96	192
4	3	330	225	71	155
5	4	295	155	64	133
6	5	260	85	75	120
7	6	225	15	104	115
8	7	190	-55	151	116
9	8	155	-125	216	125
10	9	120	-195	299	139
11	10	85	-265	400	160

次に，こうして求めた計算結果を，グラフウィザードで処理する。

⑥ セルB1からセルE11までの矩形範囲をドラッグして，データの範囲指定をした後に，アイコン (グラフウィザード) をクリックする。

⑦ ダイアログ・ボックスの中で，【グラフの種類 (C)】は【折れ線】を，【形式 (T)】は【折れ線グラフ】を指定し，【次へ】のキーを押す。

⑧ 【系列 (S)】のタブを選択し，【項目軸ラベルに使用 (T)】のボックスの右端にあるボタン (ダイアログ縮小) をクリックしてから，セルA2～A11の範囲をドラッグし，さらに を押すことによって，項目ラベルに使用するデータの範囲を指定する。そして，【次へ＞】のキーを押す。

⑨ タイトルとラベルに関しては，【グラフタイトル (T)】に，「独占企業の行動」と記入。【X/項目軸 (C)】に「生産量 (Q)」と記入，【Y/数値軸 (V)】に「価格 (P)・諸費用」と記入。目盛線に関しては，【X/項目軸】の【目盛線 (M)】を選択する。そして，【次へ＞】キーを押し，さらに【完了】キーを押す。

しかし，こうして出来あがったグラフは見にくいので，若干の調整を施す。

⑩ グラフの縦横の外辺にある■印にポインターを合わせると，ポインターの印が↕や↔などに変化する。このとき，ドラッグをすれば，図の大きさを変えることができるので，図を適当な大きさに調整する。

⑪ 出来あがったグラフ内の白地の部分（どこでも良い）にポインターを合わせ，ダブル・クリックする。浮き出てきた【グラフエリアの書式設定】

のダイアログ・ボックス内の【フォント】のタブを押してから，【サイズ(S)】の「8」を選択したあと，【OK】キーを押す。

⑫ グラフの縦軸（Y軸）にポインターを合わせてダブル・クリックすると，【軸の書式設定】のダイアログ・ボックスが画面に現れてくるので，【目盛】の【最小値(N)】を「0」に，【最大値(X)】を「450」に変更し，【目盛間隔(A)】を「50」に変更した後，【OK】キーをクリックする。

⑬ グラフの横軸（X軸）にポインターを合わせてダブル・クリックすると，【軸の書式設定】のダイアログ・ボックスが画面に現れてくるので，【目盛】のタブをクリックし，【項目境界で交差する(B)】のチェック・マーク（✓）を外す。

以上で，基本的な作図作業は終わり，本編の冒頭に示したような，企業の行動に関する図を得ることができる。後は，図のサイズや描かれた曲線の色などを，各自の好みに合わせて調整すればよい。

7 方程式の解法（ゴールシークの活用）

以上の作業から作成された図をみると，限界収入（MR）曲線と限界費用（MC）曲線は，生産量Qがおよそ5で交わっていることがわかる。この独占企業にとって，最適な生産量は約5ということになる。しかしながら，その正確な値は，この図から読み取ることはできない。この解を得るにはさまざまな方法があるが，ここではゴールシークを利用して解を得る方法，ソルバーを用いて解を得る方法，そしてニュートン法を活用して解を得る方法を中心に検討する。

（1）ゴールシークの活用

これまでの議論から明らかなように，独占企業の最適生産量は限界収入曲線MRと限界費用曲線MCとの交点によって決まる。

$$9Q^2 - 70Q + 200 = 435 - 70Q$$

この解を得るには，次の条件を満たす生産量 Q をみつければよい．

$$0 = (9Q^2 - 70Q + 200) - (435 - 70Q)$$

さて，ゴールシークの利用法であるが，これは次のとおりである．

① Sheet3 のセル A14，A15 に，それぞれタイトルの「ゴールシーク」，「最適生産量」を記入する．
② セル B15 に初期値となる数値，たとえば「0」を入力する．
③ セル C15 に，解を求めるための計算式「 $= (9 * B15 \wedge 2 - 70 * B15 + 200) - (435 - 70 * B15)$ 」を入力する．
④ メニュー・バーの【ツール（T）】を左クリックし，現れたプルダウン・メニューのなかの【ゴールシーク（G）】を選択（左クリック）する．
⑤ 【ゴールシーク】のダイアログ・ボックスの画面に現れるので，【数式入力セル（E）】に関しては，ボタン（ダイアログ縮小）を押してから，セル C15 をクリックし，さらにボタン（ダイアログ復元）を押すことによって，その指定を行う．
⑥ 【目的値（V）】は，上記の第4式からもわかるように，数値の「0」を入力する．
⑦ 【変化させるセル（C）】に関しては，ボタン（ダイアログ縮小）を押してからセル B15 をクリックし，さらにボタン（ダイアログ復元）を押すことによって，その指定を行う．
⑧ 上記の必要事項の入力を終えた後に，【OK】ボタンをクリックする．

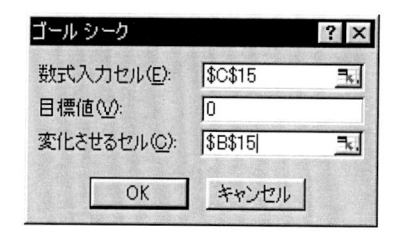

	A	B	C
14	ゴールシーク		
15	最適生産量	5.10990135	-0.00017351

　以上の操作を行うと，セルB15のなかに5.109901という数値が現れてくる。これが解である。上記と同じ要領で，需要曲線と限界費用曲線の交点を求めれば，独占企業が競争的に行動した場合の生産量がわかる（その際，初期値【変化させるセル（C）】は「10」程度にすること）。

　また，独占企業の最適生産量に関する解は，ソルバーを用いても得られる。たとえば，上記の計算式をセルC19に入力し，セルB19を変化させるセルに指定し，セルD19，D20，D21に数値「0」，「5」，「15」を入力し，制約条件を下記のように設定すれば，最適生産量の解が得られる。

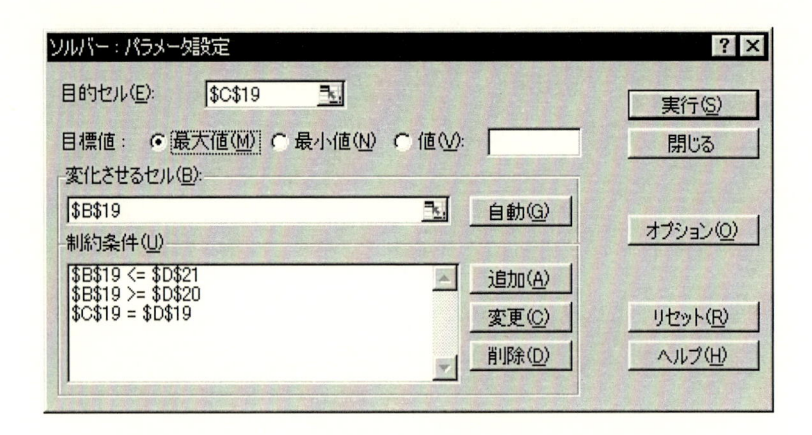

	A	B	C	D
18	ソルバー		均衡式	制約条件
19	最適生産量	5.10990324	-3.20334E-08	0
20				5
21				15

（2）ニュートン法

　ニュートン法とは，下記の式の繰り返し計算を行うことによって，

$$x = x_i - \frac{f(x_i)}{f'(x_i)}$$

次の方程式の解を求める方法である。

$$0 = f(x)$$

さて，先にみた独占企業の最適生産量を求める式（$0 = (9Q^2 - 70Q + 200) - (435 - 70Q)$）は，

$$0 = 9Q^2 - 235$$

とまとめることができ，この式は，

$$f(x) = 9Q^2 - 235$$
$$f'(x) = 18Q$$

となる。この式を用いたニュートン法の計算手順は，次のとおりである。

① セル A22 と A23 に「ニュートン法」，「最適生産量」と記入する。
② セル B24 に「計算回数」と記入し，セル B25～B31 に数値「1」，「2」，「3」，……，「5」，「6」，「7」と入力する。
③ セル C23, D23, E23 に，「f(x) = 9Q^2 - 235」，「f'(x) = 18Q」，「f(x) = x - f(x)/f'(x)」と記入する。
④ セル D24 に「初期値」と記入し，セル E24 に数値「10」を入力する。
⑤ セル C25, D25, E25 に，それぞれ計算式「= 9 * E24^2 - 235」，「= 18 * E24」，「= E24 - C25/D25」を入力する。
⑥ セル C25～E25 までドラッグ（左クリックしたままマウスを移動）する。次に，セル E25 の右下の角にポインターを合わせ，ポインターの色が白（✢）から黒（✤）に変わったら，E31 までドラッグする。すると，計算結果が各セル内に現れる。
⑦ この計算の収束値（5.109903）が，ニュートン法による解である。

	A	B	C	D	E
22	ニュートン法				
23	最適生産量		f(x)=9*Q^2-235	f'(x)=18*Q	f(x)=x-f(x)/f'(x)
24		計算回数		初期値	10
25		1	665	180	6.305555556
26		2	122.8402778	113.5	5.223262359
27		3	10.54222706	94.01872247	5.111133341
28		4	0.113156251	92.00040014	5.109903387
29		5	1.36151E-05	91.97826096	5.109903239
30		6	0	91.9782583	5.109903239
31		7	0	91.9782583	5.109903239

【Ⅱ】 VBA による方法

１ プログラムの概要

　本編のこれまでの部分では，独占企業の最適生産量を算定する上で，エクセルのソルバーとゴールシークを利用する方法，エクセルの表計算機能を用いてニュートン法を実行する方法などを概観してきた。これらの方法は，最適生産量の解を求める上で有効ではあるが，ニュートン法に関するプログラムを作成しておけば，必要に応じて何度でもこの種の計算を実行することができる。

　そこで，本章のこれ以降の部分では，VBA を活用してこの計算を行うためのプログラムを作成する方法を検討する。

２ VBA の活用

VBA の活用するための作業手順は，次のとおりである。

① エクセルのツール・バーの【ツール（T）】をクリックし，プルダウン・メニューの中の【マクロ（M）】を経て，【Visual Basic Editor（V）】をクリックする。

② 画面に現れたビジュアル・ベーシック・エディターのメニュー・バーの【挿入（I）】をクリックし，次に現れたプルダウン・メニューのなかの【標準モジュール（M）】をクリックする。

③ すると，プログラムの書き込みが可能になるので，下に示してあるプロ

グラムを入力する。

──────────＜ニュートン法プログラム＞──────────

Dim q, c, d, i
Function mc(q)
  mc = 9 * q ^ 2 - 235
End Function
Function dmc(q)
  dmc = 18 * q
End Function

Sub nt1c()

 i = 1
 c = 0
 limt = 0.00000001

 q = 15

Do
 c = c + 1
  qt = q - mc(q) / dmc(q)
  d = qt - q

 q = qt

 If Abs(d) 〈= limt Then Exit Do
Loop While Abs(d) 〉limt

第4章 独占企業の行動　117

Debug.Print "Counter="; Format(c, " ###");"　Qe="; Format(q, "####.######")

End Sub

---

④　これを実行するには，メニュー・バーの【Sub/ユーザーフォームの実行】を示すアイコン（▶）をクリックする。

　以上の操作を行うことによって，ビジュアル・ベーシック・エディターのイミディエイト・ウインドの中に，**5.109903**という解が現れてくる。

第5章
有効需要の原理

概論編

1 はじめに

　これまでの諸章での議論からわかるように，アダム＝スミス以降の伝統的経済学は，「自由放任」と「自由競争」に基礎をおいていた。すなわち，市場（「神の『見えざる手』」）の働きに信頼をよせ，多数の生産者と需要者に自己責任（市場での自由な経済活動の結果には自ら責任を負うこと）を求めていた。

　この市場経済は，大きな成果をおさめた。しかし，19世紀後半から20世紀初頭の時代になると，市場経済は大きな問題に直面した。市場が力を発揮するのは，市場に多数の生産者と需要者が存在し，互いに争っている場合である。ところが，市場における自由競争も競争の一種である以上，優勝劣敗は当然の帰結であり，一握りの勝者と多数の敗者とを生み出すことになる。この時期に深刻化した独占の進展や，"豊かな者"と"貧しい者"との社会経済的格差の拡大は，自由競争の産物であった。当時の経済状況は，多数の生産者や需要者が互いに競っていたアダム＝スミスの時代とは様変わりしていた。

　こうした混乱状況を象徴的に示しているのが，大恐慌と世界的大不況の発生である。1929年に，大恐慌がアメリカで発生すると，その影響は世界各国に伝播し，1930年代は世界的大不況の時代となった。ところが，アダム＝スミス以来の伝統的な経済観に安住し，市場の働きに信頼を寄せる一方，政府の経済への介入を嫌った当時の経済学は，深刻な不況問題や失業問題などに対して「何もしないこと」以外の処方箋を提示できなかったのである。

　こうした問題への対応には，2つの道があった。まず第1の方途は，市場経済（資本主義）を廃し，平等な社会主義経済を築こうとするものである。この第1の対応は，1917年のロシア革命によって現実のものとなった。第2の方

途は，市場経済の枠組のなかで，国家の介入によって経済の安定成長（不況の克服）と社会経済的弱者の生存権（社会権）の擁護を図ろうとする修正資本主義であるが，これはアダム＝スミス以降の経済の基本原則であった「自由放任」・「安価な政府」から逸脱するものであった。そして，その理論的基盤となったものこそ，ケインズの「有効需要の原理」であった。

2 有効需要の原理

深刻な不況・失業問題を目の当たりにしたケインズ（John M. Keynes）は，1936年に出版した『雇用・利子および貨幣の一般理論』（*The General Theory of Employment, Interest and Money*）のなかで，不況克服策である「有効需要の原理」（The Principle of Effective Demand）を提起した（ちなみに，この「有効需要」の意味は，貨幣の裏づけ（購買力）のある需要のことである）。彼の主張の特徴は，経済学で支配的な地位を占めていた「供給はそれ自らの需要をつくりだす」という「セイの法則」を否定し，「需要が供給を規定する」という新たな枠組を提示したことにある。具体的に言うなら，需要（有効需要）の不足が不況の原因であるとし，市場の働きに信頼をおく旧来の経済理論とは異なって，不況克服のために国家が経済に介入する必要性を主張したのである。

有効需要の原理の概要は，およそ次のとおりである。

いま，説明の便宜上，輸出入を捨象するなら，総需要と総供給が均衡する均衡国民所得の成立条件は，下記の式によって表せる。すなわち，一国の総生産額 Y は需要（$C+I+G$）によって規定されているのである。

$$Y = C + I + G \tag{1}$$

ただし，式中の記号の意味は，Y：国民経済の生産額（国民所得），C：消費支出，I：投資支出，G：政府支出である。

さて，これらの需要のうち，消費支出 C は国民所得 Y の大きさに依存しており，国民所得が増加すれば消費支出も増加することになる。

$$C = a + b \cdot Y \qquad (2)$$

ただし，式中の記号の意味は，a が基礎消費（衣食住や光熱費など，生計を維持する上で必要不可欠な支出），b が限界消費性向（Y の増加分のなかから消費に振り向けることのできる割合。通常，$0 < b < 1$ の値域をとる）である。

他方，投資支出 I と，政府支出 G は，国民所得 Y とは無関係に一定額が与えられている独立変数である，と仮定する。

$$\bar{I} = I \qquad (3)$$
$$\bar{G} = G \qquad (4)$$

この第2式・第3式・第4式を第1式に代入すると，次の第5式が得られる。

$$Y = \frac{1}{1-b}(a + \bar{I} + \bar{G}) \qquad (5)$$

この式を利用すると，政府の不況対策の効果を知ることができる。不況期には，家計が消費支出を増やすことも，企業が投資支出を増やすことも期待できない。そこで，政府が支出を増加させて公共事業などを行い（ΔG），需要を喚起すれば，その乗数倍（$1/(1-b)$）ほど経済活動は活発化する。これが，乗数効果である。

$$\Delta Y = \frac{1}{1-b} \Delta G \qquad (6)$$

さて，より一層の理解を図るために，上記の議論を次の図表5−1を用いて説明しよう。図表5−1は縦軸に消費支出 C，投資支出 I，政府支出 G を測り，横軸に国民所得 Y を測ったものである。また，図中の45°線を描いたのは，この線上のいかなる点から水平線と垂直線を引いても，それらの長さが等しくなる（水平線と垂直線，および縦軸と横軸に囲まれた部分の形が正方形になり，4辺の長さがすべて等しくなる），という45°線の特性を生かして，第1式が示している需要に等しい供給が行われるという関係を示すためである。換言するなら，この45°線は一国の国民経済の供給を示している，とみなすこともできる。

図表5−1　国民所得の決定

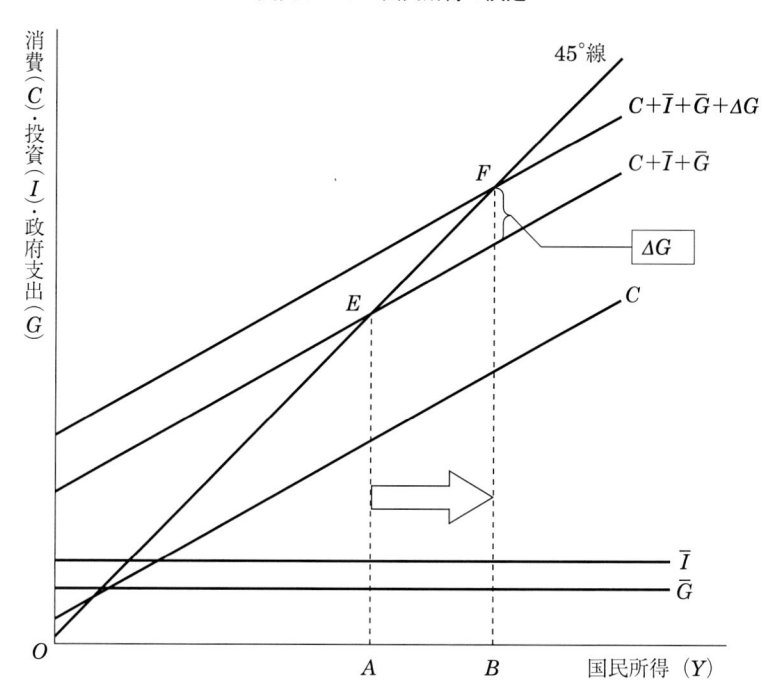

縦軸：消費（C）・投資（I）・政府支出（G）

45°線、$C+\bar{I}+\bar{G}+\Delta G$、$C+\bar{I}+\bar{G}$、$\Delta G$、$C$、$\bar{I}$、$\bar{G}$

点E、F、A、B、O、国民所得（Y）

　いま，この図の原点OからA点に至る部分をみてみよう。この場合，一国の総支出額（$C+\bar{I}+\bar{G}$）を示す線は，一国の供給（生産額）を示す45°線を上回っている。すなわち，需要が供給を上回っているのであって，こうした状況下では生産は増加する。逆に，A点を超えると，一国の生産額（45°線）は総支出額を上回り，供給が需要を上回るようになる。この場合，一国の生産は減少する。こうした力が働くため，一国の生産（供給）と需要は等しくなり，国民所得（均衡国民所得）もそれに対応したA点に決まるのである。

　ところで，上記の図において重要な点は，A点が示す国民所得水準が好況と完全雇用を保障している，とは限らないことである。いま，好況と完全雇用が実現されているのは，さらに右方にあるB点であり，A点が示しているのは不況と失業に悩む経済状況である，としよう。この場合には，不況と失業を克服

するために，どのような対応策を採るべきであろうか。

　ここで想起すべきは，需要の多寡が供給（すなわち景気と雇用）を規定している，という先の議論である。つまり，現在の経済が不況下（A点）にあるのは需要が不足しているからであり，好況の実現には，政府が支出を増加させて公共事業などを行い（ΔG），需要を喚起すれば，その乗数倍（$1/(1-b)$）ほど経済活動が活発化し，景気は好況に向かうことになる（図表5-1および第6式を参照）。

　ちなみに，有効需要の大きさを図表5-1の中で具体的に示すなら，均衡国民所得がA点の場合がAEに相当し，またB点の場合はBFに相当する。

　ここまで議論を進めると，「有効需要の原理」は不況期以外にも適用が可能であることに気がつく。すなわち，不況期において，政府支出の拡大によって景気を回復させることができるなら，逆に，景気の過熱によって物価が騰貴している時期に政府が支出を削減すれば，物価の騰貴を沈静化できるはずである。

　たとえば，図表5-1のB点が示しているのは景気の過熱が物価の騰貴をもたらしている状況であり，A点が示しているのは物価の騰貴が生じていない適正な経済状況である，と仮定する。この場合には，政府が支出をΔGだけ削減すれば，有効需要はBFからAEまで減少するので，経済活動は適正な水準に落ち着くことになる。このように政府が財政支出を人為的に増減することによって，景気の調整を図ろうとする政策のことを「裁量的財政政策」という。

3 高橋是清と「有効需要の原理」

　「有効需要の原理」は不況に対する有効な処方箋ではあったが，これが経済政策として実際に用いられたのは第2次世界大戦後であった。しかし，1930年代の世界的大不況は，「有効需要の原理」に基づく経済政策が実施されなかったにもかかわらず，自然消滅してしまった。この1930年代の世界的不況が消滅した主要因は，第2次世界大戦（1939〜1945年）に求めることができる。第2次世界大戦直前のこの時期の国際情勢は不安定の度を高めており，各国の政府は国防予算（軍事支出）などを拡大していた。すなわち，各国政府のこうした支出の増加が，結果的には有効需要を増加させることになり，これが各国

の不況を消滅させたのである。極めて皮肉なことではあるが,「有効需要の原理」の妥当性を証明したものは,第2次世界大戦だったのである。

　この歴史的経緯をみるとき,注目すべき史実がある。ケインズが『雇用・利子および貨幣の一般理論』を刊行したのは1936年であり,そこで提唱された「有効需要の原理」が経済政策に実際に応用されたのは第2次世界大戦後である。しかし,アメリカの大恐慌の影響を受けて経済が恐慌（昭和恐慌）に陥った日本では,1932年に大蔵大臣高橋是清がケインズとまったく同じ考え方に基づいて不況対策を行い,日本経済を恐慌から脱出させることに成功したのである。このことから,高橋是清は「日本のケインズ」とも呼ばれている。高橋是清はケインズより早い時期に,需要の不足が不況の原因であり,需要を増やせば不況を克服できることを見抜いていたのである。

4 「有効需要の原理」の問題点

　「有効需要の原理」とこれに基づく「裁量的財政政策」は,景気の調整と安定化を図る上で大きな威力を発揮した。とはいえ,これが大きな問題を抱えていたことも,確かな事実である。紙面の都合上,その問題点のすべてを本章で論ずることはできないが,そのうちのいくつかを概観する。

　まず,第1に挙げられるのは,公共事業に関わる問題である。公共事業とは,「誰もが必要とするものではあるが,個人や民間企業の手には負えない事業」を,政府が実施することである。その具体的な事例としては,道路・港湾・上下水道の整備拡充などを挙げることができる。この種の事業は,本来,中長期的な観点から計画的に推し進めるべきものである。ところが,先の裁量的財政政策では,公共事業は景気の調整と安定を図るための政策手段ということになる。ということは,本来なら中長期的観点にたって計画的に推進すべき公共事業を,景気対策として行うために,不況期には公共事業が必要以上に推進される反面,好況期には景気過熱への懸念を理由として必要な公共事業の実施が控えられることも生ずる。その結果,希少な経済資源が浪費される公算は,高まらざるを得ないのである。

第2の問題点は，大衆民主主義との兼ね合いである。先にも述べたように，「有効需要の原理」（裁量的財政政策）は，公共事業を景気対策の手段とみなしている。こうした考え方に基づいて経済政策が施行された場合，往々にして政府や企業などの間に一種の癒着が生ずることは歴史的経験が示している。この癒着が生ずるのは，経済的利益を追求する企業や国民は好不況の別なく財政上の大盤（椀飯）振る舞いを政府に期待し，政権を維持しようとする政府は財政支出の大盤振る舞いによって企業や国民の支持を得ようとするからである。

　この問題についてケインズが考えていたことは，要するに一種の賢人政治である。すなわち，少数の賢明なエリート集団が政治的圧力を排して，中立的・大局的観点から政策決定を行うことが，「有効需要の原理」が効果を発揮する上で必要な前提条件として暗黙裡に想定されていたのである。これが，いわゆる「ハーヴェイ・ロードの前提」といわれるものである。しかしながら，現実の民主政治体制の下では，政府による財政支出の削減をはじめとする不人気な経済政策は，たとえ必要であっても採り難いのが実情なのである。

　ハーヴェイ・ロードの前提から思い起こされるのは，わが国の歴史的経験である。ケインズの一歩先を進んでいた高橋是清は，昭和恐慌に際して，赤字国債を発行して公共事業などを推し進める積極的財政政策を行い，不況の克服に成功した。さて，不況を克服すれば，もはや赤字国債を発行する必要はない。ところが，当時の不安定な国際情勢に乗じて，軍部は国債を軍備の拡張に利用しようと策動していた。そして，財政の信用維持の観点から，軍部のこの動きに反対した高橋是清が2・26事件（1936年）で殺されてしまうと，軍拡への財政的歯止めを失った日本は第2次世界大戦へと突き進んでいったのである。

　第3の問題は，カネ（財政予算）の用途である。公共事業を景気の調整手段として用いた場合，先にみたように，資源の浪費も起こり得る。また，国防費（軍事費）が消耗的であることは，その本来の性質からも明らかである。ケインズ理論によれば，このように，たとえ資源の浪費に終わるような事業であっても，そこに政府が資金を投入し，需要が増えさえすれば，景気は回復することになる。つまり，長期的には資金の浪費に終わることへの懸念より，不況とい

う短期的問題の克服に力点が置かれているのである。

　ケインズ理論がこうした性質を有している理由は，時代環境に求められよう。1980年代末から1990年初頭にかけて，ソ連・東欧などの社会主義諸国が崩壊したことは記憶に新しい。ところが，19世紀後半から20世紀の初頭にかけて，崩壊の危機に瀕していたのは資本主義諸国の方であった。既述のように，この時期には，市場経済の問題点が露呈したのである。それゆえ，政府の経済への介入（経済政策）によって需要を創出し，不況という市場経済の欠点を克服することで，資本主義経済体制の維持を図ろうとする，緊急避難的な色彩を濃厚に有する理論にならざるを得なかったのであろう。先の「ハーヴェイ・ロードの前提」と関連することであるが，裁量的財政政策を用いる際には，ケインズ理論のこうした特徴（第3点）に十分に注意する必要がある。

　ところで，この第3の問題点とも関連するが，高橋是清はその著書『随想録』のなかで，国の経済と個人の経済とを区別して考える，という極めて興味深い考え方を示している。金の使い道からすれば，質素倹約を励行し，貯蓄に励むことは，各個人にとっては美徳である。しかし，社会の構成員の大半がこの美徳に従って行動した場合には，社会全体の需要が減少するのであるから，景気に悪影響を及ぼすことになる，というのである。これと同じ結論は，ケインズの有効需要の原理からも導き出すことができる。このように各個人にとっては良いことでも，社会を構成する個人の大半が実施した場合には，かえって社会に悪影響をもたらす現象のことを「合成の誤謬」という。この合成の誤謬は，社会科学では往々にしてみられるものである。

5　裁量的財政政策の有効性

　第2次世界大戦後になると，世界各国の政府がケインズの考えに基づいた経済政策を行うようになった（その最初のものは，おそらくアメリカのケネディ政権による完全雇用政策であろう）。その結果，1929年の大恐慌や1930年代の世界的大不況に匹敵するような不況は，今日に至るまで起こっていない。「有効需要の原理」は，大きな効果を発揮したのである。しかし，1970年代頃から，「有

効需要の原理」の有効性に，陰りが出てきた。この原因にはさまざまな要因を挙げることができるが，ここではその代表的な事例として「スタグフレーションの発生」と「対外直接投資に伴う産業の空洞化」の2つを概観しよう。

最初にみるのは，スタグフレーションである。1973年に勃発した第4次中東戦争の影響により，世界の原油価格は一挙に4倍近くに跳ね上がった。これを契機として，各国は，景気が低迷しているにもかかわらず物価が上昇する，という経験したことのない経済問題に直面した（それまで，不況の発生は物価の下落を意味した）。この新奇な現象は，スタグネーション（景気の低迷）とインフレーション（物価の上昇）を結びつけて，スタグフレーションと名づけられた。

このスタグフレーションに対して，裁量的財政政策（有効需要の原理）は効果を発揮しなかった。この理由を，$AD \cdot AS$ 分析を用いて概観する。いま，ある国の国民経済を想定する。さて，下記の図表5－2が示すように，縦軸に物価 P を測り，横軸に国民総生産（Y：GNP）を測る。次に，同国の社会全体の需要（総需要）を AD 曲線によって表し，社会全体の供給（総供給）を AS 曲線によって表す。すると，AD 曲線と AS 曲線の交点 e によって，この国の物価 P と国民総生産 Y とが決まることになる（図表5－2を参照）。

いま，この国の当初の経済状況（物価水準 P と生産額 Y）が P_1 と Y_1（AD_1 曲線と AS_1 曲線の交点 e_1 によって定まる）によって表されている，とする。このとき，オイル・ショックなどの影響によって同国の国民経済の生産力が弱まったために，AS_1 曲線が AS_2 曲線へとシフトしたとする。すると，両曲線の交点は，e_1 から e_2 へシフトする。その結果，同国の生産額は Y_1 から Y_2 へ減少する反面，物価は P_1 から P_2 へと上昇することになる。すなわち，景気低迷下における物価の上昇，スタグフレーションが生じたことになる。

さて，不況に対するケインズの処方箋は，政府が公共事業などを積極的に行い，需要を喚起することであった。そこで，こうした政策が行われ，社会全体の需要曲線が，AD_1 曲線から AD_2 曲線へシフトした，とする。この場合，両曲線の交点は e_2 から e_3 へシフトするため，生産額は Y_2 から水準 Y_1 に回復するが，物価は P_2 から P_3 へとさらに上昇してしまう。つまり，景気対策を実施

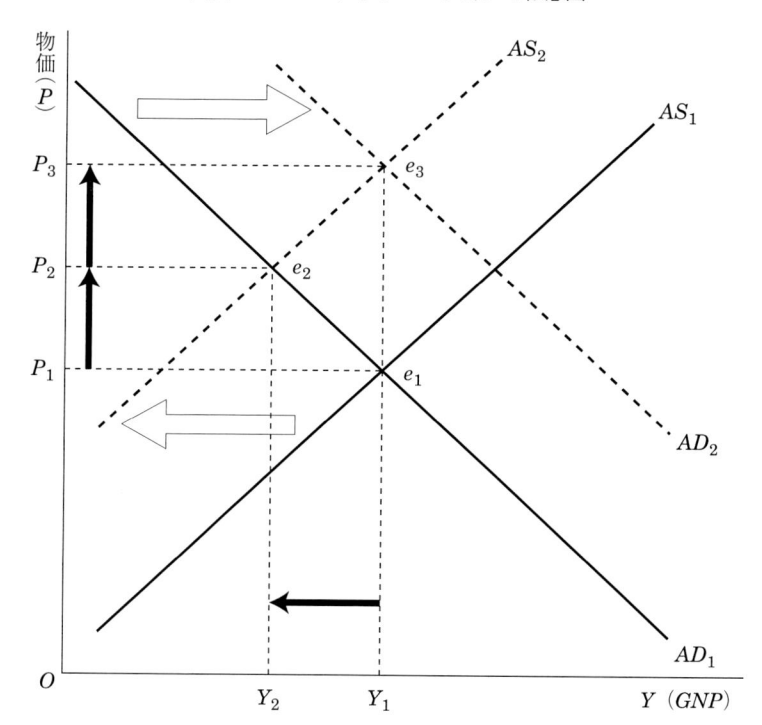

図表 5 − 2　スタグフレーションの概念図

すると，物価の上昇が激しくなってしまうのである。

　他方，物価の上昇に対するケインズ流の処方箋は，財政支出を削減し，過剰な需要を縮小させることであった。そこで，この物価対策が行われたことにより，社会全体の需要曲線（総需要曲線）が AD_2 曲線から AD_1 曲線へシフトした，とする。すると，両曲線の交点は e_3 から e_2 へシフトするため，物価は P_3 から P_2 へと低下するが，生産額は Y_1 から Y_2 へと減少してしまう。つまり，物価対策を実施すると，景気が再び悪化してしまうのである。

　すなわち，スタグフレーションに対して裁量的財政政策を用いた場合，不況を解消しようとするとインフレーションが激しくなり，インフレーションを抑えようとすると不況が激しくなって，経済を効果的に操作できないのである。

第 5 章　有効需要の原理

次は，対外直接投資に伴う産業の空洞化である。激しい国際競争に直面している欧米諸国や日本などの企業は，国によって年代に差はあるものの，低労働コストや市場を求めて対外直接投資を推し進め，次第に多国籍企業化していった。そして，対外直接投資に伴って多くの生産拠点（工場）が外国へ転出した結果，国内生産力の衰退・雇用吸収力の減退・貿易赤字の増大（輸出の減少と輸入の増大による）といった諸問題が国民経済を脅かすようになった。これこそが，産業の空洞化とよばれている経済現象である。

　さて，こうした国の国民経済が，不況に陥った場合を考えてみよう。本章における議論に従うなら，不況期には政府が裁量的財政政策を実施するはずである。すなわち，政府が財政支出を増加させ，需要を人為的に創出することによって不況を克服しよう，というのである。以前なら，そうした政策には確かに効果があった。すなわち，政府が財政支出を増加させて需要を創出すれば，企業は増産を開始し，必要な資材や労働力などの購入を増やし，生産や投資を増大させる結果，失業者が減少するだけでなく，生産・投資・雇用の増大がさらなる需要を生み出す，という連鎖反応が生まれたのである。

　ところが，産業の空洞化が進展している場合は，こうした連鎖の相当部分が断ち切られてしまう。政府が財政支出を増やして需要を創出しても，企業の生産拠点は外国に転出してしまっているために，外国での生産は増えるが，国内での生産は増えず，したがって失業者が減少することもない，という結果に終わってしまう。要するに，政府が支出を拡大して需要を創出しても，その相当部分は国外に漏出してしまうのである。

6 まとめ

　以上の2つの事例からわかるのは，ケインズが「有効需要の原理」を提唱した時代と今日では，経済を特徴づける基礎的条件が大きく異なっていることである。ケインズの時代には，商品を生産する供給側の力は十分にあるが，それを発揮できるだけの需要がなくなったときに，不況が発生したのである。だからこそ，不足する需要を政府が支出を増やして補いさえすれば，不況を解消す

ることができたのである。これに対して，近年の経済状況では，商品を購入する需要側の力は十分にあるが，これを生産する側の供給力に陰りが生じはじめている。この生産力の陰りが原因となって生じた経済問題を，需要を人為的に創出することによって解決することは不可能である，ともいえる。

　こうしてみると，近年，脚光をあびている「供給重視の経済(サプライサイド・エコノミクス)」はこうした時代背景のなかから生まれてきた，ともいえるのである。

実験編

1 はじめに

　本編では，Excelの機能を活用して，理論編で説明したケインズ・モデルから均衡国民所得を計算する，という数値実験を行う。

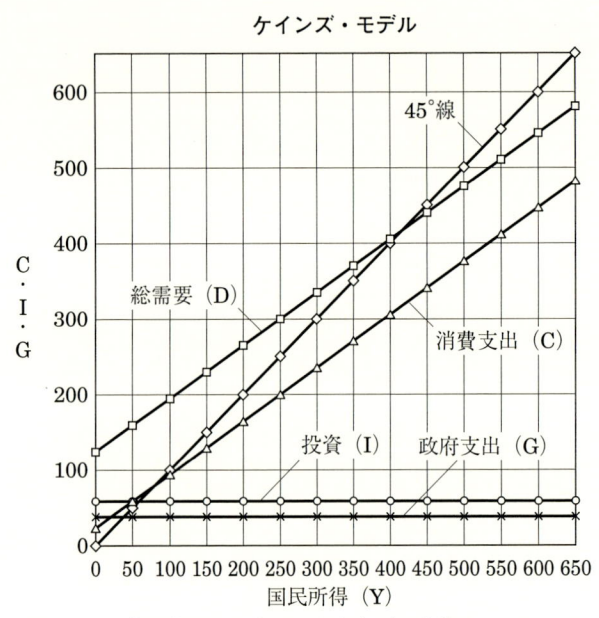

ケインズ・モデル

（グラフ：縦軸 C・I・G，横軸 国民所得（Y）。45°線，総需要（D），消費支出（C），投資（I），政府支出（G）を示す。）

注）このグラフは，若干修正してある。たとえば，実際のエクセルのグラフでは，各線の名称は，グラフの右方に示される【凡例】のなかに表示される。

【均衡国民所得】

消費支出（C）	316.6667
投資支出（I）	60
政府支出（G）	40
均衡国民所得（Y）	416.6667

本編で用いるケインズ・モデルは理論編でみたように次の2本の式から成る。

$$\begin{cases} C = a + bY \\ Y = C + \bar{I} + \bar{G} \end{cases}$$

数値実験では，このモデルの基礎消費 a に 25，限界消費性向 b に 0.7 を，外生変数の投資 $\bar{I}$ に 60，政府支出 $\bar{G}$ に 40 の値をあてはめた。

$$C = 25 + 0.7Y \tag{M-1}$$
$$Y = C + 60 + 40 \tag{M-2}$$

【I】エクセル表計算機能の活用

エクセルを用いてケインズ・モデル（45°線図）を描き，次いで均衡国民所得を求めるための作業手順は，およそ次のとおりである。
① 45°線図の作図用データの作成。
② 45°線図の作成。
③ 均衡国民所得の計算。
これ以降は，この作業要領に従って議論を進めていく。

1 作図用データの作成

① まず，エクセルを起動して，ワークシート1（Sheet1）を選択する。
② セル A1，B1，……，E1，F1 に，それぞれ「国民所得 (Y)」，「45°線」，「投資 (I)」，「政府支出 (G)」，「消費支出 (C)」，「総需要 (D)」と記入する。
③ セル A2～セル A15 に，それぞれに国民所得額を示す数値「0」，「50」，「100」，……，「550」，「600」，「650」と入力する。
④ セル B2～セル B15 に，それぞれに 45°線を作成するためのデータを「0」，「50」，「100」，……，「550」，「600」，「650」と入力する。
⑤ セル C2～セル C15 に，投資に関するデータを入力するが，ここでは投

資額を 60 に固定しているので，すべてのセルに数値「60」を入力する。

⑥ セル D2～セル D15 に，政府支出のデータを入力するが，ここでは政府支出を 40 に固定しているので，すべてのセルに数値「40」を入力する。

⑦ セル E2 に，消費 C の計算式「= 25 + 0.7 * A2」を入力する。すると，セル A2 のなかに数値「25」が現れる。

⑧ セル E2 をクリックした後，セル E2 の右下角にポインターを合わせ，ポインターの印の色が白（✥）から黒（✚）に変化したら，セル E15 までドラッグ（左クリックしたままマウスを移動）する。すると，セル E2～セル E15 のそれぞれに，消費額を示す数値が現れる。

⑨ セル F2 に，総需要（C + I + G）を計算するための計算式「= C2 + D2 + E2」を入力する。すると，セル F2 のなかに数値「125」が現れる。

⑩ セル F2 をクリックした後，セル F2 の右下角にポインターを合わせ，ポインターの印の色が白（✥）から黒（✚）に変化したら，セル F15 までドラッグ（左クリックしたままマウスを移動）する。すると，セル F2～セル F15 のそれぞれに，総需要の額を示す数値が現れる。

	A	B	C	D	E	F
	国民所得(Y)	45°線	投資(I)	政府支出(G)	消費支出(C)	総需要(D)
2	0	0	60	40	25.0	125.0
3	50	50	60	40	60.0	160.0
4	100	100	60	40	95.0	195.0
5	150	150	60	40	130.0	230.0
6	200	200	60	40	165.0	265.0
7	250	250	60	40	200.0	300.0
8	300	300	60	40	235.0	335.0
9	350	350	60	40	270.0	370.0
10	400	400	60	40	305.0	405.0
11	450	450	60	40	340.0	440.0
12	500	500	60	40	375.0	475.0
13	550	550	60	40	410.0	510.0
14	600	600	60	40	445.0	545.0
15	650	650	60	40	480.0	580.0

2 45°線図の作図

このデータから45°線図を作成する作図要領は，次のとおりである。
① データの入っているセル B1～F15 をドラッグし，範囲指定をする。
② 次に，ツール・バーのアイコン📊（グラフウィザード）をクリックする。
③ 画面上に【グラフウィザード】のダイアログ・ボックスが現れるので，【グラフの種類（C）】の【折れ線】をクリックし，次いで【形式（T）】の【折れ線グラフ】をクリックした上で，【次へ>】をクリックする。
④ 画面上のダイアログ・ボックスの【系列】のタブをクリックし，【項目軸ラベルに使用（T）】の入力欄の右端にあるボタン（ダイアログ縮小）を押してから，A2～A15 の範囲をドラッグした後に，入力欄の右端にあるボタンをクリックし，そして【次へ>】を押す。
⑤ ダイアログ・ボックスの【タイトルとラベル】のタブをクリックし，【グラフタイトル（T）】に「ケインズ・モデル」，【X項目軸（C）】に「国民所得（Y）」，【Y項目軸（V）】に「C，I，G」と記入する。次に，【目盛線】のタブをクリックし，【X/項目軸】の【目盛線】にチェック（✓）をした後，【次へ>】をクリックし，さらに【完了（F）】をクリックする。

以上の作業の結果，ワークシート1の上に「ケインズ・モデル」の図が現れてくる。この図は見にくいため，次に記すような若干の操作を加える。

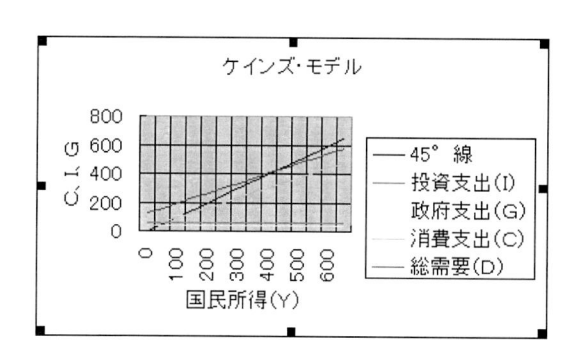

第5章 有効需要の原理

⑥ 出来あがったグラフ内の白地の部分（どこでも良い）にポインターを合わせてクリックすると，グラフの外縁に黒い印（■）が現れる。この印にポインターを合わせると，ポインターの印（✣）が矢印（↕や↔）などに変化する。このときマウスをドラッグすることによって，グラフを適度な大きさに拡大する。

⑦ 出来あがったグラフ内の白地の部分（どこでも良い）にポインターを合わせ，ダブル・クリックする。浮き出てきた【グラフエリアの書式設定】のダイアログ・ボックス内の【フォント】のタブを押してから，【サイズ(S)】の「8」を選択したあと，【OK】ボタンをクリックする。

⑧ 出来あがったグラフのY軸上の任意の部分（どこでも良い）にポインターを合わせ，ダブル・クリックする。浮き出てきた【軸の書式設定】のダイアログ・ボックス内の【目盛】のタブを押してから，【最小(N)】を「0」【最大値(X)】を「650」にした後，【OK】ボタンをクリックする。

⑨ 出来あがったグラフのX軸上の任意の部分（どこでも良い）にポインターを合わせ，ダブル・クリックする。浮き出てきた【軸の書式設定】のダイアログ・ボックス内の【目盛】のタブを押してから，【項目境界で交差する(B)】のチェック・マーク（✓）を外したあと，【OK】ボタンを押す。

⑩ あとは，好みに応じて，グラフのその他の部分を微調整する（この点に関しては，エクセルの解説書を参照されたい）。

以上の一連の操作から，本編の冒頭で示した45°線の図が得られる。

3 連立方程式の解法

本編の冒頭で示した45°線図をみると，総需要を示す線分と45°線との交点から，均衡国民所得は410〜430程度の範囲内にあることはわかる。しかし，その正確な答はわからない。もっとも，本編で用いたこの簡単なモデルの場合には，解は筆算によって容易に求め得る。しかし，この方程式の数が10本あるいは20本といった複雑な場合には，解を得ることは容易ではない。

そこで，本編では，表計算機能を用いた連立方程式の解法を検討する。この連立方程式の解法には，さまざまな方法がある。たとえば，行列を利用する方法については，すでに第1章でみたとおりである。上記の連立方程式は，

$$\begin{cases} C - 0.7Y = 25 \\ -C + Y = 100 \end{cases}$$

と表せるので，これを行列表示すると，

$$\begin{bmatrix} 1 & -0.7 \\ -1 & 1 \end{bmatrix} \begin{bmatrix} C \\ Y \end{bmatrix} = \begin{bmatrix} 25 \\ 100 \end{bmatrix}$$

となる。そこで，この行列を次のように表すなら，

$AX = B$

連立方程式の解Xは，これを次のように展開することで得られる。

$A^{-1}AX = A^{-1}B$
$X = A^{-1}B$

	A	B	C
21	C	Y	定数
22	1	-0.7	25
23	-1	1	100
24			
25	逆行列		
26	3.3333333	2.333333	
27	3.3333333	3.333333	
28			
29	解		
30	C=	316.6667	
31	Y=	416.6667	

この具体的に計算は，第1章を参照しながら実施されたい。

本章では，少し変わってはいるが，ソルバーを用いた面白い方法をみた後に，経済学で用いられることの多いガウス＝ザイデル法を概観する。

(1) ソルバーの活用

このソルバーを用いる方法は，先の図表5−1の45°線図に示された考え方をそのまま利用する方法である。その概要は，次のとおりである。

① Sheet1のセルE21に「ソルバー利用」，E22に「国民所得 (Y)」，F22に「消費 (C)」，F23に「投資 (I)」，F24に「政府支出 (G)」，F25に「総需要 (D)」，F26に「制約条件」とタイトルを記入する。

② セルG22に，消費関数の計算式「= 25 + 0.7 * E23」を入力する。すると，E23のなかに，数値「25」が現れる。

③ セルG23に数値「60」，G24に数値「40」を入力する。

④ セルG25に，総需要 (D) の計算式「= G22 + G23 + G24」を入力する。すると，セルG25のなかに数値「125」が現れる。

⑤ セルG26に，数値「0」を入力する。

⑥ メニュー・バーの【ツール (T)】をクリックし，続いて現れるプルダウン・メニューの【ソルバー (V)】をクリックする。

⑦ すると，ソルバーのダイアログ・ボックスが現れるので，【目的セル (E)】の入力欄の右端のボタン▦ (ダイアログ縮小) をクリックし，次いでセルG22をクリックした後，入力欄の右端のボタン▦をクリックする。

⑧ 【目標値】は【最大値 (M)】をクリックする。

⑨ 【変化させるセル (B)】の入力欄の右端のボタン▦をクリックし，次いでセルE23をクリックした後，入力欄の右端のボタン▦をクリックする。

⑩ 【制約条件 (U)】に関しては，【追加 (A)】ボタンをクリックした後，ボタン▦とボタン▦を用いて，「E23 >= G26」と入力する。

⑪ さらに，【追加 (A)】ボタンをクリックした後，ボタン▦とボタン▦を用いて，「E23 = G25」と入力した上で，【OK】ボタンをクリックする。

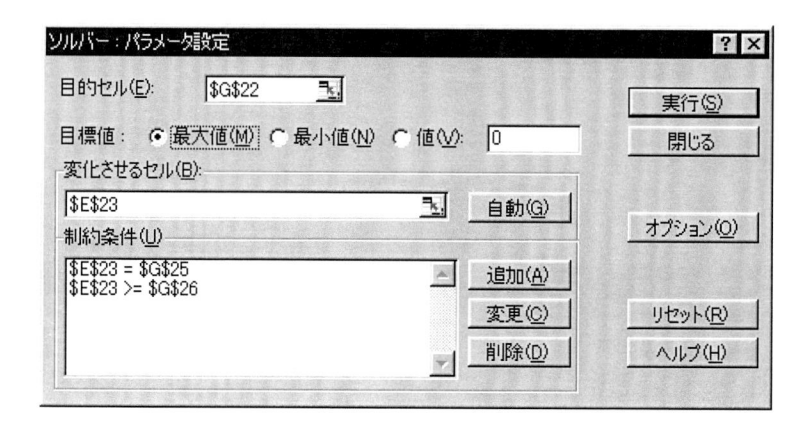

⑫ 最後に【実行 (S)】ボタンをクリックすると，下記の結果が得られる。

	E	F	G
21	ソルバー利用		
22	国民所得(Y)	消費(C)	316.6667
23	416.66667	投資(I)	60
24		政府支出(G)	40
25		総需要(D)	416.6667
26		制約条件	0

　上記の操作は，国民所得Yが増加すると総需要（C＋I＋G）も増加し，需要と供給の一致した点で均衡国民所得が成立するが，このときの消費C，国民所得式Yの額を求めよ，という指示をコンピュータに与えるものである。そして，その結果は，消費Cが316.667，国民所得Yが416.667である。

（2）ガウス＝ザイデル法

　ガウス＝ザイデル法とは，ある数値（一般的にはゼロ0）を初期値として与えて繰り返し演算を行い，近似解へと収束させる方法である。ガウス＝ザイデル法による収束計算の実施要領は，以下の手順のとおりである。

　① ワークシート2（Sheet2）のセルA1に「C＝25＋0.7Y」，セルA2に「Y＝C＋I＋G」，セルA3に「ガウス＝ザイデル法」とタイトルを記入。

第5章　有効需要の原理　139

② セル A5 に「計算回数」，B5 に「初期値」，D5 に「収束判定 (C)」，そして E5 に「収束判定 (Y)」とタイトルを記入する．次いで，セル C5 には初期値となる数値「0」を入力する．
③ ここで，次の作業を行う．
  ⓐ セル A6，A7，A8 に，数値「1」，「2」，「3」を入力する．
  ⓑ セル A6〜A8 をドラッグ（左クリックしたまま，マウスを移動）する．
  ⓒ 次に，セル A8 の右下の角にポインターを合わせ，ポインターの色が白（✢）から黒（✚）に変化したら，A の欄をドラッグしていく．このとき，ポインターのそばに番号が表示されるので，これが適当な値（ここでは「65」とする）になったらドラッグを中止する．これで，計算回数を示す数値が，セル A6〜A70 のなかに記入される．
④ セル B6 に，消費関数の計算式「= 25 + 0.7 * C5」を記入する．次いで，セル C6 に国民所得の計算式「= B6 + 60 + 40」を記入する．
⑤ ここで，次の作業を行う．
  ⓐ セル B6〜C6 をドラッグする．
  ⓑ セル C6 の右下の角にポインターを合わせ，ポインターの色が白（✢）から黒（✚）に変化したら，C70 までドラッグする．

これでセル B6〜C70 の矩形範囲内の各セルに，消費 C と均衡国民所得 Y に関するガウス=ザイデル法による収束計算の結果が表示される．

	A	B	C	D	E
1	C=25+0.7Y				
2	Y=C+I+G				
3	ガウス=ザイデル法				
4					
5	計算回数	初期値	0	収束判定(C)	収束判定(Y)
6	1	25	125		
7	2	112.5	212.5	FALSE	FALSE
8	3	173.75	273.75	FALSE	FALSE
9	4	216.625	316.625	FALSE	FALSE
10	5	246.6375	346.6375	FALSE	FALSE
11	6	267.64625	367.64625	FALSE	FALSE
12	7	282.35238	382.35238	FALSE	FALSE

⑥ セル D7 に，収束計算の判定条件「＝IF(ABS(B7－B6)＜0.00001,B7)」を入力する。これは，n 回目と n－1 回目の計算誤差の絶対値が 0.00001 未満になったら，n 回目の計算結果を表示することを指示するものである。同様にセル E7 には，「＝IF(ABS(C7－C6)＜0.00001,C7)」と入力する。
⑦ ここで，次の作業を行う。
　ⓐ セル D7～E7 をドラッグする。
　ⓑ セル E7 の右下の角にポインターを合わせ，ポインターの色が白（⇧）から黒（✚）に変化したら，E70 までドラッグする。

これでセル D7～E70 の矩形範囲内の各セルに，消費 C と均衡国民所得 Y に関するガウス＝ザイデル法による収束計算の結果の判定結果が示される。

なお，この収束計算の判定条件を用いた場合，計算が判定条件を満たさない場合には「FALSE」の文字がセル内に現れるが，判定条件を満たした場合には計算結果の値がセル内に現れる。下記にその具体的事例を示しているが，この場合には，47 回目の計算のときに消費支出 C が 316.6666 に，均衡国民所得 Y が 416.6666 になる。さらに，正確な値を求めたければ，収束条件をさらに厳しくし，収束計算の回数を増やしていけばよいのである。

	A	B	C	D	E
48	43	316.66658	416.66658	FALSE	FALSE
49	44	316.6666	416.6666	FALSE	FALSE
50	45	316.66662	416.66662	FALSE	FALSE
51	46	316.66664	416.66664	FALSE	FALSE
52	47	316.66664	416.66664	316.666645	416.666645
53	48	316.66665	416.66665	316.666651	416.666651
54	49	316.66666	416.66666	316.666656	416.666656
55	50	316.66666	416.66666	316.666659	416.666659

ところで，こうした計算方法はガウス＝ザイデル法の原理を理解するには有効であるが，計算の実施方法としては初歩的なものである。ガウス＝ザイデル法のさらに進んだ利用の仕方については，本書の次章（第 6 章「IS-LM 分析」）を参照されたい。

【Ⅱ】VBA の活用

　以下では，VBA を用いてガウス＝ザイデル法のプログラムを作成し，これによって先の連立方程式を解き，消費支出（C），均衡国民所得（Y）の値を求める方法を概観する。この手法には，①下記のプログラムをみればわかるように，消費関数や国民所得の均衡式を変形することなく，そのままの形で用いることが可能であること，②線形モデルだけでなく非線形モデルにも適用が可能なこと，③プログラム自体も簡単であることなどさまざまな長所がある。
　VBA を活用する方法の概要は，およそ次のとおりである。
① ワークシート3（Sheet3）のセル A1～セル A6 に「ガウス＝ザイデル法」，「収束回数」，「消費（C）」，「投資（I）」，「政府支出（G）」，「均衡国民所得（Y）」とタイトルを記入する。
② メニュー・バーの【ツール（T）】をクリックし，現れてくるプルダウン・メニューの【マクロ（M）】を経て，【Visual Basic Editor（V）】をクリックして，ビジュアル・ベーシック・エディターを起動させる。
③ ビジュアル・ベーシック・エディターのメニュー・バーの中の【挿入（I）】をクリックし，次いで【標準モジュール（M）】をクリックする。すると，VBA によるプログラムの入力が可能な状態になる。
④ ここまできたら，次のプログラムを入力する。

──────────＜ガウス＝ザイデル法プログラム＞──────────

```
Sub kysm()

'【初期値】
    k = 100: limt = 0.00001
    y = 0: yt = 0: ct = 0: i = 60: g = 40
```

```
'   【演算部】
    For zz = 1 To k
      c = 25 + 0.7 * y
      y = c + i + g

'   【演算結果確認】
      Debug.Print zz; c; y

'   【収束判定条件】
      If Abs(y - yt) 〈 limt And Abs(c - ct) 〈 limt Then GoTo 20 Else GoTo 10

10  yt = y: ct = c
    Next zz


20  Debug.Print
    Debug.Print "収束値"
    Debug.Print zz; c; y
    Debug.Print

'     【演算結果の表示】
    Worksheets("sheet3").Cells(2, 2).Value = zz
    Worksheets("sheet3").Cells(3, 2).Value = c
    Worksheets("sheet3").Cells(4, 2).Value = i
    Worksheets("sheet3").Cells(5, 2).Value = g
    Worksheets("sheet3").Cells(6, 2).Value = y

End Sub
```

⑤ 上記のプログラムの入力した後，これを用いて連立方程式の解を求めることになるが，それには2つの方法がある．まず第1は，ビジュアル・ベーシック・エディターの上で，メニュー・バーの【Sub/ユーザーフォームの実行】のボタン（▶の印）を選択する方法である．第2の方法は，ワークシート3（Sheet3）に戻って，メニュー・バーの【ツール（T）】をクリックし，【マクロ（M）】を経て，【▶マクロ（M）】をクリックした後，現れてきたダイアログ・ボックスの【マクロ名（M）】を指定し，【実行（R）】のボタンを押す方法である．いずれの場合にも，Sheet3のセルB2～B6には下記の計算結果が現れ，またビジュアル・ベーシック・エディターのイミディエイト・ウインドにはその計算過程と結果が示される．

	A	B
1	ガウス=ザイデル法	
2	収束回数	47
3	消費(C)	316.6666448
4	投資(I)	60
5	政府支出(G)	40
6	均衡国民所得(Y)	416.6666448

第6章

IS-LM分析

概論編

1 はじめに

　第5章では，ケインズの「有効需要の原理」に基づいて，一国の国民経済の生産額がいかに決まるか（国民所得決定の理論）を概観した。そこでの議論から明らかなように，国民経済の総生産額は，需要（すなわち，消費支出や投資支出など）に大きく左右される。しかし，ここで留意すべきは，消費支出や投資支出は貨幣市場で決まる利子率の影響を受けていると同時に，生産物市場で決まる国民所得の水準は貨幣市場に影響を及ぼしている，という関係である。生産物市場と貨幣市場とは連動しており，国民所得と利子率の双方は同時決定されているのである。ということは，前章での議論はそうした関連がない，という仮定のもとに行われていたことになるのである。

　そこで，本章では，IS-LM 分析を用いて，両市場の関係を概観する。

2 IS 曲線と LM 曲線

　IS-LM 分析は，IS 曲線と LM 曲線の2つから成る。このうちの前者（IS 曲線）は投資（Investment）と貯蓄（Saving）を等しくする，すなわち生産物市場を均衡させる利子率 r と国民所得 Y との関係を示している。

　いま，国民所得（総生産額）を Y とし，同国の総需要を $(C+I+G)$ とするなら，生産物市場の均衡は次のように表せる（記号の意味は，前章と同じ）。

$$Y = C + I + G \qquad (1)$$

　さて，国民所得を処分面からみると，次のようになる（ただし，式中の記号 T は，租税を意味する）。

$$Y = C + S + T \tag{2}$$

この2つの式から，生産物市場の均衡は第3式によっても表せる。

$$I + G = S + T \tag{3}$$

さて，上記式中の変数のうち，投資支出Iは利子率rの減少関数であって，利子率が低下すれば投資は増大するが，逆に高まれば投資は減少する。

$$I = I(r), \ (I'(r) < 0) \tag{4}$$

消費支出Cは国民所得Yの増加関数であって，国民所得が増えれば消費は増え，これとは逆に，国民所得が減れば消費も減ることになる。

$$C = C(Y), \ (C'(Y) > 0) \tag{5}$$

また，貯蓄Sは，消費支出と同様に国民所得の増加関数である。

$$S = S(Y), \ (S'(Y) > 0) \tag{6}$$

したがって，生産物市場の均衡は，次の第7式または第8式によって表せる。

$$Y = C(Y) + I(r) + G \tag{7}$$
$$I(r) + G = S(Y) + T \tag{8}$$

IS曲線は，この条件を満たす国民所得Yと利子率rの組合せ示す点を結ぶことによって得られる。図表6－1を用いて，このことを概観しよう。

この図の第2象限には，$I(r) + G$の関係が示されており，利子率rに応じて投資額が決まる。このとき，$I + G = S + T$の関係が成立するためには，45°線の性質（45°線上の任意の点から水平線と垂直線を引くと，正方形になる）を利用すると，それに対応した$S(Y) + T$をもたらすだけの国民所得Yの額がわかる。そして，こうして得た利子率rと国民所得Yの組合せを示す点を順次つないでいくと，第1象限に描かれた，右下がりのIS曲線になる。

図表6－1　IS曲線の導出

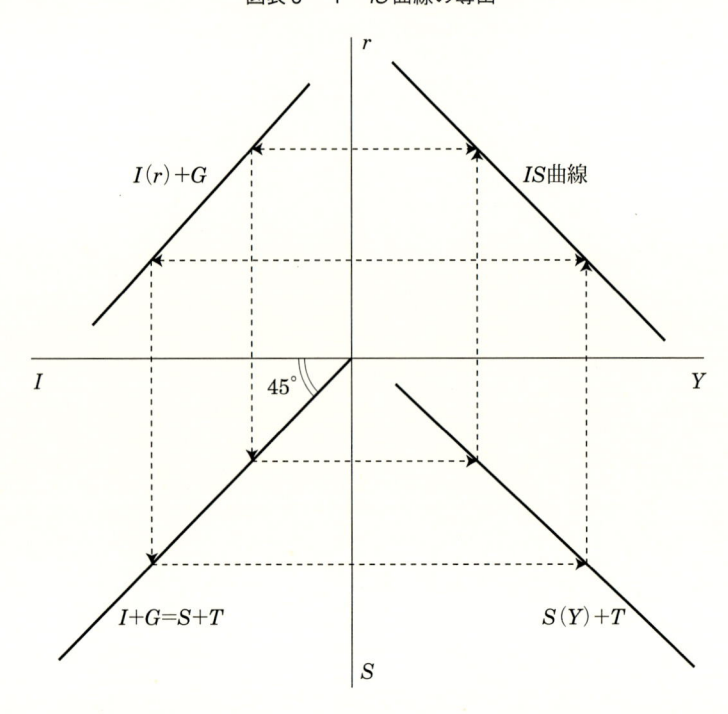

次に，*LM*曲線を概観する。この曲線は，国民経済における貨幣需要（Liquidity）と貨幣供給（Money Supply）を等しくする，すなわち貨幣市場を均衡させる利子率 r と国民所得 Y との関係を示している。

いま，貨幣需要 L は取引需要 L_1 と投機的需要 L_2 からなり，

$$L = L_1 + L_2 \tag{9}$$

貨幣供給 M が一定である，とすると，貨幣市場の均衡は次式のようになる。

$$M = L = L_1 + L_2 \tag{10}$$

このうちの貨幣の取引需要 L_1 は，国民所得 Y の増加関数である。

$$L_1 = L_1(Y), \quad (Ly > 0) \tag{11}$$

なぜなら，国民所得が上昇して，経済活動が活発化すれば，各種の商品などへの需要が高まり，当然，取引が活発化するからである。

他方，投機的需要 L_2 は，利子率 r の減少関数である。

$$L_2 = L_2(r), \quad (Lr < 0) \tag{12}$$

すなわち，債権の利子率が上昇すると，債権を購入する方が有利になるため，貨幣需要は減少するが，これと逆の場合には，貨幣需要が増大するのである。

以上の議論からわかるように，貨幣への需要は，国民所得に対しては増加関数であるものの，利子率に対しては減少関数であることになる。

$$L = L(Y, r), \quad (Ly > 0, \ Lr < 0) \tag{13}$$

それゆえ，貨幣市場の均衡は，次式によって表せる。

$$M = L(Y, r) \tag{14}$$

LM 曲線は，この条件を満たす国民所得 Y と利子率 r の組合せ示す点を結ぶことによって得られる。下記の図表 6－2 を用いて，このことを概観しよう。

この図の第 2 象限には，貨幣の投機的需要 $L_2(r)$ が示されており，利子率 r に応じてその額が決まる。さて，貨幣供給 M が一定であることから，第 3 象限の貨幣供給 M を示す 45°線，および上記の第 10 式を利用することによって，これに対応した取引需要 L_1 と，それをもたらす国民所得 Y の額がわかる（第 4 象限）。こうして得た利子率 r と国民所得 Y の組合せを示す点を順次つないでいくと，第 1 象限に描かれた，右上がりの LM 曲線になる。

3 IS-LM 分析と経済政策

以上の議論に基づいて，生産物市場と貨幣市場の双方において均衡を成立させる利子率 r と国民所得 Y と組合せは，下記の連立方程式を解くことによって

図表6－2　*LM*曲線の導出

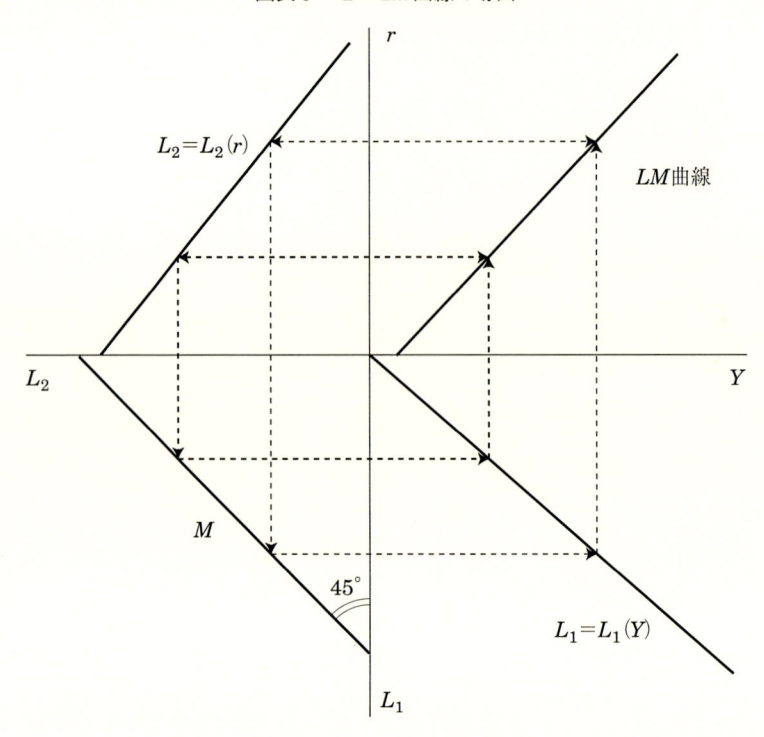

求めることができる。

$$\begin{cases} Y = C(Y) + I(r) + G \\ M = L(Y, r) \end{cases}$$

また，そうした組合せを図示したものが，次の図表6－3である。この図でいえば，利子率 r_e と国民所得 Y_e がその答である。

この **IS-LM** 分析を用いると，政府の裁量的財政政策や中央銀行の通貨政策にどのような効果があるのかを知ることできる。そこで，まず，第5章（有効需要の原理）でみたように，景気回復させるために政府が財政支出を増加させて公共事業などを実施した場合の効果を，図表6－4を用いてみておこう。

図表6−3　IS-LM曲線

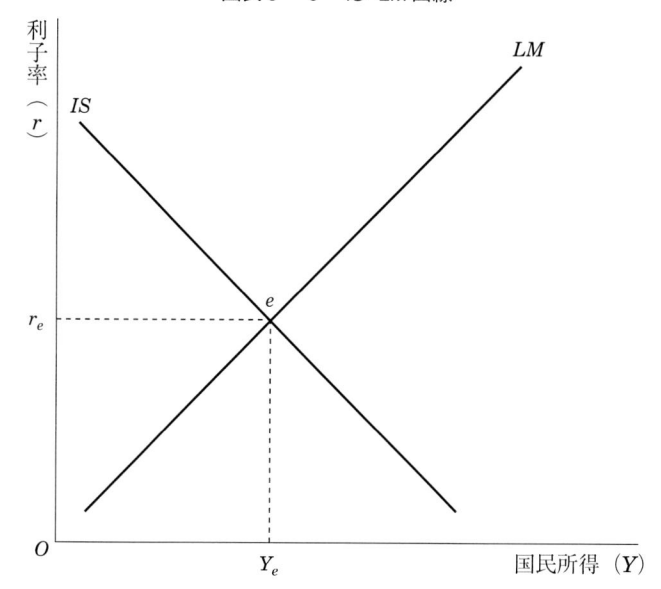

図表6−4　財政政策の効果

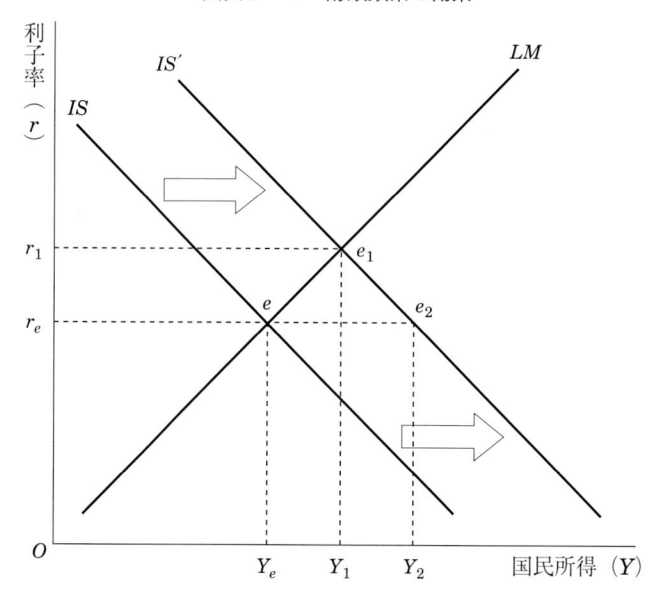

第6章　IS-LM分析

いま，政府が支出を増やした，とする（ただし，貨幣供給Mは一定，とする）。すると，IS曲線はISからIS′へと右方にシフトするために，均衡点はe点からe_1点に変化する。その結果，国民所得はY_eからY_1へと増加する。すなわち，政府の財政政策には，景気を上向かせる効果のあることがわかる。

しかし，ここで留意すべきは，利子率rもr_eからr_1へと上昇していることである。これは，貨幣供給Mが一定のままで，政府が財政支出を増加させて景気を刺激すれば，貨幣市場における貨幣需要が増加して，超過需要が発生するために，利子率は上昇せざるを得なくなるためである。

ところで，仮に利子率がr_eの水準を保ち，変化しなかったとしたなら，IS曲線がISからIS′へと右方にシフトしたときの国民所得はY_2になっているはずである。しかし，先に述べた理由から利子率が上昇するために，国民所得はY_1の水準に落ち着かざるを得ない。このように，利子率の上昇が，有効需要の増加の一部を相殺してしまうことを，クラウディング・アウトという。

次に，中央銀行が買いオペレーション（中央銀行が市中銀行から債権などを買い入れること）を行うなどして貨幣供給Mを増やした場合を，図表6－5を用いてみてみよう（ただし，政府支出は変化しない，とする）。

この場合には，LM曲線がLMからLM′へと右方にシフトするため，均衡点はe点からe_1点に変化する。その結果，国民所得はY_eからY_1へと増加し，利子率rはr_eからr_1へと低下することになる。すなわち，中央銀行の通貨政策にも，景気を上向かせる効果のあることがわかる。

IS-LM分析に関する以上の説明からわかるように，財政政策と金融政策を巧く組み合わせることにより，不況を効率的に克服できるのである。

図表6－5　金融政策の効果

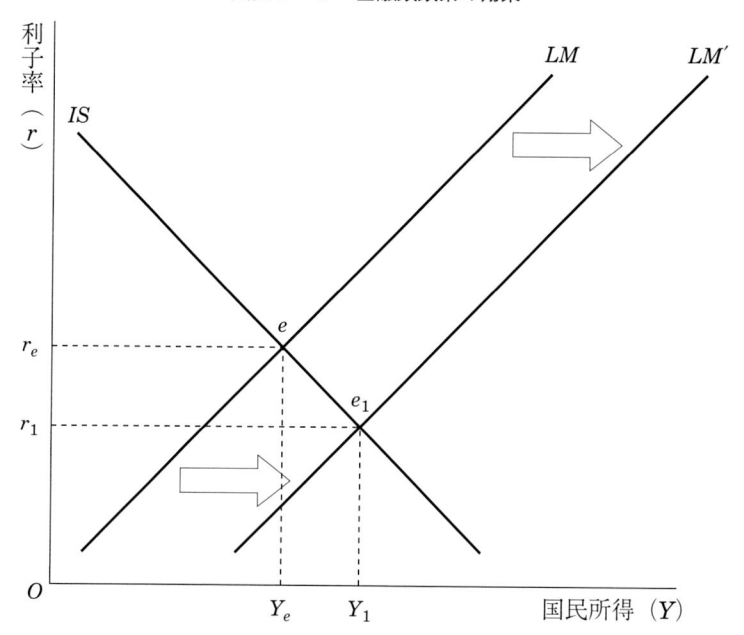

実験編

1 はじめに

本編では，概論編で見たモデルを用いて，「IS–LM分析」の実験を行う．

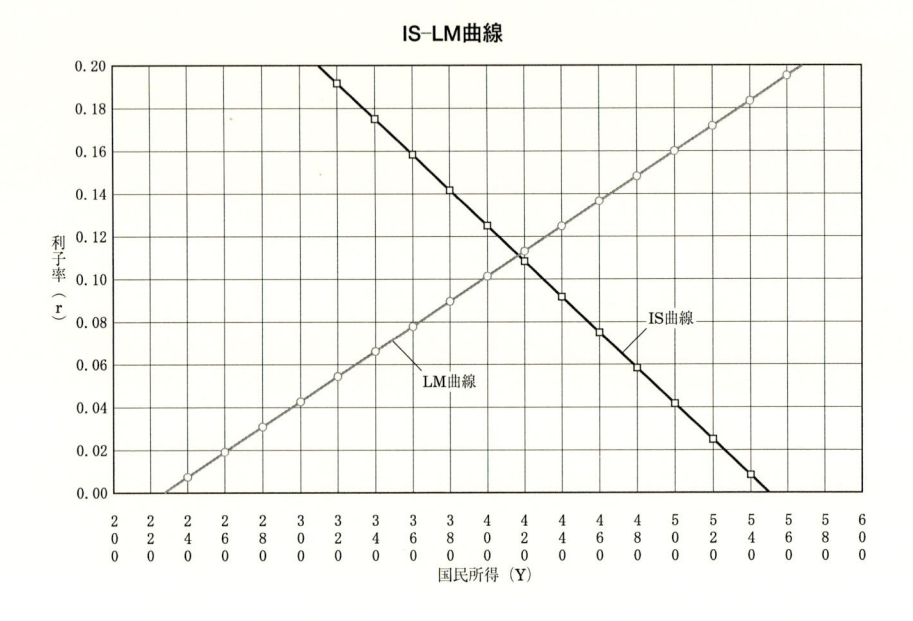

IS–LM曲線

[グラフ：横軸 国民所得（Y），縦軸 利子率（r），IS曲線とLM曲線が描かれている]

注）このグラフは，若干修正してある．たとえば，実際のグラフでは，IS–LM曲線の名称は，グラフの右方に示される【凡例】のなかに表示される．

【均衡国民所得＆利子率】

均衡国民所得（Y）	416.66667
利子率（r）	0.11111111

第6章 実験編

なお，概論編で用いたモデルは下記のとおりであるが，

$$\begin{cases} C = C(Y) \\ I = I(r) \\ Y = C + I + G \\ M = L(Y, r) \end{cases}$$

本実験を進めるに際しては，各方程式にそれぞれ適当な定数および係数値を与えた下記のモデルに基づいて，実験を行った。

$$\begin{cases} C = 25 + 0.7Y \\ I = 100 - 360r \\ Y = C + I + G \\ M = 100 + 0.22Y - 375r \end{cases}$$

また，このIS-LMモデルの外生変数である貨幣供給Mには150の数値を，政府支出Gには40の数値をあてはめた。

【Ⅰ】エクセル表計算機能の活用

まずは，エクセルの表計算機能を利用して，下記の手順で実験を行う。
① IS-LM曲線図の作図用データの作成。
② IS-LM曲線図の作成。
③ 連立方程式の解法。

1 作図用データの作成

まず，作図用データは，これは次のようにして作成する。
① まず，エクセルを起動して，ワークシート1 (Sheet 1) を選択する。
② セルB1とC1の両者に「利子率 (r)」，セルA2に「国民所得 (Y)」，セルB2とC2のそれぞれに「IS曲線」，「LM曲線」と記入する。
③ セルA3～セルA23に，それぞれに国民所得額を示す数値「200」，「220」，「240」，……，「560」，「580」，「600」と入力する。

④ セル B3 に，IS 曲線の計算式「=(－0.3＊A3＋165)/360」を入力する。すると，セル B3 のなかには数値「0.29167」が現れてくる。なお，この式は，生産物市場の均衡式（Y＝25＋0.7Y＋100－360r＋40）から導出した利子率（r＝(－0.3Y＋165)/360）である。

⑤ セル C3 に，LM 曲線の計算式「=(0.22＊A3－50)/375」を入力する。すると，セル C3 のなかには数値「－0.01600」が現れてくる。なお，この式は，貨幣市場の均衡式（M(＝150)＝100＋0.22Y－375r）から導出した利子率（r＝(0.22Y－50)/375）である。

⑥ セル B3～C3 までドラッグ（左クリックしたままマウスを移動）した後，セル C3 の右下角にポインターを合わせ，ポインターの印の色が白（✛）から黒（✚）に変化したら，セル C23 までドラッグする。すると，セル B3～C23 の矩形範囲のなかに，生産物市場と貨幣市場を均衡させる利子率（これが IS 曲線と LM 曲線になる）の計算結果が現れる。

	A	B	C
1		利子率(r)	利子率(r)
2	国民所得(Y)	IS曲線	LM曲線
3	200	0.29167	−0.01600
4	220	0.27500	−0.00427
5	240	0.25833	0.00747
6	260	0.24167	0.01920
7	280	0.22500	0.03093
8	300	0.20833	0.04267
9	320	0.19167	0.05440
10	340	0.17500	0.06613
11	360	0.15833	0.07787
12	380	0.14167	0.08960
13	400	0.12500	0.10133
14	420	0.10833	0.11307
15	440	0.09167	0.12480
16	460	0.07500	0.13653
17	480	0.05833	0.14827
18	500	0.04167	0.16000
19	520	0.02500	0.17173
20	540	0.00833	0.18347
21	560	−0.00833	0.19520
22	580	−0.02500	0.20693
23	600	−0.04167	0.21867

2 IS-LM 曲線の作図

このデータを用いて，IS-LM 曲線の図を作成する。作図の要領は次のとおり。

① データの入っているセル B2〜C23 をドラッグし，範囲指定をする。

② 次に，ツール・バーのアイコン ▦ (グラフウィザード) をクリックする。

③ 画面上に【グラフウィザード】のダイアログ・ボックスが現れるので，【グラフの種類 (C)】の【折れ線】をクリックし，次いで【形式 (T)】の【折れ線グラフ】をクリックした上で，【次へ>】をクリックする。

④ 画面上のダイアログ・ボックスの【系列】のタブをクリックし，【項目軸ラベルに使用 (T)】の入力欄の右端にあるボタン ▦ (ダイアログ縮小) をクリックしてから，A3〜A23 の範囲をドラッグした後に，同ボックスの右端にあるボタン ▦ をクリックし，【次へ>】を押す。

⑤ ダイアログ・ボックスの【タイトルとラベル】のタブをクリックし，【グラフタイトル (T)】に「IS-LM 曲線」，【X 項目軸 (C)】に「国民所得 (Y)」，【Y 項目軸 (V)】に「利子率 (r)」と記入する。次に，【目盛線】のタブをクリックし，【X/項目軸】にチェック (✓) をした後，【次へ>】をクリックし，さらに【完了 (F)】をクリックする。

以上の作業の結果，ワークシート1の上に「IS-LM 曲線」の図が現れてくる。この図はみにくいため，次に記すような若干の操作を加える。

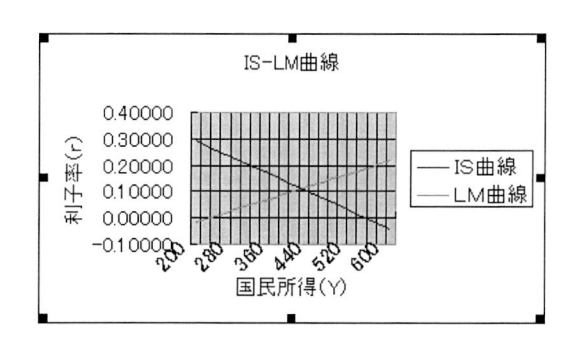

⑥ 出来あがったグラフ内の白地の部分（どこでも良い）にポインターを合わせ，クリックする。すると，図の外縁に黒色の四角（■）の印が現れるが，この印にポインターを合わせると，ポインターの印が↕や↔に変化する。このときドラッグすると，図のサイズを変えることができるので，図のサイズを適当な大きさに調節する。

⑦ 出来あがったグラフ内の白地の部分（どこでも良い）にポインターを合わせ，ダブル・クリックする。浮き出てきた【グラフエリアの書式設定】のダイアログ・ボックス内の【フォント】のタブを押してから，【サイズ(S)】の「8」を選択したあと，【OK】キーを押す。

⑧ 出来あがったグラフのY軸上の任意の部分（どこでも良い）にポインターを合わせ，ダブル・クリックする。浮き出てきた【軸の書式設定】のダイアログ・ボックスの【目盛】の項目を選び，【Y/数値軸目盛】の【最小値(N)】に数値「0」を入力，【最大値(X)】に数値「0.2」を入力してから，【OK】キーをクリックする。

⑨ 出来あがったグラフのX軸上の任意の部分にポインターを合わせ，ダブル・クリックする。浮き出てきた【軸の書式設定】のダイアログ・ボックス内の【目盛】のタブを押してから，【項目境界で交差する(B)】のチェック・マーク（✓）を外し，また【配置】の項目を選んで【文字列】と縦書きされたボックスをクリックしてから，【OK】キーを押す。

あとは，好みに応じて，図に微調整を加えればよい（その詳細は，エクセルの解説書を参照されたい）。以上の操作から，本編の冒頭の図が得られる。

3 連立方程式の解法

冒頭の図をみると，IS曲線とLM曲線の交点から，均衡国民所得はおよそ410〜415程度であり，また利子率は約11％であることはわかる。しかし，その正確な値はわからない。本編で用いた簡単なモデルの場合，解は筆算によって容易に求められるが，モデルを構成する方程式の数が10本あるいは20本以上といった複雑な場合に，解を得ることは容易ではない。

そこで，本編では，表計算機能を用いた連立方程式の解法を概観する。

（1）ゴールシークとソルバーの活用

ここでは，たとえば10～30本といった多数の方程式からなる連立方程式の解法を概観するが，その前に面白い方法をみておく。

それは，ゴールシークおよびソルバーの利用である。

この方法は，先に求めたIS曲線（$r=(-0.3Y+165)/360$）の方程式とLM曲線（$r=(0.22Y-50)/375$）がすでにわかっている場合に利用できる。

IS曲線とLM曲線との交点においては，IS曲線の利子率とLM曲線の利子率の値は同じになっている。すなわち，

$$\frac{-0.3Y+165}{360} = \frac{0.22Y-50}{375}$$

となるので，両者の差はゼロになる。

$$0 = \frac{0.22Y-50}{375} - \frac{-0.3Y+165}{360}$$

こうした条件を満たすYの値を，ゴールシークもしくはソルバーを用いて求めれば，それが方程式の解である。そこで，この方法を，実際に試してみる。

A．ゴールシークの利用

ゴールシークを利用方法は，下記のとおりである。

① ワークシート1（Sheet 1）のセルE1に「ゴールシーク」，セルE2に「Y」，セルF2に「計算式」と記入する。
② セルF3に，上記の計算式「$=((0.22*E3-50)/375)-((-0.3*E3+165)/360)$」を記入する。
③ メニュー・バーの【ツール（T）】をクリックし，画面に現れたプルダウン・メニューのなかの【ゴールシーク（G）】をクリックする。

④ ダイアログ・ボックスが現れたら，【数式入力セル（E）】にF3を指定し（ボックスの右端にあるボタン▣（ダイアログ縮小）を押してから，F3をクリックした後に，同ボックスの右端にあるボタン▣を押す），【目標値（V）】に数値「0」を入力後，【変化させるセル（C）】にセルE3を指定する（ボックス右端のボタン▣（ダイアログ縮小）を押してから，E3をクリックした後に，ボックス右端にあるボタン▣を押す）。

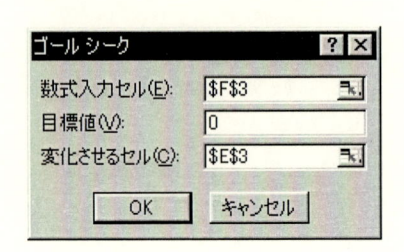

```
ゴールシーク              ? ×
数式入力セル(E):   $F$3      ▣
目標値(V):        0
変化させるセル(C): $E$3      ▣
        OK      キャンセル
```

⑤ 最後に，【OK】キーをクリックすると，下記の結果が得られる。

	E	F
1	ゴールシーク	
2	Y	計算式
3	416.666667	-2.637E-16
4		

B．ソルバーの利用

ゴールシークを利用方法は，下記のとおりである。

① ワークシート1（Sheet 1）のセルE5に「ソルバー」，セルE6に「Y」，セルF6に「計算式」，セルG6に「制約条件」と記入する。

② セルF7に，上記と同じ計算式「$=((0.22*E7-50)/375)-((-0.3*E7+165)/360)$」を記入する。また，セルG7に数値「0」を入力する。

③ メニュー・バーの【ツール（T）】をクリックし，画面に現れたプルダウン・メニューのなかの【ソルバー（V）】をクリックする。

④ ダイアログ・ボックスが現れたら，次の要領で設定を行う。
  ⓐ 【目的セル（E）】にセルF7を指定する（ボックスの右端にあるボタン ▣（ダイアログ縮小）を押してから，セルF7をクリックした後に，ボックスの右端にあるボタン ▣ を押す）。
  ⓑ 【目標値】は【最大】を選択（クリック）する。
  ⓒ 【変化させるセル（B）】には，セルE7を指定する（ボックス右端のボタン ▣（ダイアログ縮小）を押してから，E7をクリックした後に，ボックス右端にあるボタン ▣ を押す）。
  ⓓ 【制約条件（U）】に関しては，【追加（A）】ボタンをクリックして，

$$E7 >= G7$$

  と入力し，さらに【追加（A）】ボタンをクリックして，

$$F7 = G7$$

  と入力してから，【OK】ボタンをクリックする（この指定をする際には，ボタン ▣ とボタン ▣ を利用すると便利である）。

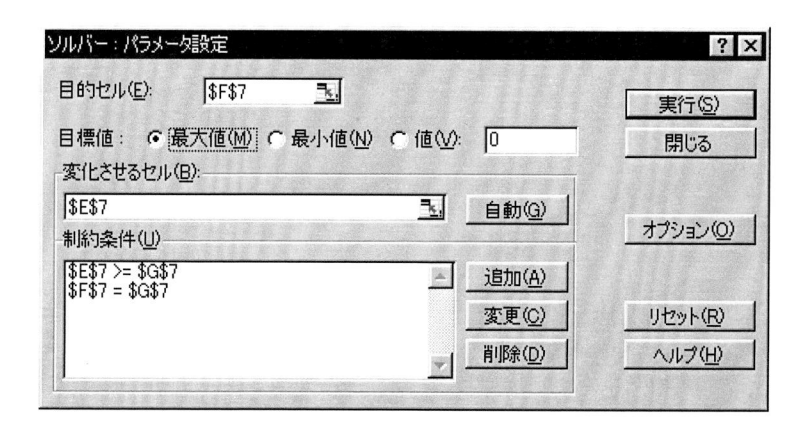

⑤ 以上の設定後に，【実行（S）】ボタンを押すと，下記の結果が得られる。

	E	F	G
5	ソルバー		
6	Y	計算式	制約条件
7	416.667371	1E-06	0

(2) 行列の利用

IS 曲線と LM 曲線の連立方程式は，下記のとおりである。

$$\begin{cases} 360 \cdot r + 0.3 \cdot Y = 165 \\ 375 \cdot r - 0.22 \cdot Y = -50 \end{cases}$$

この連立方程式は，次のように行列表示できる。

$$\begin{bmatrix} 360 & 0.3 \\ 375 & -0.22 \end{bmatrix} \begin{bmatrix} r \\ Y \end{bmatrix} = \begin{bmatrix} 165 \\ -50 \end{bmatrix}$$

これを次のように展開することで，解（r と Y）を求めることができる。

$$AX = B$$
$$A^{-1}AX = A^{-1}B$$
$$X = A^{-1}B$$

	E	F	G
9	行列		
10	360	0.3	165
11	375	-0.22	-50
12			
13	逆行列		
14	0.00114763	0.0015649	
15	1.95618153	-1.877934	
16			
17	r=	0.1111111	
18	Y=	416.66667	

なお，具体的計算方法は，第1章や第5章を参照されたい。

（3）ガウス＝ザイデル法

　ガウス＝ザイデル法は，経済学ではよく利用される方法であり，この手法の具体的方法については，第5章で詳述した。しかしながら，そこで用いた計算方法は，ガウス＝ザイデル法の原理を理解するには便利であるが，実際に利用する段になると不便さを感じることも少なくない。

　そこで，本編では，表計算機能を用いた便利な手法を概観する。

　まずは，とりあえず，以下の操作を行う。

① ワークシート2（Sheet 2）のセルA1に「反復計算」，B1に「ガウス＝ザイデル法」とタイトルを記入する。

② セルA2に「$C = 25 + 0.7Y$」，セルB2に「$r = (0.22Y - 50)/375$」，セルC2に「$I = 100 - 360r$」，セルD2に「G」，セルE2に「$Y = C + I + G$」とこれから用いる計算式のタイトルを記入する。

③ メニュー・バーの【ツール（T）】をクリックし，次に現れるプルダウン・メニューから【オプション（O）】をクリックする。

④ オプションのダイアログ・ボックスが現れるので，【計算方法】のタブをクリックし，【反復計算（I）】をクリックし，【変化の最大値（C）】に数値「0.00001」を入力してから，【OK】ボタンをクリックする。

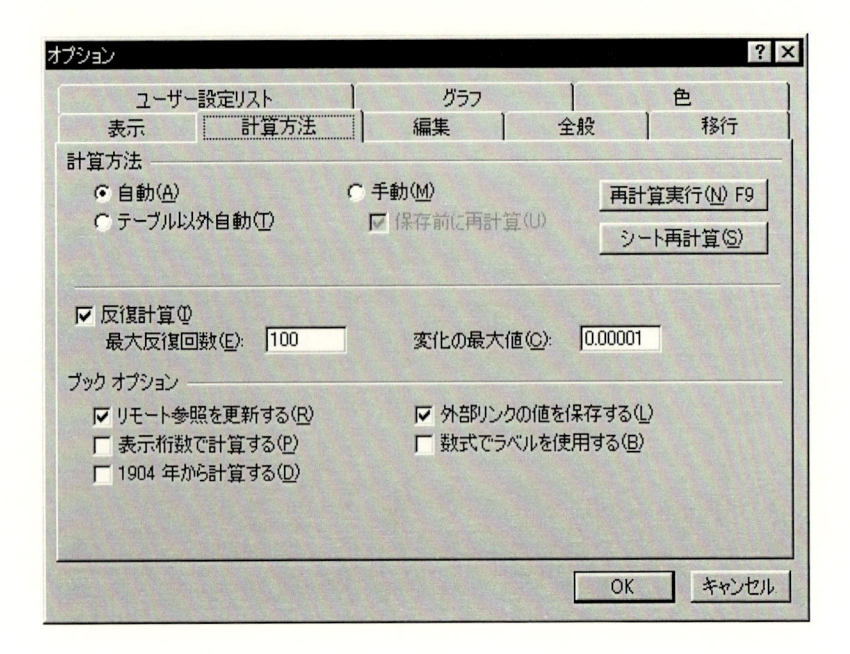

⑤ セル A3 に計算式「= 25 + 0.7 * E3」，セル B3 に計算式「= (0.22 * E3 − 50)/375」，セル C3 に計算式「= 100 − 360 * B3」，セル D3 に外生変数 G の数値「40」，セル E3 に計算式「= A3 + C3 + D3」と入力する。
⑥ すると，E3 に計算式を入力した直後に，各セルのなかに解が現れる。

	A	B	C	D	E
1	反復計算	ガウス=ザイデル法			
2	C=25+0.7Y	r = (0.22Y−50)/375	I=100−360r	G	Y=C+I+G
3	316.66666	0.111111107	60.000001	40	416.6667

以上からわかるように，「反復計算 (I)」の機能を用いると，第 5 章でみたような反復計算の表計算システムを作り，IF 文を用いて収束の判定を確かめる，といった面倒な作業を行わなくとも，ガウス=ザイデル法による連立方程式の解を自動的に得ることができる。

ただし,「反復計算 (I)」の指示 (③, ④) をせずに,計算式を入力した場合は,下記の循環参照のために計算不能である,との警告文が現れる。

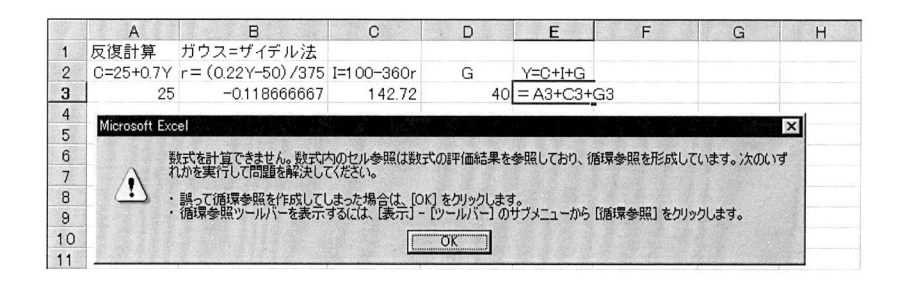

	A	B	C	D	E
1	反復計算	ガウス＝ザイデル法			
2	C=25+0.7Y	r = (0.22Y-50)/375	I=100-360r	G	Y=C+I+G
3	25	-0.118666667	142.72	40	=A3+C3+G3

（Microsoft Excel 警告ダイアログ：数式を計算できません。数式内のセル参照は数式の評価結果を参照しており,循環参照を形成しています。次のいずれかを実行して問題を解決してください。
・誤って循環参照を作成してしまった場合は,[OK] をクリックします。
・循環参照ツールバーを表示するには,[表示]-[ツールバー] のサブメニューから [循環参照] をクリックします。）

この警告文の意味は,およそ次のとおりである（上記の循環参照の警告文にしたがって操作を行うと,下記の表示が現れてくる）。

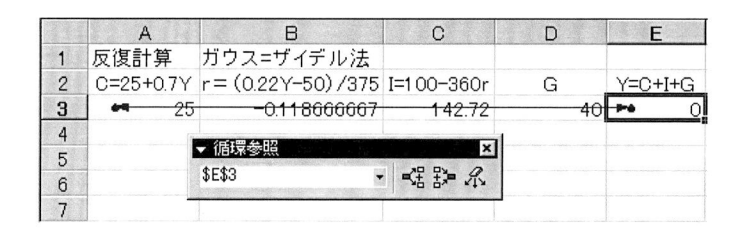

	A	B	C	D	E
1	反復計算	ガウス＝ザイデル法			
2	C=25+0.7Y	r = (0.22Y-50)/375	I=100-360r	G	Y=C+I+G
3	25	-0.118666667	142.72	40	0

（循環参照ツールバー：$E$3）

すなわち,IS-LM分析の連立方程式は,第1式の消費Cは国民所得Yに依存しており,また第4式の国民所得Yは消費Cの大きさに依存している,という同時決定モデルであって,この種の計算は反復計算の設定を行わなければエクセルでは自動的には計算できない,ということを示しているのである。

【Ⅱ】VBAの活用

以下では,VBAを用いてガウス＝ザイデル法のプログラムを作成し,これによって先の連立方程式を解く方法を概観する。

VBAを活用する方法の概要は，およそ次のとおりである。

① ワークシート3 (Sheet 3) のセルA1〜セルA7に「ガウス＝ザイデル法」，「収束計算回数」，「消費支出 (C)」，「利子率 (r)」，「投資支出 (I)」，「政府支出 (G)」，「均衡国民所得 (Y)」とタイトルを記入する。

② メニュー・バーの【ツール (T)】をクリックし，現れてくるプルダウン・メニューの【マクロ (M)】を経て，【Visual Basic Editor (V)】をクリックして，ビジュアル・ベーシック・エディターを起動させる。

③ ビジュアル・ベーシック・エディターのメニュー・バーの中の【挿入 (I)】をクリックし，次いで【標準モジュール (M)】をクリックする。すると，VBAによるプログラムの入力が可能な状態になる。

④ ここまできたら，次のプログラムを入力する。

──────── ＜ガウス＝ザイデル法プログラム＞ ────────

```
Sub is_lm()

'【初期値】
    k = 100: limt = 0.000001
    y = 0: yt = 0: ct = 0: g = 40: m = 150

'【演算部】
    For zz = 1 To k
      c = 25 + 0.7 * y
      r = (0.22 * y + 100 − m) / 375
      i = 100 − 360 * r
      y = c + i + g

'【演算結果確認】
        Debug.Print zz; c; r; i; g; y
```

```
'   【収束判定条件】
    If Abs(y - yt) 〈 limt And Abs(c - ct) 〈 limt Then GoTo 20 Else GoTo 10

10  yt = y: ct = c
    Next zz


20  Debug.Print
    Debug.Print "収束値"
    Debug.Print zz; c; r; i; g; y
    Debug.Print

'    【演算結果の表示】
    Worksheets("sheet3").Cells(2, 2).Value = zz
    Worksheets("sheet3").Cells(3, 2).Value = c
    Worksheets("sheet3").Cells(4, 2).Value = r
    Worksheets("sheet3").Cells(5, 2).Value = i
    Worksheets("sheet3").Cells(6, 2).Value = g
    Worksheets("sheet3").Cells(7, 2).Value = y

End Sub
```

---

⑤ 上記のプログラムを入力した後，これを用いて連立方程式の解を求めることになるが，それには2つの方法がある。まず第1は，ビジュアル・ベーシック・エディターの上で，メニュー・バーの【Sub/ユーザーフォームの実行】のアイコン（▶の印）を選択する方法である。第2の方法は，ワークシート3（Sheet 3）に戻って，メニュー・バーの【ツール（T）】をクリックし，【マクロ（M）】を経て，【▶マクロ（M）】をクリ

ックした後，現れてきたダイアログ・ボックスの【マクロ名（M）】を指定し，【実行（R）】のボタンを押す方法である．いずれの場合にも，Sheet 3のセルB2〜B6には下記の計算結果が現れ，またビジュアル・ベーシック・エディターのイミディエイト・ウインドにはその計算過程と結果が示される．

	A	B
1	ガウス=ザイデル法	
2	収束計算回数	29
3	消費支出(C)	316.6667
4	利子率(r)	0.111111
5	投資支出(I)	60
6	政府支出(G)	40
7	均衡国民所得(Y)	416.6667

第7章
景気変動

概論編

1 はじめに

　市場経済は高い効率を有しているものの，好不況という景気の循環的変動の波がついてまわる。第5章では，このうちの不況に対する処方箋となったケインズの「有効需要の原理」を概観した。しかし，景気変動の要因に関する議論は行わなかった。本章では，これらの点を概観する。

2 景気変動と景気指標

　景気の意味を簡潔に述べるなら，一国の全体的な経済活動水準のことである。この経済活動水準は，次頁の図表7－1にみられるように，上下の周期的変動（景気変動）を繰り返しつつも，長期的にみるならば上昇傾向にある，といえる。この景気変動のうち，経済活動が上向いている「上昇期」は「回復」と「好況」とから成り，経済活動が収縮している「下降期」は「後退」と「不況」とから成る。このように，経済活動の上昇期と下降期が交互に訪れる，より具体的にいえば，回復→好況→後退→不況→回復といった順に変化する経済活動の周期的な循環運動のことを，景気循環（Business Cycle）という。
　この循環運動のうち，景気が上昇期から下降期へ転換する時点を「山」または「上方転換点」といい，景気が下降期から上昇期へと転換する時点を「谷」または「下方転換点」という。また，景気循環における1周期とは，景気の山から山にいたる期間，もしくは谷から谷に至る期間のことである。この1周期は，次頁の図表7－1からもわかるように，好況・後退・不況・回復の4つの局面から成り立っている。これらの局面の主な特徴について簡単にまとめるなら，およそ次のようになる。

図表7-1　景気循環の概念図

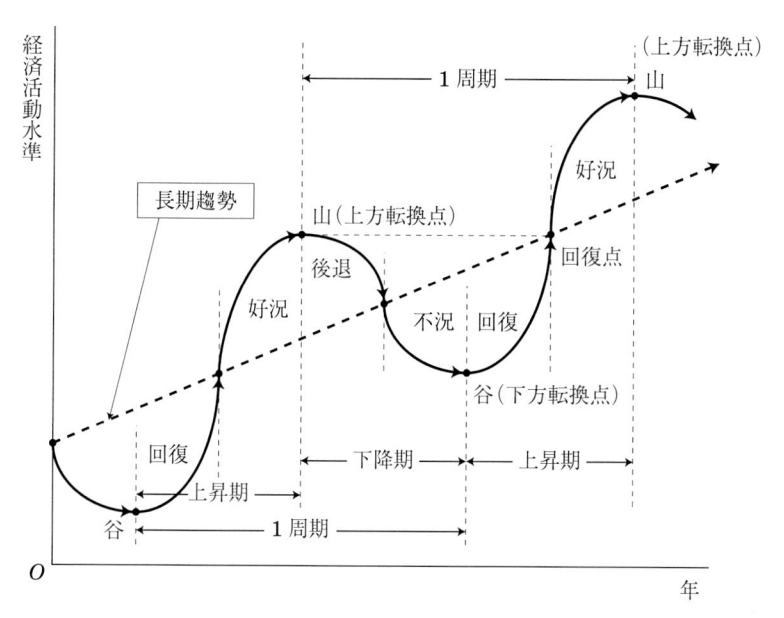

　好況：経済活動が活発化して，生産量・雇用量・国民所得などが増え，利子率や賃金水準なども高まる時期。しかし，好況の勢いに乗って，生産活動が過度に活発化し，供給の急速な拡大に需要の伸びが追いつかなくなると，生産過剰に陥る。この過剰生産が，景気後退，不況を招く原因となる。

　後退：経済が過剰生産に陥ると，企業は生産活動を抑制することから，投資や雇用などが減少する。こうした要因によって，経済活動は勢いを失い，緩やかな縮小過程に入るが，いまだ不況にまでは至らない時期。

　不況：上記の縮小がさらに進み，経済活動が停滞した状態。この段階では，有効需要の不足から在庫の増加，一般物価水準の低下，遊休資本設備の増大，企業倒産件数の増大，失業の増加などの問題が噴出する。

　回復：過剰な生産設備の整理が進み，また在庫も減少するなどして，需要と供給のバランスが回復する結果，企業は生産を再び活発化させて，投資や雇用も増大しはじめることから，経済活動が活発化しはじめる時期。

なお，第5章で，1929年のアメリカで生じた「大恐慌」について触れたが，この恐慌のことを簡潔に説明するなら，先に述べた景気の下降局面（後退と不況）が急激に進展すること，といって差し支えないであろう。

ところで，先の図を一見すると，景気の動向を読み取ることは簡単なように思える。しかし，国民経済の活動水準の全般的な動向を把握することは，実際には容易ではない。国民経済の活動水準は，国民所得，消費，投資，貯蓄，物価，貿易などさまざまな角度から捉えられ，また，そのための指標も，国民所得統計，法人企業統計，大型小売店販売統計，卸売物価指数，消費者物価指数，失業率，有効求人倍率，金利，貸出残高，国際収支表などさまざまある。しかし，これらの指標は，多様性を有する国民経済の一局面しか捉えておらず，それらが必ずしも同じ景気動向を指し示すとは限らないのである。

ここに，総合的な景気指標を作成し，経済活動の全体像を把握する必要が出てくる。この総合的景気指標の代表例が，景気動向指数（Diffusion Index）である。時間的観点からみると，景気指標には，景気の変動に先駆けて変化する"先行指標"，景気変動とともに変化する"一致指標"，景気変動に遅れて変化する"遅行指標"の3つがある。景気動向指数とは，①約30系列に上る先行・一致・遅行の各指標を選び出し，②3カ月前と比較して拡張しているものをプラス（+），縮小しているものをマイナス（−），保ち合っているものをゼロ（0）とした上で，③プラスに1，マイナスに0，ゼロに0.5のポイントを与えて，④それらの加重平均を求めたものである。

$$景気動向指数 = \frac{1 \times プラスの数 + 0.5 \times ゼロの数 + 0 \times マイナスの数}{指標の総数} \times 100$$

ここで，保ち合いがなく，上昇傾向を示す指標の数と下降傾向を示す指標の数が同じであれば，景気動向指数の値は50％になる。つまり，この50％が景気の分岐点（転換点）になるのであって，50％より上が上昇期，50％より下が下降期になる。そして，各時点における景気動向指数を計算し，この指数を示す線分を描いたときに，この線分が50％の水準線を左上から右下に向かって

図表7－2　景気動向指数

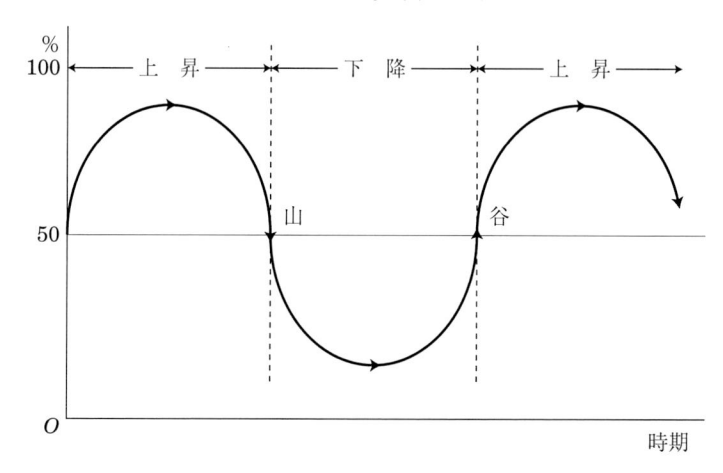

横切った点が景気の"山"（景気はピークを打って下降に転ずることを示す）であり，この線分が左下から右上へ向かって横切った点が景気の"谷"（景気は底を打って上昇に転ずることを示す），ということになる（図表7－2を参照）。

　景気の動向を探る方法としては，これまで述べてきた方法の他に，サーベイ・データを用いる方法，計量経済モデルを用いる方法などがある。景気の動向を分析する上で，先の経済統計や景気指標を用いる方法は有益である。しかし，各種の経済統計の作成には時間がかかることから，経済状況と景気指標との間にはかなりの時間のズレ（タイム・ラグ）が生ずることは否めない。サーベイ・データの活用は，このズレを短縮し，景気の現状より正確に把握しようとするものである。すなわち，経済活動の第一線にあって，景気の変動を肌身で感じている経営者や消費者に，景気の先行きや見通しなどを直接問うことによって，景気の動向を捉えようとする方法である。ここでは，その詳細は示さないが，サーベイ・データを用いた方法の代表例としては，企業短期経済観測調査，法人企業動向調査，消費動向調査などを挙げることができる。

　計量経済モデルを利用する方法は，計量経済モデルを利用したシミュレーション分析を行って，将来の景気動向を予測するものである。

3 景気循環の種類と諸仮説

　景気循環の種類は1周期の長さによって，およそ①小循環，②主循環，③建設循環，④長期波動の4つに分けることができる。

　まず，第1の小循環とは，約3～4年周期の短期波動であり，1923年にこれを発見したキチン（J. A. Kitchin）の名前にちなんで，「キチンの波」（Kitchin Cycle）と呼ばれる。この波動の主要因は，在庫投資の変動に求められている。すなわち，景気の上昇期における生産の増大によって在庫が増大し，その規模が適正水準を超えると，企業は在庫投資を抑制する結果，景気は下降局面に入り，その後，在庫の整理が進んで，在庫の規模が適正水準に戻ると，企業は在庫投資を再開する結果，景気は上昇局面に入るのである。要するに，景気変動は企業家の販売予測の変化に起因する，とみなしている。このように在庫を重視することから，この波動は「在庫循環」とも呼ばれる。

　第2の主循環とは，約9～10年周期の中期波動であり，1860年にこれを唱えたジュグラー（J. C. Juglar）の名前を冠して「ジュグラーの波」（Juglar Cycle）とも呼ばれる。この主要因は，設備投資の変動に求められている。すなわち，機械設備の耐用年数が約10年であることから，ある年に設備投資ブームが生ずると，10年後には更新のために再び設備投資ブームが生ずるのである。このことから，この中期波動は「設備投資循環」とも呼ばれている。

　第3の循環は，1周期が約15～25年の循環であり，1930年にこれを提唱したクズネッツ（S. S. Kuznets）の名前にちなんで「クズネッツの波」（Kuznets Cycle）とも呼ばれる。この周期の循環の主たる要因は，建築投資の変動に求められられている。このことから，「建築循環」とも呼ばれている。この建設投資の循環には移民や人口増加などが影響している，と考えられる。

　第4の長期波動とは，1周期が約50年の循環であり，1925年にその存在を明らかにしたコンドラチェフ（N. D. Kondratief）にちなんで「コンドラチェフの波」（Kondratief Cycle）とも呼ばれる。この主要因としては，技術革新，金鉱の発見，戦争などが挙げられるが，なかでもシュンペーター（J. S.

Schumpeter）の技術革新説が最も有力である，と考えられている。すなわち，紡績機などの発明による産業革命が第1の波（1780年代～1840年代）を，鉄道の建設と普及などが第2の波（1840年代～1890年代）を，電気・化学・自動車産業など発達が第3の波（1890年代末～）をもたらした，というのである。今日では，これに加えて，第2次世界大戦（1945年）以降の原子力・エレクトロニクスなどの技術革新が第4の波を生み出した，ともいわれている。

景気変動はこのような4種に分かれるが，この点に関しては留意すべきことがある。それは，現実の経済においては，これらの循環がそれぞれ別個に生じているのではなく，それらが重複して生じていることである。

ところで，景気の循環変動の主要因に関しては，これまでさまざまな仮説が提示されてきた。しかしながら，これら仮説の内容は，ケインズ以前とその後とでは大きく異なっている。たとえば，ケインズ以前の諸仮説の例には次のようなものがあり，景気変動の要因としてさまざまなものを挙げている。

① 太陽黒点説：太陽の黒点の数は約10年の周期で変化し，その変化が気候を変化させ，気候の変化は農業の収穫量→農民の所得・購買力→工業生産物への需要，の順に変化を及ぼすために景気循環が生ずる。

② 貨幣的過剰生産説：銀行が利子を引き下げると，信用の増大→生産活動の活発化→所得の上昇→支出の増加→需要の増加→生産活動の活発化，といった因果経路が働いて景気はさらに拡張する。しかし，好況の進展にともなって，銀行の現金準備が不足しはじめると，インフレが激化する公算が高まるため，利子率の引き上げなどが行われる。すると，信用の縮小→生産活動の低迷→所得の低下→支出の減少→需要の減少→生産活動の低迷，といった因果経路が働いて景気はさらに収縮する。

③ 技術革新説：企業が行う技術革新の進展が経済の発展と変動をもたらす，とするシュンペーターの仮説（既述の長期波動を参照）。

④ 心理説：経済の先行きに対する楽観的期待が広まると，投資や消費が活発化するために，生産や雇用が増大する。すると，乗数効果などの働きによって景気は上昇する。これとは逆に，在庫の増加や収益減少などが

予想されるようになると，一気に不安が広がり，投資や消費の減少などを招き，乗数効果などが先の場合とは逆方向に働くことから，景気は累積的に悪化する，とするケインズらによる仮説。

これに対して，ケインズ後の時代には，ケインズにはじまるマクロ経済理論の発展や社会会計の発達に伴って，マクロ経済モデルを構築して景気分析が行われるようになった。こうした仮説のうちの代表的な事例が，次にみる「加速度原理」を用いて景気変動を分析しようとするものである。

4 加速度原理

ケインズ後の景気変動に関する理論のなかでも有名なものは，サムエルソンの景気変動に関するマクロ・モデルであろう。ここでは，このモデルを用いることによって，景気が循環的変動を繰り返す原因を考察する。

このモデルの特徴は，乗数理論（詳細は第5章を参照）と加速度原理（詳細は後述）の相互作用によって景気変動を説明している点にある。

その内容は，次のとおりである。乗数理論の基礎を成している消費関数をみると，第5章でみた消費関数（$C = a + bY$）は，本年度（t年度）の消費Cは本年度（t年度）の国民所得Yによって規定されている，というものであった。しかし，ここでは時間のずれ（タイム・ラグ）を考慮して，現在（t期）の消費C_tは1期前の国民所得Y_{t-1}に規定される，すなわち消費者は過去（$t-1$期）の所得経験に基づいて今期（t期）の消費を行う，と定式化する。

$$C_t = a + bY_{t-1} \qquad (1)$$

ただし，式中の記号の意味は，aが基礎消費，bが限界消費性向である。

投資についていえば，たとえば需要の増加などに応じて行われる誘発投資I_{A_t}と，そうした要因とかかわりなく行われる独立投資$\bar{I}_{C_t}$の2種類がある。このうちの誘発投資についていえば，企業家は消費需要が増えれば投資を増やすはずである。それゆえ，今期（t期）における誘発投資I_{A_t}の額は，消費需要の増分（$C_t - C_{t-1}$）によって規定されることになる。

$$I_{A_t} = g(C_t - C_{t-1}) \tag{2}$$

さて，第1式を第2式に代入すると，下記の第4式が得られる。

$$I_{A_t} = bg(Y_{t-1} - Y_{t-2}) = v(Y_{t-1} - Y_{t-2}) \tag{3}$$

この第2式の係数 g および第3式の係数 $v(=bg)$ を，加速度係数という。

この第3式は，投資が過去（ $t-1$ 期から $t-2$ 期にいたる時期）の経験に基づいて行われ，① $t-2$ 期から $t-1$ 期にかけて国民所得が増加・減少すると，②その増減が誘発する今期（ t 期）の投資の増加・減少は，③国民所得の増減の v （ $=bg$ ）倍にまで加速度的に増幅されることから，④景気（経済全般の活動水準）に変動が生ずる，ということを意味している。

いま，一国の国民経済を，下記の第4式によって表す。

$$Y_t = C_t + I_{A_t} + \bar{I}_{C_t} + \bar{G}_t \tag{4}$$

ただし，式中の $\bar{I}_{C_t}$ と $\bar{G}_t$ は投資 I と政府支出 G であるが，上部の印（－）はこれらがモデルの外部で決定される独立変数であることを示している。

この第4式に上記の第1式と第3式を代入すると，第5式が得られる。

$$Y_t = b(1+g)Y_{t-1} - bgY_{t-2} + a + \bar{I}_{C_t} + \bar{G}_t \tag{5}$$

最後に，独立変数と定数項をまとめて $\bar{E}_t$ とすると，第6式は次のようになる。

$$Y_t = b(1+g)Y_{t-1} - bgY_{t-2} + \bar{E}_t \tag{6}$$

では，この第6式を用いることによって，景気変動の発生を説明できるだろうか。次の図表7－3は， $\bar{E}_t$ に1， Y_{t-1} に0，そして Y_{t-2} に0の初期値を与えた上で， b と g に異なった値を仮定して行った各時期の Y_t の値の計算結果である。また，図表7－4に示されているのは，その結果を図にまとめたもので，経済学の教科書などでも馴染み深い，発散型，収束型，単純振動型，収束振動型，発散振動型の景気変動のパターンが示されている。

図表7-3　加速度原理の計算

b	0.5	0.5	0.5	0.6	0.8
g	0	1	2	2	4
Y(t-2)	0	0	0	0	0
Y(t-1)	0	0	0	0	0
1	1.00000	1.00000	1.00000	1.00000	1.00000
2	1.50000	2.00000	2.50000	2.80000	5.00000
3	1.75000	2.50000	3.75000	4.84000	17.80000
4	1.87500	2.50000	4.12500	6.35200	56.20000
5	1.93750	2.25000	3.43750	6.62560	168.84000
6	1.96875	2.00000	2.03125	5.30368	496.52000
7	1.98438	1.87500	0.60938	2.59590	1446.79200
8	1.99219	1.87500	−0.11719	−0.69179	4199.30400
9	1.99609	1.93750	0.21484	−3.36030	12168.48160
10	1.99805	2.00000	1.43945	−4.21840	35237.15360
11	1.99902	2.03125	2.94434	−2.56076	102010.47328
12	1.99951	2.03125	3.97705	1.45272	295284.00160
13	1.99976	2.01563	4.02124	6.68780	854703.49190
14	1.99988	2.00000	3.05481	11.29478	2473906.16250
15	1.99994	1.99219	1.56097	13.30524	7160574.47589
16	1.99997	1.99219	0.28665	11.39570	20725799.18358
17	1.99998	1.99609	−0.13100	5.54597	59989359.41146
18	1.99999	2.00000	0.51685	−2.69210	173634881.25839
19	2.00000	2.00195	1.90628	−10.50094	502573575.91688
20	2.00000	2.00195	3.34256	−14.67117	1454662684.64067

　以上の議論からわかるように，サムエルソンの提示した加速度原理のモデルは，小型のモデルながら景気変動の発生をうまく捉えている，といえる。

5　まとめ

　以上，景気変動に関しては，これまで述べてきたように，さまざまな要因の影響が働いている。また，ケインズ後の時代になると，加速度原理でみたようなマクロ経済モデルを用いて景気変動の分析が行われるようになり，多くの成果を挙げている。しかし，今日でも，1929年の大恐慌はなぜ起こったのか，

図表7－4　加速度原理の計算

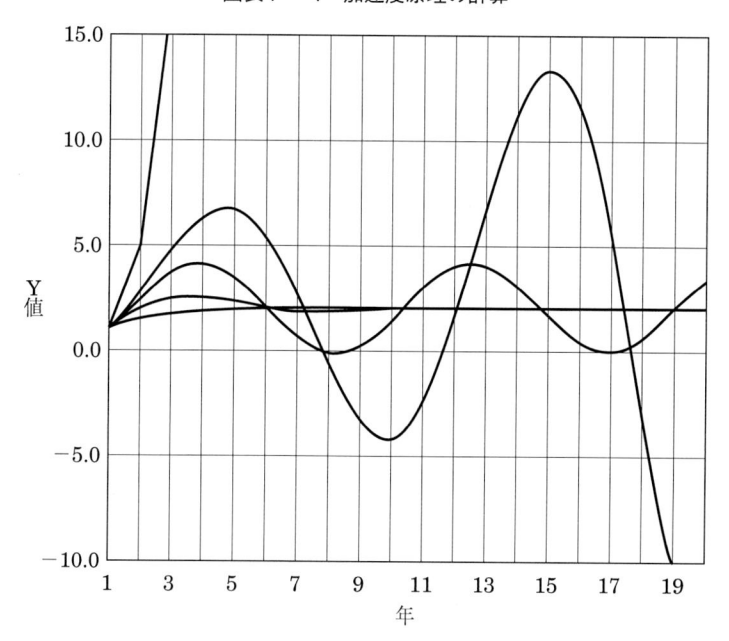

コンドラチェフの長期波動によって経済の長期的動向は説明できるか，現在の不況はどのようにすれば解消できるか，などといった研究は盛んに行われている。今日においても，景気変動は経済学の重要な関心領域なのである。

実験編

1 はじめに

　本実験編においては，概論編の冒頭で示した「景気循環の概念図」を，サムエルソンらが開発したマクロ経済モデルを用いて実際に描き（下記の図を参照），また現実データを用いて景気変動を再現する，という2つの実験を行う。

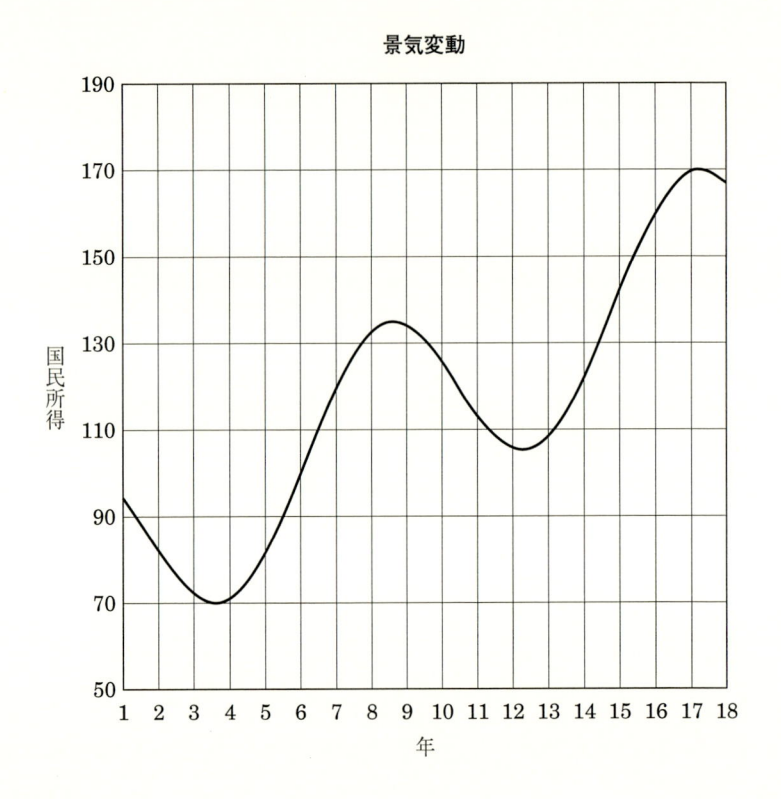

景気変動

なお，本編の前半（Ⅰ）で行う実験にはエクセルの表計算機能を用い，また後半においてはVBAによる数値実験を行う。その際に用いる方程式は，概論編で概観した下記の3本の程式であるが，これらの方程式から導出した景気変動モデルの方程式（第4式）を計算結果のチェックに用いる。

$$C_t = a + bY_{t-1} \qquad (1)$$
$$I_{A_t} = bg(Y_{t-1} - Y_{t-2}) \qquad (2)$$
$$Y_t = C_t + I_{A_t} + \bar{I}_{C_t} + \bar{G}_t \qquad (3)$$
$$Y_t = b(1+g)Y_{t-1} - bgY_{t-2} + a + \bar{I}_{C_t} + \bar{G}_t \qquad (4)$$

【Ⅰ】表計算機能の活用

本編の前半（Ⅰ）では，①景気変動図の作成，②その際（①）に作成したマクロ・モデルの現実のデータへ適用，という2つの実験を実施する。

景気変動概念図の作成

エクセルの表計算機能を用いて，本編の冒頭で示した景気変動の図を描く作業は，下記の手順に従って行う。
① 上記の第1式～第4式を用いた作図用データの作成。
② 作図用データに基づく景気変動の概念図の作成。
これ以下の部分では，この手順にそって議論を進める。

(1) 作図用データの作成
① エクセルを起動し，ワークシート1（Sheet 1）を選択する。
② セルA1，A2，A3に，それぞれ「a（基礎消費）」，「b（限界消費性向）」，「g（加速度係数）」とタイトルを記入する。
③ セルB1，B2，B3に，数値「10」，「0.5」，「2」を入力する。

	A	B
1	a（基礎消費）	10
2	b（限界消費性向）	0.5
3	g（加速度係数）	2

④ セル A5，B5，C5，D5，E5，F5，G5 に，それぞれ「年」，「Y1（国民所得）」，「Y2（国民所得）」，「C（消費支出）」，「Ia（誘発投資）」，「I（独立投資）」，「G（政府支出）」，と表題を記入する。

⑤ セル A6～A25 に，年次を示す「t－2」，「t－1」，「1」，「2」，……，「16」，「17」，「18」を入力する。ただし，「t－2」と「t－1」は 2 年前と 1 年前の意味であるが，これは初期値を意味している。

⑥ セル F6～F25 のすべてに，独立投資の額を示す数値「20」を入力する。

⑦ セル G6～G25 に，政府支出の額の推移を示す数値「5」，「7」，「9」，……，「39」，「41」，「43」を入力する。

⑧ セル B6，B7 に国民所得 Y の初期値「95」，「100」を入力する。

⑨ セル C6，C7 に国民所得 Y の初期値「95」，「100」を入力する。

⑩ セル D8 に消費支出 C の計算式「＝ \$B\$1＋\$B\$2＊C7」を入力する。すると，このセルのなかに数値「60」が現れる。

⑪ セル E8 に誘発投資 Ia の計算式「＝ \$B\$2＊\$B\$3＊（C7－C6）」を入力する。すると，このセルのなかに数値「5」が現れる。

⑫ セル C8 に，国民所得の定義式「＝ D8＋E8＋F8＋G8」を入力する。すると，このセルのなかに数値「94」が現れる。

⑬ セル C8～E8 をドラッグ（左クリックしまたまま，マウスを移動）してから，セル E8 の右下角にポインターを合わせ，ポインターの印が白（✥）から黒（✚）に変わったら，セル E25 までドラッグする。すると，各セルのなかに，計算結果が入る。

⑭ セル B8 に，景気変動の計算式「＝(1＋\$B\$3)＊\$B\$2＊B7－\$B\$2＊\$B\$3＊B6＋\$B\$1＋F8＋G8」（実験編の第 4 式）を入力する。すると，このセルのなかに数値「94」が現れる。

⑮ セル B8 をクリックしてから，セル B8 の右下角にポインターを合わせ，ポインターの印が白（✛）から黒（✚）に変わったら，セル B25 までドラッグする。すると，各セルのなかに，国民所得の計算結果が入る。

	A	B	C	D	E	F	G
5	年	Y1（国民所得）	Y2（国民所得）	C（消費支出）	Ia（誘発投資）	I（独立投資）	G（政府支出）
6	t-2	95	95			20	5
7	t-1	100	100			20	7
8	1	94	94	60	5	20	9
9	2	82	82	57	-6	20	11
10	3	72	72	51	-12	20	13
11	4	71	71	46	-10	20	15
12	5	81.5	81.5	45.5	-1	20	17
13	6	100.25	100.25	50.75	10.5	20	19
14	7	119.875	119.875	60.125	18.75	20	21
15	8	132.5625	132.5625	69.9375	19.625	20	23
16	9	133.96875	133.96875	76.28125	12.6875	20	25
17	10	125.390625	125.390625	76.984375	1.40625	20	27
18	11	113.1171875	113.1171875	72.6953125	-8.578125	20	29
19	12	105.2851563	105.2851563	66.5585938	-12.273438	20	31
20	13	107.8105469	107.8105469	62.6425781	-7.8320313	20	33
21	14	121.4306641	121.4306641	63.9052734	2.52539063	20	35
22	15	141.3354492	141.3354492	70.715332	13.6201172	20	37
23	16	159.5725098	159.5725098	80.6677246	19.9047852	20	39
24	17	169.0233154	169.0233154	89.7862549	18.2370605	20	41
25	18	166.9624634	166.9624634	94.5116577	9.45080566	20	43

以上の推計作業の結果をみて，セル B8〜B25 の値とセル C8〜C25 の値は同じでなければならない。これが異なっている場合は，入力ミスがある。

（2）景気変動図の作成

以上の計算結果から景気変動の図を作成する手順は，およそ次のとおりである。

① セル B8 から B25 にいたる範囲をドラッグする。
② ツール・バーのアイコン 📊（グラフウィザード）をクリックする。
③ 画面にグラフウィザードのダイアログ・ボックスが現れるので，【グラフの種類（C）】で【折れ線グラフ】をクリックし，【形式（T）】で【折れ線グラフ】をクリックした後，【次へ＞】をクリックする。

④ ダイアログ・ボックスの【系列】のタブをクリックし，【項目ラベルに使用（T）】の入力欄の右端にあるボタン（ダイアログ縮小）をクリックしてから，セルA8～A25をドラッグした上で，ボタンをクリックし，さらに【次へ＞】をクリックする。

⑤ ダイアログ・ボックスの【タイトルとラベル】を選び，【グラフタイトル（T）】に「景気変動」，【X／項目軸（C）】に「年」，【Y／項目軸（V）】に「国民所得」と入力する。

⑥ 次に，【目盛線】の項目を選択し，【X／項目軸】の【目盛線（M）】をクリックして，チェック印（✓）を入れる。

⑦ 【凡例】の項目を選択し，【凡例を表示する（S）】のボックスをクリックして，チェック印（✓）をはずしたら，【次へ＞】をクリックし，さらに【完了（F）】をクリックする。

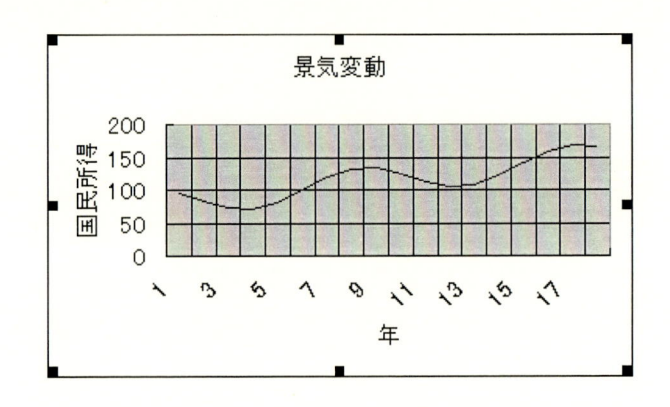

しかし，出来あがった図は見にくいため，下記の調整を行う必要がある。

⑧ 出来あがったグラフ内の白地の部分（どこでも良い）にポインターを合わせてクリックすると，グラフの外縁に黒い印（■）が現れる。この印にポインターを合わせると，ポインターの印（✥）が矢印（↕や↔など）に変化する。このときマウスをドラッグすることによって，グラフを適度な大きさに拡大する。

⑨ グラフ内の白地の部分（どこでも良い）にポインターを合わせ，ダブル・クリックする。画面に【グラフエリアの書式設定】のダイアログ・ボックス内の【フォント】のタブを押してから，【サイズ(S)】の「8」を選択したあと，【OK】キーを押す。

⑩ 出来あがったグラフのX軸上の任意の部分（どこでも良い）にポインターを合わせ，ダブル・クリックする。浮き出てきた【軸の書式設定】のダイアログ・ボックス内の【目盛】のタブを押してから，【項目境界で交差する(B)】をクリックし，チェック印（✓）を外した後，【OK】キーを押す。

⑪ あとは，好みに応じて，グラフのその他の部分を微調整する（この点に関しては，エクセルの解説書を参照されたい）。

以上の一連の操作から，本編の冒頭で示した景気変動の図が得られる。

また，本章の概論編で見た加速度原理の図（図表7－4）の計算は，本編における上記の計算方式を用いるなら，独立投資と政府支出の全セルのデータを「0」にし，基礎消費の値を「1」にした上で，b（限界消費性向）とg（加速度係数）の値を概論編の図表7－3に即して「0.5」と「0」，「0.5」と「1」といった具合に変えることによって実施できる。

2 現実の経済への適用

これまでの実験は，経済学的にみて差し障りのない値を初期値，基礎消費a，限界消費性向b，加速度計数gにあてはめて景気変動の要因をみる，純理論的な実験であった。では，上記のマクロ・モデルを用いて，現実の景気変動を再現できるだろうか。最後に，この実験を行ってみよう。

その際に用いる経済モデルは，上記の3本の式（第1式，第2式，第3式）から成るマクロ・モデルを若干修正した，下記のモデルである。このモデルと先のモデルの違いは，政府支出を時間tの関数としている点である。

$$C_t = a + b \cdot Y_{t-1} \qquad (\text{M-1})$$

$$I_{A_t} = bg(Y_{t-1} - Y_{t-2}) \qquad \text{(M-2)}$$

$$G_t = h + k \cdot t \qquad \text{(M-3)}$$

$$Y_t = C_t + I_{A_t} + \bar{I}_{C_t} + \bar{G}_t \qquad \text{(M-4)}$$

また，計算をチェックするために，次の景気循環モデルも併用する．

$$Y_t = b(1+g)Y_{t-1} - bgY_{t-2} + a + \bar{I}_{C_t} + \bar{G}_t \qquad \text{(M-5)}$$

なお，本実験に用いるデータは，日本のデータを編集した下記のものである．

年	Y	C	Ia	I	G	t
1980	2599.0	1741.2	15.2	397.3	445.3	1
1981	2653.6	1755.4	15.7	413.6	468.9	2
1982	2756.6	1829.2	15.7	420.3	491.5	3
1983	2830.0	1881.8	5.7	427.8	514.6	4
1984	2946.0	1928.2	6.6	478.6	532.5	5
1985	3094.4	2000.5	17.2	537.7	539.0	6
1986	3205.0	2065.2	10.7	565.3	563.9	7
1987	3341.7	2150.9	7.3	600.2	583.4	8
1988	3584.6	2259.5	28.6	691.8	604.7	9
1989	3812.0	2365.4	30.8	795.1	620.7	10
1990	4010.4	2472.9	22.9	877.8	636.9	11
1991	4147.2	2543.8	30.8	914.0	658.6	12
1992	4145.7	2610.2	10.4	849.0	676.0	13
1993	4102.1	2646.1	4.0	754.0	697.9	14
1994	4130.0	2717.1	−10.5	706.7	716.8	15
1995	4259.3	2766.9	19.9	725.7	746.8	16
1996	4396.2	2834.4	33.2	760.0	768.7	17
1997	4518.6	2861.3	32.0	849.3	776.1	18
1998	4484.3	2858.2	1.7	832.0	792.5	19
1999	4474.5	2863.7	−16.4	800.1	827.0	20
2000	4632.7	2892.2	−3.0	877.4	866.2	21
2001	4717.6	2940.7	−0.1	888.7	888.2	22
2002	4714.8	2980.9	−20.4	845.6	908.6	23

本実験の作業手順は，下記のとおりである．

① 作業用データの作成．

② 消費関数の導出。
③ 誘発投資関数の導出。
④ 政府支出関数の導出。
⑤ 景気変動の再現（作図用データの作成）。
⑥ 日本の景気変動の作図。
これ以降では，この作業手順に従って議論を進める。

（1）作業用データの作成

先に示した統計データを，Sheet 2のセルA1からG24の矩形範囲内に入力する（その手法の詳細は，これまでの諸章の作業用データの作成に関する説明を参照されたい）。この入力結果の一部を示すと，下のようになる。

	A	B	C	D	E	F	G
1	年	Y	C	Ia	I	G	t
2	1980	2599.0	1741.2	15.2	397.3	445.3	1
3	1981	2653.6	1755.4	15.7	413.6	468.9	2
4	1982	2756.6	1829.2	15.7	420.3	491.5	3
5	1983	2830.0	1881.8	5.7	427.8	514.6	4
6	1984	2946.0	1928.2	6.6	478.6	532.5	5
7	1985	3094.4	2000.5	17.2	537.7	539.0	6
8	1986	3205.0	2065.2	10.7	565.3	563.9	7

（2）消費関数の計算

① セルI1に「消費関数」と入力する。
② セルA1からセルB24の範囲内にある「暦年」と「国民所得」のデータを，セルI2からJ25にコピーする。その方法は，セルA1からB24の矩形範囲をドラッグし，アイコン🗐（コピー）をクリックした後に，セルI2をクリックし，アイコン📋（貼り付け）クリックすれば完了する。
③ セルC1～C24にあるC（消費）に関する統計資料を，セルK1からセルK24の矩形範囲にコピーする（その方法は，②を参照）。

	I	J	K
1	消費関数		C
2	年	Y	1741.2
3	1980	2599.0	1755.4
4	1981	2653.6	1829.2
5	1982	2756.6	1881.8
6	1983	2830.0	1928.2
7	1984	2946.0	2000.5
8	1985	3094.4	2065.2
9	1986	3205.0	2150.9
10	1987	3341.7	2259.5
11	1988	3584.6	2365.4
12	1989	3812.0	2472.9
13	1990	4010.4	2543.8
14	1991	4147.2	2610.2
15	1992	4145.7	2646.1
16	1993	4102.1	2717.1
17	1994	4130.0	2766.9
18	1995	4259.3	2834.4
19	1996	4396.2	2861.3
20	1997	4518.6	2858.2
21	1998	4484.3	2863.7
22	1999	4474.5	2892.2
23	2000	4632.7	2940.7
24	2001	4717.6	2980.9
25	2002	4714.8	

④ このようにコピーをした統計表の形には左記のようなズレが生ずる。このような処理を施すのは，先の消費関数（M-1式）が示しているタイム・ラグ（すなわち，今期（t期）の消費（C）を決定しているのは前期（t-1期）の所得（Y）である）を考量に入れるためである。

⑤ メニュー・バーの【ツール（T）】をクリックし，次に現れるプルダウン・メニューのなかの【分析ツール（D）】をクリックする。さらに，画面に出てくる【データ分析】のダイアログ・ボックスのなかの【回帰分析】をクリックし，【OK】ボタンをクリックする。

⑥ すると，【回帰分析】のダイアログ・ボックスが現れるので，【回帰分析】のダイアログ・ボックスの【入力Y範囲（Y）】の入力欄の右端にあるボタン 📊（ダイアログ縮小）をクリックし，次いでセル K3 からセル K24 までをドラッグした後に，ボタン 📊 を利用する。【入力X範囲（X）】に関しても，先と同様に入力欄の右端にあるボタン 📊（ダイアログ縮小）をクリックし，次いでセル J3 からセル J24 までをドラッグした後で，ボタン 📊 をクリックする。また，【出力オプション】に関しては【新規または次のワークシート（P）】をクリックする。以上の設定を行った後に，【OK】ボタンをクリックする。

すると，以上の回帰分析から得られる結果のすべてを示すことはできないが，そのうちの主要な情報を抜粋して示すと次のようになる。

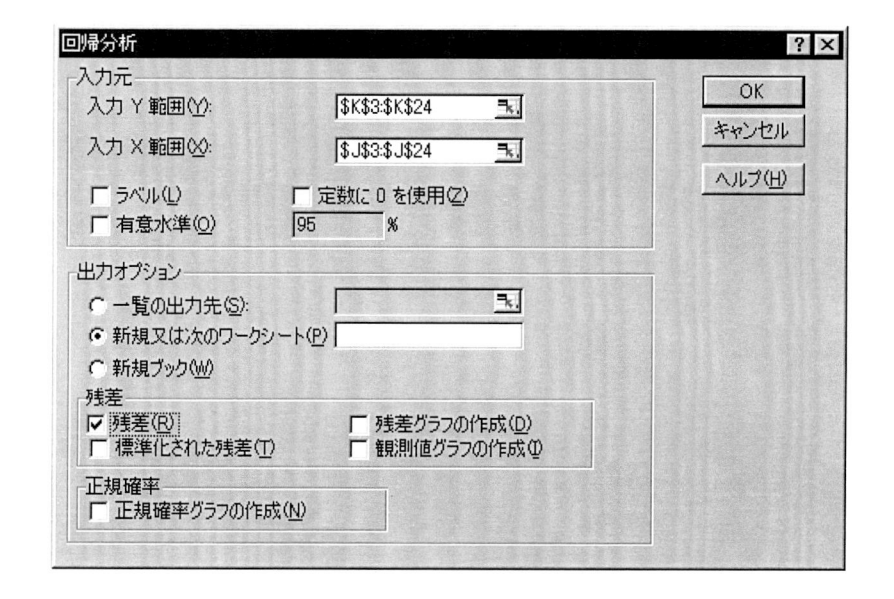

【回帰分析の結果】

重相関 R	0.994573
切片	297.0088
X 値 1	0.575681

この分析結果から，消費関数の具体的形は下記のとおりであることがわかる。

$$C_t = 297.0088 + 0.575681 \cdot Y_{t-1}$$

(3) 誘発投資関数

今回のモデルでは，在庫投資が誘発投資に相当する，と仮定して計算する。

① セル A1 〜 B24 の矩形範囲に記入された，年次および国民所得 Y に関するデータを，セル M3 〜 N26 にコピーする（その方法は，上記の消費関数での処理法を参照されたい）。

② Sheet 2 のセル O4 に，t−2期から t−1期にわたる時期の Y の増加分をするために，計算式の「＝N5−N4」を入力する。すると，セル O4 の中に，その答である「54.6」の値が出てくる。

③ セル O4 をクリックし，その右下の角にポインターを合わせ，ポインターの印が白（⇧）から黒（✚）に変わったら，O25 までドラッグする。すると，各年次間の Y の増分が，同時に計算される。

④ セル D1〜D24 の範囲に記入された，誘発投資に関するデータを，セル P1〜P24 にコピーする（その方法は，上記の消費関数での処理法を参照）。この場合，消費関数の②で見たようなズレが表に生ずるが，これは M–2 式に含まれているタイム・ラグを考慮に入れるためである。

⑤ そして，回帰分析を行うが，これは上記の消費関数で見た④と⑤と同じ処理を行えばよい。ただし，【回帰分析】のダイアログ・ボックスのなかの，【入力 Y 範囲 (Y)】には「セル P4 から P24」の範囲を指定し，【入力 X 範囲 (X)】には「セル O4 から O24」の範囲を指定する。また，【定数に 0 を使用 (Z)】を選択する。

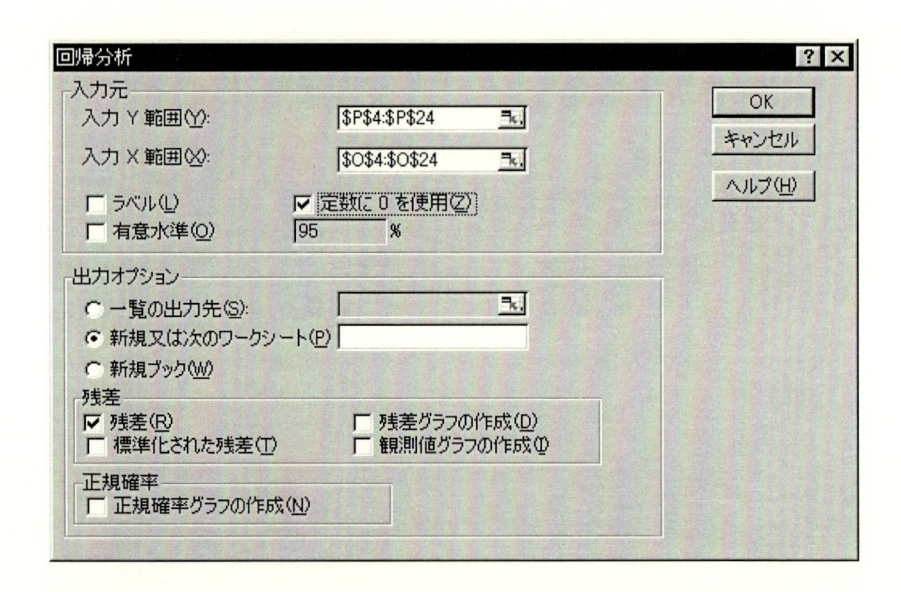

以上の設定のもとに回帰分析を行うと，下記の結果が得られる。

【回帰分析の結果】

重相関 R	0.776112
切片	0
X 値 1	0.114978

この結果から，誘発投資関数の具体的形は下記の通りであることがわかる。

$$I_{At} = 0.114978 \cdot (Y_{t-1} - Y_{t-2})$$

(4) 政府支出関数

この場合の回帰分析は，ダイアログ・ボックスの【入力 Y 範囲 (Y)】には Sheet2 の「セル F2〜F24」の範囲を指定し，【入力 X 範囲 (X)】には「セル G2〜G24」の範囲を指定する単純な操作で，下記の結果が得られる。

【回帰分析の結果】

重相関 R	0.994597
切片	297.0800
X 値 1	0.57668

この結果から，政府支出関数の具体的形は下記のとおりであることがわかる。

$$G_t = 421.8988 + 20.3664 \cdot t$$

(5) 景気変動の再現

以上の分析結果を用いて，景気変動のエクセルによる再現を試みる。
① ワークシート 2 (Sheet 2) のセル A1〜G24 の矩形範囲内に入力された統

計データをワークシート3 (Sheet 3) のセルA5〜G28にいたる矩形範囲にコピーする（コピー方法は，既述の作業手順を参照されたい）。

② セルK1〜N3の矩形範囲内の適切な場所に，先の回帰分析の結果（定数（切片）と係数）を入力する（下記の図を参照）。

	I	J	K	L	M	N	O	P
1				消費	誘発投資	政府支出		
2			定数	297.0088	0	421.8988		
3			係数	0.5757	0.1150	20.3664		
4								
5	年	Ye1	Ye2	C	Ia	G	t	I
6	1980	2599.0	2599.0				1.0	397.3
7	1981	2653.6	2653.6				2.0	413.6

③ セルI5, J5, ……, O5, P5に，「年」，「Ye1」，「Ye2」，「C」，「Ia」，「G」，「t」，「I」とタイトルを入力する。

④ セルJ6, J7およびセルK6, K7に，推計に必要な初期値である国民所得の値「2599.0」と「2653.6」を入力する。

⑤ セルE6〜E28の独立投資のデータをセルP6〜P28にコピーする。

⑥ セルG6〜G28の年次に関するデータをセルO6〜O28にコピーする。

⑦ セルN8に政府支出の計算式「= $N$2 + $N$3 * O8」を入力する。すると，「482.998」という答がセル内に現れる。次いで，セルN8をクリックしてから，ポインターをセルN8の右下角に合わせて，ポインターの色が白（✥）から黒（✚）に変わったら，N28までドラッグする。すると，各年に関する政府支出の推計額が，各セル内に入る。

⑧ セルL8に消費支出の計算式「= $L$2 + $L$3 * K7」を入力する。すると，セルL8のなかに数値「1824.686」が現れる。

⑨ セルM8に誘発投資の計算式「= $L$3 * $M$3 *(K7 − K6)」を入力する。するとセルM8のなかに数値「3.615」が現れる。

⑩ セルK8に国民所得の定義式「= L8 + M8 + N8 + P8」を入力する。すると，セルK8のなかに数値「2731.599」が現れる。

⑪ セル K8～N8 をドラッグしてから，ポインターをセル N8 の右下の角に合わせて，ポインターの色が白色（✥）から黒色（✚）に変わったら，N28 までドラッグする。すると，各年の国民所得，消費支出，誘発投資，政府支出に関するの推計結果が，それぞれのセルのなかに入る。

⑫ セル J8 に景気変動モデルの計算式「＝(1＋$M$3)＊$L$3＊J7－$L$3＊$M$3＊J6＋$L$2＋N8＋P8」を入力する。すると，「2731.599」という答がセル内に現れる。次いで，セル J8 をクリックしてから，ポインターをセル J8 の右下角に合わせて，ポインターの色が白（✥）から黒（✚）に変わったら，J28 までドラッグする。すると，各年に関する国民所得の推計値が，各セル内に入る（下記の図表を参照）。

	I	J	K	L	M	N	O	P
5	年	Ye1	Ye2	C	Ia	G	t	I
6	1980	2599.0	2599.0				1.0	397.3
7	1981	2653.6	2653.6				2.0	413.6
8	1982	2731.599	2731.599	1824.686	3.615	482.998	3.0	420.3
9	1983	2805.919	2805.919	1869.590	5.164	503.364	4.0	427.8
10	1984	2919.627	2919.627	1912.376	4.920	523.731	5.0	478.6
11	1985	3067.164	3067.164	1977.838	7.528	544.097	6.0	537.7
12	1986	3202.306	3202.306	2062.775	9.768	564.464	7.0	565.3
13	1987	3334.554	3334.554	2140.576	8.947	584.830	8.0	600.2
14	1988	3522.463	3522.463	2216.711	8.756	605.196	9.0	691.8
15	1989	3757.994	3757.994	2324.891	12.441	625.563	10.0	795.1
16	1990	3999.809	3999.809	2460.486	15.593	645.929	11.0	877.8
17	1991	4196.004	4196.004	2599.699	16.009	666.296	12.0	914.0
18	1992	4261.299	4261.299	2712.648	12.989	686.662	13.0	849.0
19	1993	4215.590	4215.590	2750.239	4.323	707.028	14.0	754.0
20	1994	4154.993	4154.993	2723.924	-3.026	727.395	15.0	706.7
21	1995	4158.487	4158.487	2689.038	-4.012	747.761	16.0	725.7
22	1996	4219.409	4219.409	2691.050	0.231	768.128	17.0	760.0
23	1997	4367.950	4367.950	2726.123	4.033	788.494	18.0	849.3
24	1998	4462.332	4462.332	2811.638	9.834	808.860	19.0	832.0
25	1999	4501.549	4501.549	2865.973	6.249	829.227	20.0	800.1
26	2000	4618.140	4618.140	2888.550	2.596	849.593	21.0	877.4
27	2001	4722.051	4722.051	2955.672	7.719	869.960	22.0	888.7
28	2002	4758.299	4758.299	3015.493	6.879	890.326	23.0	845.6

(6) 日本の景気変動の作図

以上のデータをもとに，景気変動の作図を行う。

① セル K5～K28 をドラッグする。

② コントロール【CTRL】キーを押しながら，セル B5 ～ B28 をドラッグする。
③ ツール・バーのアイコン ▥（グラフウィザード）をクリックする。
④ 画面にグラフウィザードのダイアログ・ボックスが現れるので，【グラフの種類（C）】で【折れ線】をクリックし，【形式（T）】で【折れ線グラフ】をクリックした後，【次へ＞】をクリックする。
⑤ ダイアログ・ボックスの【系列】のタブをクリックし，【項目ラベルに使用（T）】の欄の右端にあるボタン ▨（ダイアログ縮小）をクリックしてから，セル I6 ～ I28 をドラッグした上で，ボタン ▨ をクリックし，さらに【次へ】をクリックする。
⑥ ダイアログ・ボックスの【タイトルとラベル】を選び，【グラフ タイトル（T）】に「景気変動」，【X／項目軸（C）】に「年」，【Y／項目軸（V）】に「国民所得」と入力し，【目盛線】の【目盛線（M）】を選んだ後，【次へ＞】をクリックし，【完了（F）】をクリックする。
⑦ これ以降の図の調整等に関しては，これまでの諸章の説明を参照。

こうして作成したのが，次頁に示した景気変動の図である。ただし，図中の Y は現実の国民所得，Ye2 は国民所得の推計値を示している。

【Ⅱ】VBA による実験

以上は，エクセルの表計算機能による景気変動の分析であるが，これ以降の部分は VBA による景気変動のプログラムの作成を試みる。
　まず，最初に，次の要領で VBA を利用可能にする。
① メニュー・バーの【ツール（T）】をクリックする。
② 最初に現れるプルダウン・メニューの中の【マクロ（M）】を選択する。
③ 次のプルダウン・メニューの【Visual Basic Editor（V）】を選択する。
④ 【Visual Basic Editor】のメニュー・バー【挿入（I）】をクリックする。
⑤ プルダウン・メニューの中の【標準モジュール（M）】をクリックする。

景気変動

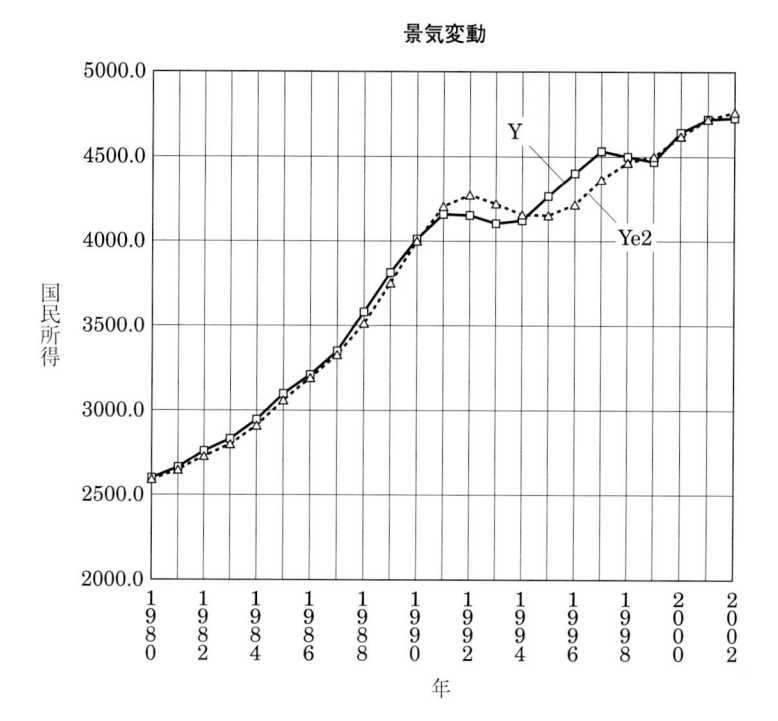

⑥ 標準モジュールが画面に現れたら，下記のプログラムを記入する（その詳細な意味に関しては，VBAの解説書などを参照されたい）。

――――――――― ＜景気変動プログラム＞ ―――――――――

```
Dim ye1, ye2, c, ia, i, gx, t, a, b, g, h, k
Sub bs1()

m = 100: st = 3: et = 23
ReDim ye1(m), ye2(m), c(m), ia(m), i(m), gx(m), t(m)

a = 297.0088
b = 0.5757
```

第7章 景気変動

```
g = 0.115
h = 421.8988
k = 20.3664

For j = 1 To st - 1
ye1(j) = Sheets("Sheet2").Cells(j + 1, 2).Value
ye2(j) = Sheets("Sheet2").Cells(j + 1, 2).Value
Next j

For j = 1 To et
i(j) = Sheets("Sheet2").Cells(j + 1, 5).Value
t(j) = Sheets("sheet2").Cells(j + 1, 7).Value
Next j

Debug.Print
For x = st To et
   c(x) = a + b * ye2(x - 1)
   ia(x) = b * g * (ye2(x - 1) - ye2(x - 2))
   gx(x) = h + k * t(x)
   ye2(x) = c(x) + ia(x) + i(x) + gx(x)
   ye1(x) = b * (1 + g) * ye1(x - 1) - b * g * ye1(x - 2) + a + i(x) + gx(x)
   Debug.Print t(x); ye1(x); ye2(x)
Next x

End Sub
```

⑦ このプログラムを実行するには，2つの方法がある。まず，第1は，ツール・バーのなかの【マクロの実行】を意味するアイコン（▶）である。第2は，メニュー・バーの【実行（R）】，次いでプルダウン・メニューの【マクロの実行】，さらにダイアログ・ボックス【マクロ】の【マクロ名（M）】で「bsl」の順にクリックし，最後に【実行（R）】をクリックする方法である。その推計結果は，イミディエイト・ウインドに表示される。

なお，【イミディエイト・ウインド】が表示されていない場合は，メニューバーの【表示（V）】，プルダウン・メニューの【イミディエイト・ウインド】の順にクリックすれば，イミディエイト・ウインドが表示される。

第8章
経済成長

概論編

1 はじめに

　前章（第7章）において景気変動を説明する際に，「経済は好不況を繰り返しながらも成長する」と述べた。しかし，経済成長そのものについては，直接的な説明はしなかった。そこで，本章では，経済成長について概観する。

2 経済成長と経済成長の決定要因

　経済成長の意味を簡潔に表現するなら，経済規模の持続的拡大のことである。そこで，一国の国民経済の成長率 G は，下記の第1式によって計算できる。

$$G = \frac{\Delta Y}{Y} \tag{1}$$

　具体的に述べるなら，$t-1$ 年から t 年に至る1年間の経済成長率 G は，国民経済の t 年の総生産 Y_t から $t-1$ 年の総生産 Y_{t-1} を差し引いたものを，$t-1$ 年の総生産 Y_{t-1} で除すことによって求められる。

$$G = \frac{Y_t - Y_{t-1}}{Y_{t-1}} = \frac{Y_t}{Y_{t-1}} - 1 \tag{2}$$

　ちなみに，経済成長と似た用語に経済発展がある。一国の経済が成長するにつれて，社会経済構造なども変化するのが普通である。経済発展とは，経済成長の過程で生ずるこうした質的変化をも含めた概念である，といえる。

　この経済成長を実現する上で重要な要因には，①土地，②資本（資本ストック），③労働力（人口），④技術進歩などの生産要素がある。ただし，これらの生産要素はまったく別個のものではなく，これらを有機的に利用しなければ，経済成長は実現できない。たとえば，今日，土地（国土面積）を大幅に増やす

ことは，いかなる国にとっても事実上不可能である。とするなら，残されている道は，生産性の高い生産設備を用いるなどして，土地の利用効率を高めることである。しかし，そうした生産設備を作り出すには，それを可能にするだけの技術進歩が必要である。そして，進んだ技術を体現した生産設備をより効率的に稼動させるには，質の高い労働者が多数必要になるが，労働供給は人口が増加するか否かに左右され，労働者の質は教育に左右される。それゆえ，今日の日本のように，少子高齢化が進展している先進国の場合には，教育を充実させることによって，労働者の質を高めると同時に，さらなる技術進歩を推し進めることが経済成長にとって重要になる，といった具合である。

3 ハロッド＝ドーマー・モデルの概要

以上の部分では，経済成長の意味および経済成長をもたらす諸要因について概観してきた。これ以下の部分では，ハロッド＝ドーマー・モデルを用いることによって，経済成長を理論的な側面から概観する。なお，本章において同モデルを用いる理由は，①小型モデルながら国民経済をうまく捉えている，②構造が簡潔であるために操作が簡単であるだけでなく，経済の動きを直感的に理解しやすい，③経済発展をもたらす主要因（資本ストック，技術進歩，人口など）の大半を扱っている，という同モデルの優れた性質に求めることができる。ハロッド＝ドーマー・モデルの概要は，およそ次のとおりである。

ハロッド＝ドーマー・モデルは，現実成長率G・保証成長率G_W・自然成長率G_nの3つの成長率の関係から，国民経済の成長を分析するものである。

まず，最初に，現実の経済の成長率，すなわち現実成長率（Actual Rate of Growth）を見る。一国の総生産額Yと資本係数（資本・産出高比率）vおよび資本ストックKとの間には，次の第3式が示す関係が成立している。

$$v = \frac{K}{Y} \tag{3}$$

いま，この式を変形すると，次に示されている第4式が得られる。

$$Y = \frac{1}{v}K \tag{4}$$

すなわち，一国の総生産は，資本ストックに規定されているのである。この式から，Yの増大にはKの増加が必要であることがわかる。

$$\Delta Y = \frac{1}{v}\Delta K \tag{5}$$

このKの増加は投資Iによってもたらされ，投資額Iは貯蓄額Sに等しく，貯蓄額は貯蓄率sを同国の総生産から得た国民所得Yに乗じたものである。

$$\Delta K = I = S = s \cdot Y \tag{6}$$

したがって，上記の第5式は，次のように変形できる。

$$\Delta Y = \frac{1}{v}I = \frac{1}{v}S = \frac{1}{v}s \cdot Y \tag{7}$$

それゆえ，経済成長率Gは，貯蓄率sを資本係数vで除したものになる。

$$G = \frac{\Delta Y}{Y} = \frac{s}{v} \tag{8}$$

ただし，ハロッド＝ドーマー・モデルでは，現実成長率を規定している変数のsとvを一定不変である，と仮定している。

次にみるのは，保証成長率（Warranted Rate of Growth）である。資本ストックが完全に利用されたときの総生産をY_W，その増分をΔY_Wとすると，必要資本係数（望ましい資本・産出高比率）v_Wは，次式によって表せる。

$$v_W = \frac{K}{Y_W} \tag{9}$$

この式を，先の現実成長率と同じ要領で展開すると，保証成長率G_W（すなわち，資本ストックが完全に利用されたときに実現される経済成長率）は，貯蓄率sを必要資本係数v_Wで除したものになる。

$$G_W = \frac{\Delta Y_W}{Y} = \frac{s}{v_W} \tag{10}$$

ただし，保証成長率を規定する v_W も s も一定不変，と仮定されている。

最後は，自然成長率（Natural Rate of Growth）である。現実成長率や保証成長率は，成長の要因を経済的なもの（資本ストック，投資，貯蓄の増加など）に求めている。しかし，既述のように，経済の成長には人口増加や技術進歩も大きな影響を及ぼしている。これを示しているのが，自然成長率である。

一国の総生産 Y と同国の人口 P との間には，下記の第 11 式が示している関係が成立している。すなわち，一国の総生産 Y は，1 人当たり生産額（Y/P）に人口 P を乗じたものにほかならない。

$$Y = \left(\frac{Y}{P}\right)P \tag{11}$$

ここで留意すべきは，国民 1 人当たりの生産額（Y/P）である。Y/P の値は，高度な生産技術とこれを体現した生産設備を有している国では高く，逆にそれらを有していない国では低くなることである。こうした点に鑑みるなら，Y/P はその国の技術水準を表している，と考えることができる。

さて，技術水準が λ ％で進歩し，人口が n ％で増加するとき，一国の総生産 Y の増加は次の第 12 式によって計算することができる。

$$(1+\lambda)(1+n)Y = (1+\lambda)\left(\frac{Y}{P}\right)(1+n)P \tag{12}$$

そこで，この第 12 式を展開すると，次のようになる。

$$(1+\lambda+n+\lambda n)Y = \left(\frac{Y}{P}\right)P + (\lambda+n+\lambda n)\left(\frac{Y}{P}\right)P \tag{13}$$

ただし，第 13 式中の λn の値は，無視し得るほど微小である（$\lambda n \fallingdotseq 0$）ことから，これを削除し，この式をさらに展開すると，次のようになる。

$$Y + (\lambda+n)Y = \left(\frac{Y}{P}\right)P + (\lambda+n)\left(\frac{Y}{P}\right)P$$

$$Y + \Delta Y = Y + (\lambda+n)\left(\frac{Y}{P}\right)P$$

$$\Delta Y = (\lambda + n)\left(\frac{Y}{P}\right)P$$

$$\Delta Y = (\lambda + n)Y$$

$$\frac{\Delta Y}{Y} = \lambda + n$$

つまり，この場合の経済成長率は，技術進歩率 λ と人口増加率 n の和に等しくなる。これが，ハロッド＝ドーマー・モデルの自然成長率 G_n である。

$$G_n = \lambda + n \qquad (14)$$

ただし，自然成長率を規定する λ と n も一定不変，と仮定されている。

4 経済成長経路

これら3つの成長率の意味は，およそ次の通りである。すなわち，現実成長率 G は文字通り現実の経済の成長率であり，保証成長率 G_W は資本ストックを完全利用したときに達成される経済成長率，また自然成長率 G_n は完全雇用を実現する成長率である。より具体的にいえば，保証成長率は企業にとって好ましく，自然成長率は労働者にとって好ましい経済成長率である。

さて，保証成長率と自然成長率の間には，次の3つの関係が成立し得る。

【事例1】　　$G_W = G_n$　　すなわち　　$\dfrac{s}{v_W} = \lambda + n$

【事例2】　　$G_W > G_n$　　すなわち　　$\dfrac{s}{v_W} > \lambda + n$

【事例3】　　$G_W < G_n$　　すなわち　　$\dfrac{s}{v_W} < \lambda + n$

このうちの【事例1】（$G_W = G_n$）の場合，経済成長は安定的になり，「黄金時代（Golden Age）」といわれる経済成長に最も都合の良い状況が到来する。しかし，ここで重要な点は，保証成長率と自然成長率が一致する保証がどこにもないことである。これは，両成長率を規定する変数のうち，貯蓄率は人々の貯

蓄性向によって，人口増加率 n は人口政策などの人口学的要因によって，資本係数 v_W と技術進歩率 λ は生産技術や科学技術水準などによって決まる，といった具合に各変数を規定している要因はそれぞれ異なっているためである。

成立する可能性の大きいのは，【事例2】と【事例3】である。以下に示した図表8－1と図表8－2は，これらの事例を図示したものである。ただし，図中の Y_G （現実成長経路）・Y_{G_W} （保証成長経路）・Y_{G_n} （自然成長経路）は，経済が現実成長率・保証成長率・自然成長率のもとで成長したときの成長経路である。

【事例2】$(G_W > G_n)$ の場合には，かなり長期にわたって，$G < G_W$ の関係が成り立ち得る。この理由は，次のように説明することができる。

いま，当初の間，現実成長率が保証成長率を上回っていた，と仮定する。

$$G > G_W$$

図表8－1　事例2の各成長経路

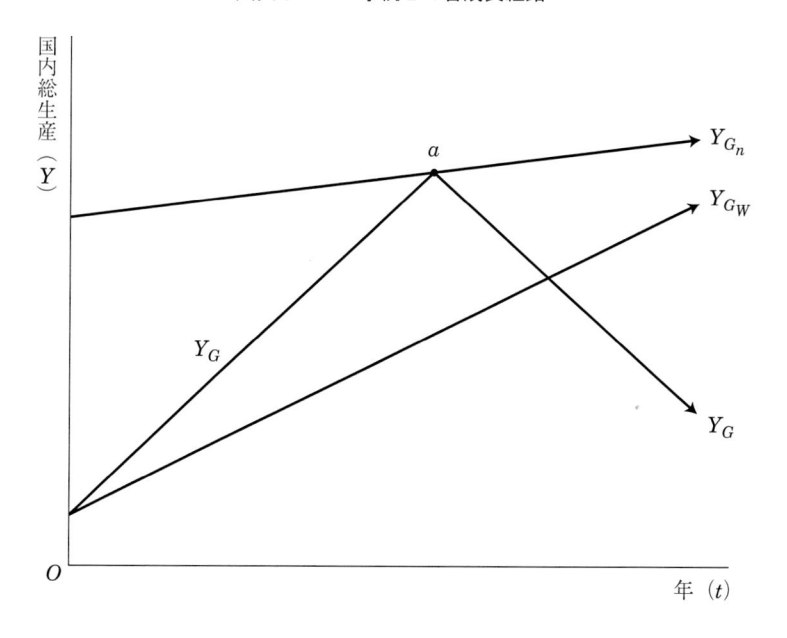

このとき図表8－1中のa点にまでは，現実の経済は速い速度で成長することができる（図中のY_Gを参照）。なぜならば，こうした状況（$G > G_W$）の下においては，資本係数vが必要資本係数v_Wを下回ることになる。

$$\frac{s}{v} > \frac{s}{v_W}$$

$$\therefore v < v_W$$

このとき，企業家は資本係数を高めようとして投資を増大させるが，これによって経済活動が拡大し，成長率がより高まるからである。

しかし，a点以降に達した後は，現実の経済は急速な成長を続けることはできない。現実の経済における生産活動は，生産技術を体現した生産設備とこれを稼動させる労働人口によって規定されている（生産設備の能力を超えた生産も，また労働力人口を上回る数の労働者の雇用も，ともに不可能である）。つまり，現実の経済成長は技術進歩率と人口増加率（≒労働人口の増加率）に規定されており，これを超える成長は実現できない（$G \leq G_n$）。

そこで，現実の成長経路がa点に達した後の時点では，次の関係が成立し，

$$G_W > G_n = G$$

現実成長率Gは保証成長率G_Wより低くなるために，

$$G_W > G$$

資本係数vは必要資本係数v_Wを上回ることになる。

$$\frac{s}{v_W} > \frac{s}{v}$$

$$\therefore v_W < v$$

そこで，企業は資本係数を引き下げようとして投資を控えるため，景気は悪化することになる（図表8－1中のY_Gを参照）。その結果，経済の上昇期は短期

図表8－2　事例3の各成長経路

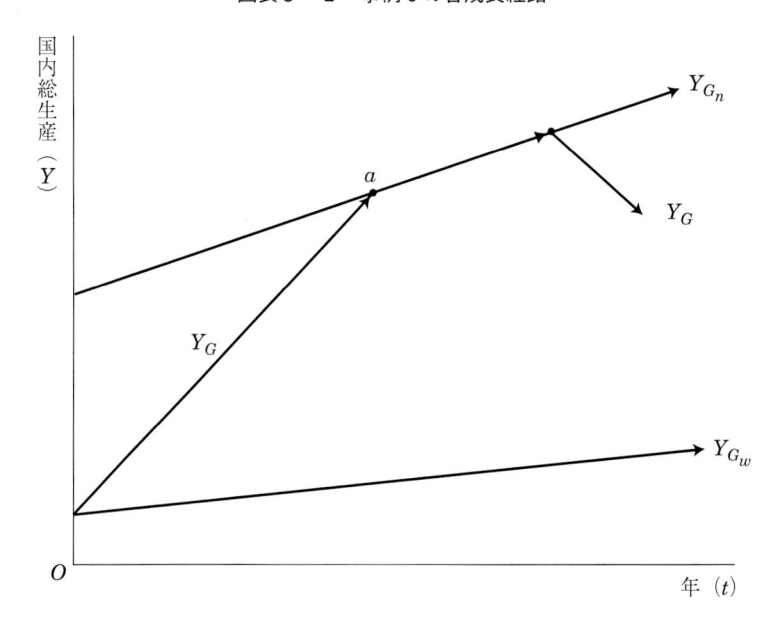

間に終わり，経済の低迷状態が長期にわたって続くことになるのである。

この事例2では，資本蓄積率が人口増加率を上回っており，経済の長期的停滞は資本の不足によってではなく，有効需要の不足によって生ずる。こうした事例は，経済が成熟した先進国にみられる。

【事例3】$(G_W < G_n)$ の場合，かなり長期にわたって $G > G_W$ の関係が成り立ち得る。これが可能な理由は，現実の経済を G_W 以上の率で成長させることを可能にする人口増加などが存在することに求められる。

さて，初期条件として $G > G_W$ という仮定をおくと，先の【事例2】と同じ理由から，a 点に達するまで経済は急速に成長する（図表8－2の Y_G を参照）。

問題は，a 点以降の経済状況である。ここには，既述の，現実成長率は自然成長率を越えられない（$G \leq G_n$），という制約条件がある。

$$G_W < G_n = G$$

しかし，現実成長率 G は保証成長率 G_W を上回っているので，

$$G_W < G$$

資本係数 v は必要資本係数 v_W を下回ることになる。

$$\frac{s}{v_W} < \frac{s}{v}$$

$$\therefore v_W > v$$

そこで，企業は資本ストックを増やすために投資を行うことから，さらに景気を上向かせようとする力が経済に働くことになる。

　ところが，既述のように，現実成長率は自然成長率を超えられないので，現実の経済経路は自然成長経路に沿って移動することになる（図表8－2中の Y_G と Y_{G_n} を参照）。その結果，かなり長期にわたって，$G_W < G$ の関係が成り立つことになる。ところが，こうした高成長は，無限に続くわけではない。なぜなら，$G_W < G (= G_n)$ の状況の下では，資本蓄積が人口増加に追いつかなくなって，現実成長率 G が低下し，やがて $G_W > G$ となるからであり，

$$G_W > G$$

景気は悪化の道をたどることになるのである（図2中の Y_G を参照）。

　この事例3（$G_W < G_n$）は，人口増加率が資本蓄積率を上回っている国，すなわち有効需要を生み出す人口は潤沢に存在するものの，資本が相対的に不足している，経済の発展がいまだ充分ではない開発途上国でみられる。

5 まとめ

　これまでの説明からわかるように，ハロッド＝ドーマー・モデルは小型のモデルではあるが国民経済の仕組をうまく捉えており，資本ストック，投資，貯蓄，人口増加，技術進歩といった重要な要因を取り入れることによって，経済成長をうまく説明している。そして，現実成長率，保証成長率，自然成長率を

比較検討することで，先進国や開発途上国の経済成長の相違点を説明している。

　このモデルを用いることによって，他にもさまざまな経済現象を説明することも可能である。しかし，紙面の都合上，本編ではこの点を指摘するにとどめる。こうした議論の詳細に関しては，本書末の参考文献を参照されたい。

実験編

1 はじめに

　本章の実験編においては，概論編で概観したハロッド＝ドーマー・モデルを応用することによって，一国の国民経済の成長過程をコンピュータ上で再現する実験を行う。

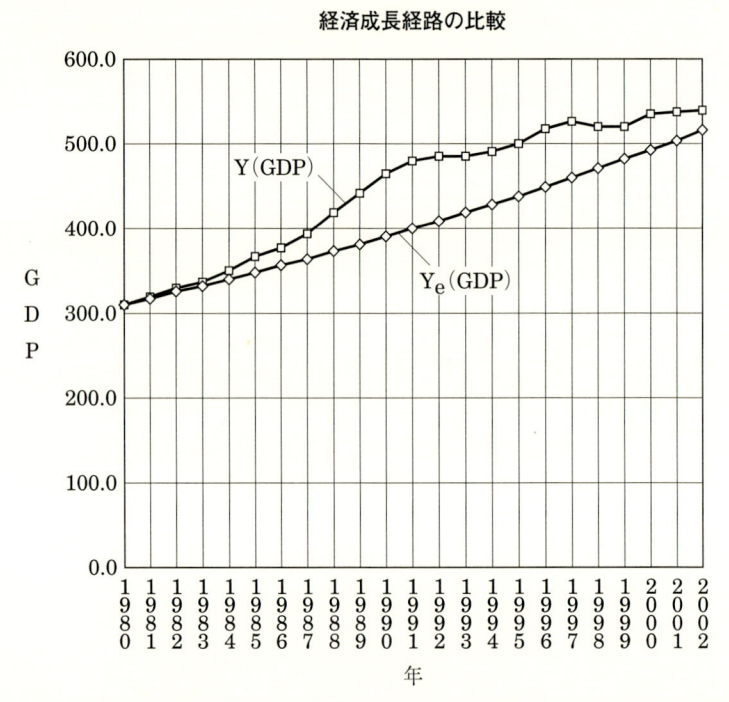

経済成長経路の比較

[グラフ：縦軸 GDP（0.0～600.0），横軸 年（1980～2002）。2本の線 Y(GDP) と Y_e(GDP) が右上がりに推移している。]

注）このグラフは，若干修正してある。たとえば，実際のグラフでは，成長経路を示す2つの線の名称は，グラフの右方に示される【凡例】のなかに表示される。

なお，この実験を，本編の前半（Ⅰ）ではエクセルの表計算機能を用いて行い，本編の後半（Ⅱ）ではVBAを用いて行う。その際に用いる下記の4本の方程式からなる経済モデルのハロッド＝ドーマー生産関数（第1式）は，概論編で述べたハロッド＝ドーマー・モデルから導出できる。

$$Y_t = Y_{t-1} + \frac{I_{t-1}}{v} \qquad (\text{M-1})$$

$$C_t = c_0 + c \cdot Y_t \qquad (\text{M-2})$$

$$G_t = g_0 + g \cdot Y_t \qquad (\text{M-3})$$

$$I_t = Y_t - C_t - G_t - NX_t \qquad (\text{M-4})$$

ただし，式中の記号の意味は，Y：一国の総生産額（国民所得），I：投資支出，C：民間消費支出，G：政府支出，NX：純輸出，c_0 と g_0：定数，c と g：係数，t：年次，v：資本係数，である。

なお，この生産関数（第M-1式）の導出について，若干の説明をしておく。概論編の経済成長率を示す第2式は，次のように展開することができる。

$$G \cdot Y_{t-1} = Y_t - Y_{t-1} \qquad (1)$$

$$\Delta Y_{t-1} = Y_t - Y_{t-1} \qquad (2)$$

$$Y_t = Y_{t-1} + \Delta Y_{t-1} \qquad (3)$$

第3式中の ΔY_{t-1} は，概論編の第8式から，次のように表せる。

$$\Delta Y_{t-1} = \frac{I_{t-1}}{v} \qquad (4)$$

そこで，この第4式を第3式に代入すると，第M-1式（生産関数）が得られる。
また，本実験に用いたデータは，下記の図表8－3が示すとおりである。

図表8-3 本実験に用いたデータ

Year	Y (GDP)	C	I	G	NX
1980	310.0	174.1	86.9	44.5	4.5
1981	318.6	175.5	88.9	46.9	7.3
1982	328.8	182.9	88.8	49.1	8.0
1983	336.5	188.2	87.0	51.5	9.8
1984	349.3	192.8	91.3	53.2	12.0
1985	365.3	200.0	97.1	53.9	14.3
1986	376.1	206.5	101.3	56.4	11.9
1987	392.5	215.1	109.7	58.3	9.4
1988	418.2	225.9	124.8	60.5	7.0
1989	440.2	236.5	135.7	62.1	5.9
1990	463.1	247.3	145.8	63.7	6.3
1991	478.2	254.4	149.7	65.9	8.2
1992	482.9	261.0	144.3	67.6	10.0
1993	484.4	264.6	139.5	69.8	10.5
1994	489.3	271.7	136.4	71.7	9.5
1995	498.7	276.7	140.4	74.7	6.9
1996	515.8	283.4	150.7	76.9	4.8
1997	525.2	286.1	151.8	77.6	9.7
1998	519.4	285.8	142.8	79.3	11.5
1999	519.9	286.4	139.8	82.7	11.0
2000	534.4	289.2	145.0	86.6	13.6
2001	536.6	294.1	143.8	88.8	9.9
2002	537.4	298.1	134.8	90.9	13.6

（注）本データは，日本の長期データを実験用に編集したものである。

【Ⅰ】表計算機能の活用

　本編の前半では，エクセルの表計算機能を用いて，経済成長に関する実験を行う。その際の作業手順は，次のとおりである。
　① 実験用データの作成。
　② ハロッド＝ドーマー生産関数の作成。

③ 消費関数の作成。
④ 政府支出関数の作成。
⑤ 経済成長のコンピュータによる再現。
⑥ 再現した経済成長過程の作図。

これ以下では，この作業手順にそって議論を進める。

1 実験用データの作成

① エクセルを起動し，ワークシート1（Sheet 1）を選択する。
② セル A4, B4, C4, D4, E4, F4 に，それぞれ「Year」，「Y（GDP）」，「C」，「I」，「G」，「NX」とタイトルを記入する。
③ セル A5 から F27 の矩形範囲に，図表8－3のデータを入力する。下記の表は，その一部を示したものである。

	A	B	C	D	E	F
1						
2						
3						
4	Year	Y(GDP)	C	I	G	NX
5	1980	310.0	174.1	86.9	44.5	4.5
6	1981	318.6	175.5	88.9	46.9	7.3
7	1982	328.8	182.9	88.8	49.1	8.0
8	1983	336.5	188.2	87.0	51.5	9.8

2 ハロッド＝ドーマー生産関数の導出

本章の概論編でみた第7式（$\Delta Y = (1/v) \cdot I$）を利用すれば，資本係数 v の値は求まる。ただし，ハロッド＝ドーマー・モデルでは s や v などの変数は一定不変，と仮定している。本実験では，1980～2002年の時期を代表する v の値を，下記の手法により求めた。

① セル A4 から B27 の矩形範囲内のデータを，セル H4 から I27 の矩形範囲にコピーする。このデータをコピーする作業手順は，次のとおりである。

　ⓐ セル A4 から B27 の矩形範囲をドラッグ（左クリックしたままマウスを移

第8章 経済成長

動)。
  ⓑ アイコン🗐 (コピー) をクリックする。
  ⓒ セルH4をクリックする。
  ⓓ アイコン📋 (貼り付け) をクリックする。
② セルJ4に「ΔY」と表題を記入し，セルJ5にΔYの計算式「= I6 − I5」を入力する。すると，セルJ6に「8.6」の値が現れる。
③ セルJ5を再度クリックした後，セルJ5の右下の角にポインターを合わせ，ポインターの色が白色 (✥) から黒色 (✚) 変化したら，セルJ26までドラッグする。すると，各セルのなかに，ΔYの計算結果が現れる。
④ セルD4からセルD26の範囲にある投資Iのデータを，セルK4からK26にコピーする (その作業手順は，上記の①の作業手順と同じ)。
⑤ セルI28に「合計」，セルI29に「v」とタイトルを記入する。
⑥ セルJ28をクリックし，ツール・バーのアイコン Σ (オートSUM) をクリックした後，【Enter】キーを押す。すると，セルJ28の中に，ΔYの合計値 (227.4) が現れる。
⑦ セルK28をクリックし，ツール・バーのアイコン Σ (オートSUM) をクリックした後，【Enter】キーを押す。すると，セルK28の中に，Iの合計値 (2741.5) が現れる。
⑧ セルJ29に，資本係数vの計算式「= K28/J28」を入力する。すると，セルJ29のなかに「12.056」という値が現れる。

3 消費関数の導出

① メニュー・バーの【ツール (T)】をクリックし，プルダウン・メニューの中の【分析ツール (D)】を選択 (クリック) する。
② すると，【データ分析】のダイアログ・ボックスが画面に現れるので，その中の【回帰分析】をクリックし，【OK】ボタンを押す。

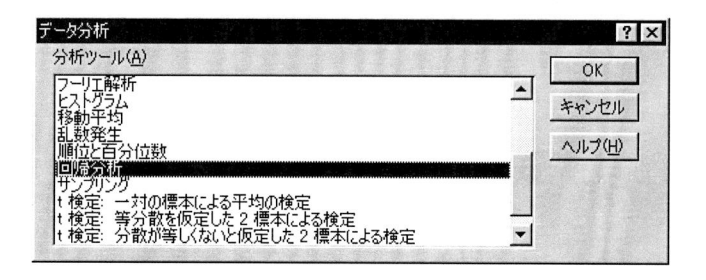

③ 【回帰分析】のダイアログ・ボックスが現れたら，【入力 Y 範囲 (Y)】に消費に関するデータの範囲，セル C5 から C27 を指定する。その方法は，次のとおり。

ⓐ 【入力 Y 範囲 (Y)】の入力欄の右端のボタン■(ダイアログ縮小) をクリック。

ⓑ セル C5 から C27 をドラッグし，データの範囲を指定する。

ⓒ 縮小したダイアログ・ボックスのボタン■をクリックする。

④ 【入力 X 範囲 (X)】に国民所得 Y に関するデータの範囲，セル B5 から B27 を指定する。その入力手順は，上記の③と同じである。

⑤ 以上の設定をした後に，【OK】ボタンを押す。

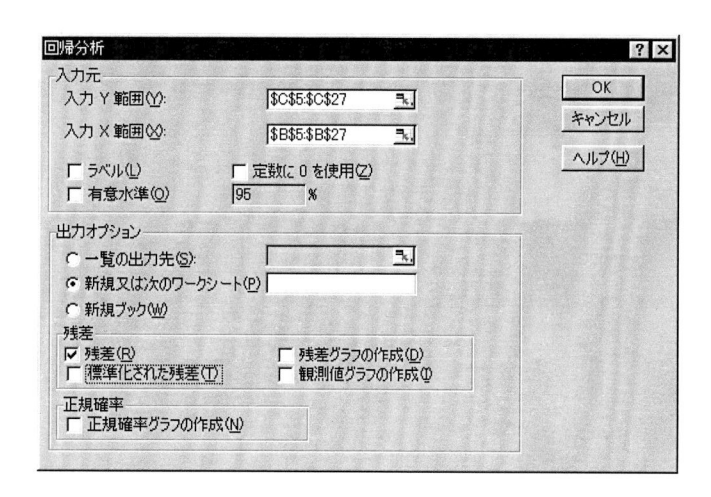

以上の作業から得られる結果の一部を示すと，下記のようになる。

回帰統計	
重相関 R	0.997162
切片	4.641786
X 値 1	0.537095

すなわち，この回帰分析から得られる消費関数の形は，次のとおりである。

$$C_t = 4.6418 + 0.5371 \cdot Y_t$$

4 政府支出関数の導出

セル E5 から E27 の政府支出に関するデータを被説明変数，セル B5 から B27 の国内総生産 Y に関するデータを説明変数として，回帰分析を行う。その作業手順は，上記の①〜⑤と同じである。また，そこから得られる結果の一部は，下記のとおりである。

回帰統計	
重相関 R	0.959812
切片	− 7.45813
X 値 1	0.166732

つまり，この回帰分析から得られる消費関数の形は，次のようになる。

$$G_t = -7.4581 + 0.1667 \cdot Y_t$$

5 経済成長のコンピュータによる再現

（1）再現用データの作成

① ワークシート1（Sheet 1）のセルA4～F27の矩形範囲内のデータを，ワークシート2（Sheet 2）のセルA4～F27の矩形範囲内にコピーする。その方法に関しては上記の2（ハロッド＝ドーマー生産関数の導出）の①と同じである。

② セルH4～セルM4のなかに，年次および各変数名を示すタイトル「Year」，「Ye（GDP）」，「Ce」，「Ge」，「Ie」，「NX」を記入する。

③ セルH5～H27には年号のデータ（セルA5～A27）を，セルM5～M27には純輸出NXのデータ（セルF5～F27）をそれぞれコピーする。セルI5，J5，K5，L5には，Y，C，G，Iの1980年のデータ「310.0」，「174.1」，「44.5」，「86.9」をコピーする（なおコピーの手法に関しては，上記の説明を参照されたい）。

④ セルI1に「切片」，セルI2に「係数」とタイトルを入力する。

⑤ セルJ1とJ2に，消費関数の切片と係数の「4.6418」と「0.5371」を入力。

⑥ セルK1とK2に，政府支出関数の切片と係数の「-7.4581」と「0.1667」を入力。

	H	I	J	K	L	M
1		切片	4.6418	-7.4581		
2		係数	0.5371	0.1667		
3						
4	Year	Ye（GDP）	Ce	Ge	Ie	NX
5	1980	310.0	174.1	44.5	86.9	4.5
6	1981					7.3
7	1982					8.0
8	1983					9.8
9	1984					12.0
10	1985					14.3

（2）経済成長の再現

① セル I6 に，ハロッド＝ドーマー生産関数の計算式「＝ I5 ＋ L5 / 12」を入力する．すると，セル I6 のなかには，「317.2417」という推計結果が現れる．
② セル J6 に，消費関数の計算式「＝ $J$1 ＋ $J$2 ＊ I6」を入力する．すると，セル J6 のなかには，「175.0323」という推計結果が現れる．
③ セル K6 に，政府支出関数の計算式「＝ $K$1 ＋ $K$2 ＊ I6」を入力する．すると，セル K6 のなかには，「45.4261」という推計結果が現れる．
④ セル L6 に，投資 I の計算式「＝ I6 － J6 － K6 － M6」を入力する．すると，セル L6 のなかには，「89.4833」という推計結果が現れる．
⑤ セル I6 から L6 をドラッグした後，セル L6 の右下の角にポインターを合わせ，ポインターの色が白色（✣）から黒色（✚）変化したら，セル L27 までドラッグする．すると，各セルのなかに，Y，C，G，I の計算結果が現れる．

	H	I	J	K	L	M
4	Year	Ye(GDP)	Ce	Ge	Ie	NX
5	1980	310.0	174.1	44.5	86.9	4.5
6	1981	317.2417	175.0323	45.4261	89.4833	7.3
7	1982	324.6986	179.0374	46.6692	90.9920	8.0
8	1983	332.2813	183.1101	47.9332	91.4380	9.8
9	1984	339.9011	187.2027	49.2034	91.4950	12.0
10	1985	347.5257	191.2979	50.4744	91.4534	14.3
11	1986	355.1468	195.3912	51.7449	96.1108	11.9
12	1987	363.1560	199.6929	53.0800	100.9831	9.4
13	1988	371.5713	204.2127	54.4828	105.8757	7.0
14	1989	380.3943	208.9516	55.9536	109.5891	5.9
15	1990	389.5267	213.8566	57.4760	111.8941	6.3
16	1991	398.8512	218.8648	59.0304	112.7560	8.2
17	1992	408.2475	223.9116	60.5968	113.7392	10.0
18	1993	417.7258	229.0023	62.1768	116.0467	10.5
19	1994	427.3964	234.1964	63.7889	119.9111	9.5
20	1995	437.3890	239.5634	65.4546	125.4709	6.9
21	1996	447.8449	245.1793	67.1976	130.6680	4.8
22	1997	458.7339	251.0278	69.0128	128.9933	9.7
23	1998	469.4833	256.8013	70.8048	130.3773	11.5
24	1999	480.3481	262.6368	72.6159	134.0954	11.0
25	2000	491.5227	268.6386	74.4787	134.8053	13.6
26	2001	502.7565	274.6723	76.3514	141.8328	9.9
27	2002	514.5759	281.0205	78.3217	141.6337	13.6

6 再現した経済成長過程の作図

以上の作業で準備したデータをもとに，下記の要領で経済成長に関するグラフを描く。

① ワークシート 2 (Sheet 2) のセル B4～B27 の，国内総生産 Y のデータが入っている範囲をドラッグ（左クリックしたままマウスを移動）する。

② 【CTRL】（コントロール）キーを押しながら，国内総生産の推計結果 Ye が入っているセル I4～I27 の範囲をドラッグ（左クリックしたままマウスを移動）する。

③ ツール・バーのアイコン 📊（グラフウィザード）を，クリックする。

④ 画面に現れた【グラフウィザード】のダイアログ・ボックス内で，【グラフの種類 (C)】は【折れ線】を選択（クリック）し，【形式 (T)】も【折れ線グラフ】を選択（クリック）した上で，【次へ】のボタンをクリックする。

⑤ 【系列】のタブを押し，【項目ラベルに使用 (T)】の欄の右端にあるボタン 🔲（ダイアログ縮小）をクリックした上で，年次に関するデータが入っているセル H5～H27 をドラッグし，さらに縮小したダイアログ・ボックスの縮小したダイアログ・ボックスのボタン 🔲 をクリックしてから，【次へ>】のボタンをクリックする。

⑥ 【タイトルとラベル】のタブをクリックし，【グラフタイトル (T)】に「経済成長経路の比較」，【X/ 項目軸 (C)】に「年次」，【Y/ 項目軸 (V)】に「GDP」と記入する。

⑦ 【目盛線】のタブをクリックし，【X/ 項目軸】の【目盛線 (M)】の欄をクリックしてチェック・マーク (✓) を入れた上で，【次へ>】を，次いで【完了 (F)】をクリックする。

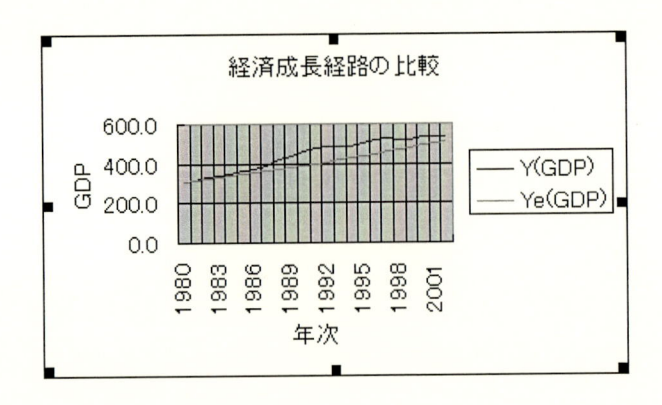

しかし，出来あがった図はみにくいため，下記の調整を行う必要がある。

⑧ 出来あがったグラフ内の白地の部分（どこでも良い）にポインターを合わせてクリックすると，グラフの外縁に黒い印（■）が現れる。この印にポインターを合わせると，ポインターの印（✢）が矢印（↕や↔など）に変化する。このときマウスをドラッグすることによって，グラフを適度な大きさに拡大する。

⑨ グラフ内の白地の部分（どこでも良い）にポインターを合わせ，ダブル・クリックする。画面に【グラフエリアの書式設定】のダイアログ・ボックス内の【フォント】のタブを押してから，【サイズ(S)】の「8」を選択したあと，【OK】キーを押す。

⑩ 出来あがったグラフのX軸上の任意の部分（どこでも良い）にポインターを合わせ，ダブル・クリックする。浮き出てきた【軸の書式設定】のダイアログ・ボックス内の【目盛】のタブを押してから，【項目境界で交差する(B)】のチェック・マーク（✓）を外したあと，【OK】キーを押す。

⑪ あとは，好みに応じて，グラフのその他の部分を微調整する（この点に関しては，エクセルの解説書を参照されたい）。

こうして作成した図が，本編の冒頭で示した「経済成長経路の比較」の図である。

【Ⅱ】VBAの活用

　以上の部分では，エクセルの表計算機能を用いて，経済成長を再現する方法について述べてきた。次に，VBAを用いて，経済成長を再現する方法について考察する。なお，その際に用いる成長モデルは，先に作成した下記の4本の方程式から成るモデルである。

$$Y_t = Y_{t-1} + \frac{I_{t-1}}{12.0} \qquad \text{(M-5)}$$

$$C_t = 4.6418 + 0.5371 \cdot Y_t \qquad \text{(M-6)}$$

$$G_t = -7.4581 + 0.1667 \cdot Y_t \qquad \text{(M-7)}$$

$$I_t = Y_t - C_t - G_t - NE_t \qquad \text{(M-8)}$$

まず，最初に行うことは，次の要領でVBAを利用可能にすることである。
① メニュー・バーの【ツール（T）】をクリックする。
② 最初に現れるプルダウン・メニューのなかの【マクロ（M）】を選択する。
③ 次に現れるプルダウン・メニューのなかの【Visual Basic Editor（V）】をクリック。
④ 【Visual Basic Editor】が現れたら，【挿入（I）】をクリックする。
⑤ 現れたプルダウン・メニューのなかの【標準モジュール（M）】をクリックする。
⑥ 標準モジュールが現れたら，そのなかに下記のプログラムを記入する（その詳細な意味に関しては，VBAの解説書などを参照されたい）。

──────────────＜経済成長モデル＞──────────────

```
Dim y, c, g, i, nx, v
Sub HDModel()
```

```
m = 23
ReDim y(m), c(m), g(m), i(m), nx(m)

v = 12
y(1) = 310: c(1) = 174.1: i(1) = 86.9: g(1) = 44.5

For z = 1 To m
 nx(z) = Sheets("sheet2").Cells(z + 4, 6).Value
Next z

For z = 2 To m
 y(z) = y(z - 1) + i(z - 1) / v
 c(z) = 4.6418 + 0.5371 * y(z)
 g(z) = -7.4581 + 0.1667 * y(z)
 i(z) = y(z) - c(z) - g(z) - nx(z)
Next z

 ct = 1980
For z = 2 To m
 ct = ct + 1
 Debug.Print ct; y(z); c(z); i(z); nx(z)
Next z

End Sub
```

⑦ このプログラムを実行するには，2つの方法がある。まず，第1は，ツール・バーのなかの【マクロの実行】を意味するアイコン（▶）である。

第2は，メニュー・バーの【実行 (R)】，次いでプルダウン・メニューの【マクロの実行】，さらにダイアログ・ボックス【マクロ】の【マクロ名 (M)】で「HDModel」の順にクリックし，最後に【実行 (R)】をクリックする方法である。その推計結果は，イミディエイト・ウインド内に表示されるが，その値はエクセルの表計算機能を用いた場合と同じである。

⑧ 上記の作業（⑦）を実施すると，いずれの場合も【イミディエイト・ウインド】に推計結果が現れる。なお，【イミディエイト・ウインド】が表示されていない場合は，メニュー・バーの【表示 (V)】，プルダウン・メニューの【イミディエイト・ウインド】の順にクリックすれば，イミディエイト・ウインドが表示される。

【Ⅲ】まとめ

以上，第8章の実験編では，(a) エクセルの表計算機能を用いて経済成長を再現する方法と，(b) VBAを用いて経済成長を再現する方法，の2つについて紹介してきた。その際に用いた経済成長モデルは，4本の方程式から成るごく簡素なもので，実用からほど遠いものである。しかしながら，経済成長をコンピュータ上に再現する感触は，このモデルから感じられるはずである。また，このモデルを雛型として，より精緻なモデルを構築することも可能である。本章の概論編でも述べたように，ハロッド＝ドーマー・モデルには，①小型モデルながら国民経済をうまく捉えている，②構造が簡潔であるために操作が簡単であるだけでなく，経済の動きを直感的に理解しやすい，といった優れた点がある。このことから，ハロッド＝ドーマー・モデルを用いることによって，さまざまな国の経済成長を再現し，またその将来を予測できるはずである。自分で試してみると，おもしろい知見が得られよう。

第9章

将来人口推計

概論編

1 はじめに

　前章の議論からわかるように，人口要因は経済活動に大きな影響を及ぼす。現実の経済成長率 G は自然成長率 G_n を超えられないが，この自然成長率 G_n は技術進歩率 λ と人口増加率 n の和である（$G_n = \lambda + n$）。すなわち，近い将来，人口の増加傾向が鈍化するか，減少に転ずるなら，経済活動が低迷ないしは縮小する可能性も高い，ということである。近年，出生率の低下が懸念されているのは，こうした理由からである。

　こういった問題を回避するには，人口増加率 n を高めるか，技術進歩率 λ を引き上げるか，あるいは外国人を導入して人口の減少分を補うしかない。しかし，人口増加率の引き上げは，それほどたやすく実現できるものではない。また，技術進歩率の引き上げは，多額の資金，長い時間，膨大な人的資源を必要とする事業である。さらに，外国人の導入による人口の補充は，現在も喧しく議論されているように，自国民と外国人との各種の摩擦，治安対策，あるいは国民意識の問題などの発生が予想されることから，これも容易に推し進めることはできない。

　このように経済に大きな影響を及ぼす人口要因であるが，人口の将来の動向はどのように予測するのであろうか。本章では，この点を概観する。

2 人口推計の概要

　人口推計には各種の手法があるが，ここでは人口現象そのものをモデル化したコーホート要因法（Cohort Component Method）を概観する。

（1）コーホート要因法

　人口変動をもたらす要因は，出生，死亡，移動の3つである。コーホート要因法は，これらの要因をうまく取り入れることのできる手法である。ただし，説明の便宜上，本編では移動要因を捨象して考える（一国の総人口の観点からすると，多くの場合，国際人口移動が総人口に及ぼす影響は微小である，と考えられることから，とりあえず移動を捨象して考えると便利である）。

　コーホート要因法の概要は，およそ以下のとおりである。

　われわれが基本的な人口情報を得ようとするとき，図表9－1に示した人口ピラミッドは有益である。これは縦軸に年齢を測り，横軸に人口規模を測った図であり，一国の人口構造の特徴を一目で読み取ることができる。この人口ピラミッドは，人口のある時点の横断面を示したものにほかならない。しかし，人口は連続的な存在であるから，その姿のより正確なイメージを描くのならば，

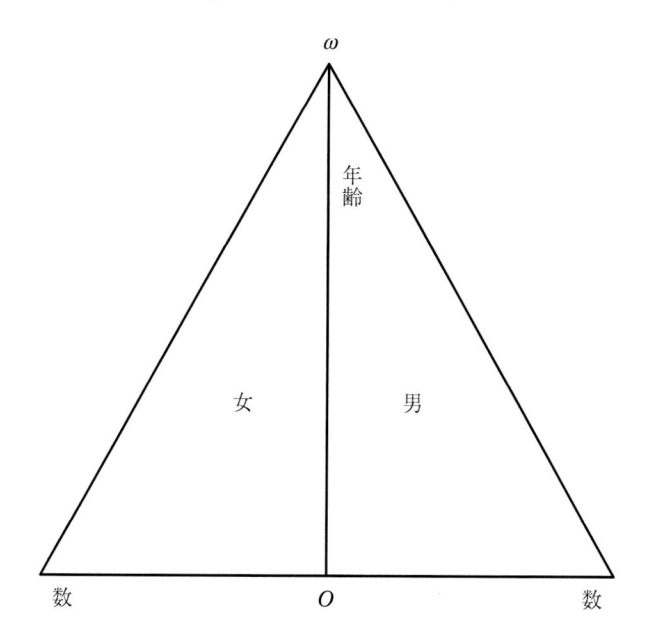

図表9－1　人口ピラミッド

図表9－2　将来人口推計の概念図

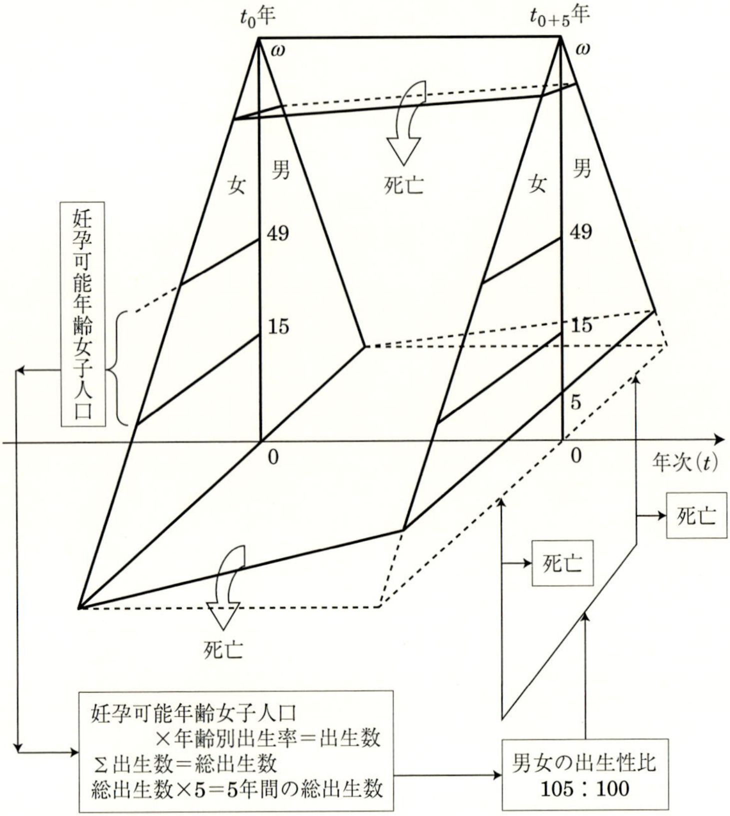

t_0年　　　　　　　t_{0+5}年

ω　　　　　　　　　ω

女　男　　　　　　女　男

49　　　　　　　　49

死亡

15　　　　　　　　15

5

0　　　　　　　　0　　年次(t)

妊孕可能年齢女子人口

死亡

死亡

死亡

妊孕可能年齢女子人口
　　×年齢別出生率＝出生数
　Σ出生数＝総出生数
総出生数×5＝5年間の総出生数

男女の出生性比
105：100

図表9－2が示したような三角柱を横にしたような姿になる。

　さて，この図表9－2を用いて，人口の変動を考えてみる（ただし，この説明で想定しているのは，5歳階級別の将来人口推計である）。いま，t_0年の人口ピラミッド（男女年齢別（5歳階級別）の人口構成）がわかっている，とする。さて，t_0年に0-4歳であった人口は，5年後には5-9歳になっている。ただし，t年にx歳であった男女年齢別人口のすべてが，$t+5$年に$x+5$歳になれるわけではない。なぜなら，この5年間に，各年齢の男女別人口の一部は死亡するために，各年齢の男女別人口は減少しているからである。

ここで重要なことは，この5年間にどの程度の人口が死亡によって減少するか，換言するなら，どの程度の人口が生存するかを示す率がわかれば，少なくとも，$t+5$年の5-9歳以上の人口は予測できることである。

　そこで，t年の男女別5歳階級別人口（${}_5P^f_{x,t}$と${}_5P^m_{x,t}$）に，これらの人口がこの5年間を生存する男女別の生残率（${}_5s^f_{x,t}$と${}_5s^m_{x,t}$）を乗ずることにより，$t+5$年の5-9歳以上の男女別5歳階級別人口（${}_5P^f_{x+5,t+5}$と${}_5P^m_{x+5,t+5}$）を知ることができる（なお，生残率の求め方に関しては，後に詳述する）。

$${}_5P^f_{x+5,t+5} = {}_5P^f_{x,t} \cdot {}_5s^f_{x,t} \tag{1}$$

$${}_5P^m_{x+5,t+5} = {}_5P^m_{x,t} \cdot {}_5s^m_{x,t} \tag{2}$$

　ただし，式中の記号は，P：人口，f：女子，m：男子，x：年齢，t：年次，s：生残率，である。なお，上記式中の記号左下の添え字"5"は，ここで使用する人口統計データが"5歳階級別"であることを示している。

　次に考えるべきことは，出生数である。図表9-2からわかるように，上記の第1式と第2式を利用すれば，$t+5$年の5-9歳以上の人口規模は予測できる。しかし，0-4歳の人口の規模は，ここから求めることができない。この問題は，次のように考えることによって，解消することができる。

　子供を産むことができるのは，15歳から49歳という妊娠可能年齢の女子人口である。そこで，t年と$t+5$年における5歳階級別女子人口の妊娠可能年齢女子人口の平均値に年齢別出生率${}_5ASFR_{x,t+2.5}$の平均値を乗じると，母親の年齢別の出生数を求めることができ，それらの数を合計することでt年の総出生数TB_tを知ることができる（年齢別出生率の算定方法は，後に詳述する）。

$$TB_t = \sum_{x=15}^{49}\left(\frac{{}_5P^f_{x,t} + {}_5P^f_{x,t+5}}{2} \cdot {}_5ASFR_{x,t+2.5}\right) \tag{3}$$

　この出生数TB_tに5を乗ずると，5年間の総出生数$GT_{t\sim t+5}$がわかる。

$$GT_{t \sim t+5} = 5 \cdot TB_t \qquad (4)$$

ここで留意すべきは，この総出生数 $GT_{t \sim t+5}$ には性がないこと，つまり男女別の数がわからないことである。しかし，人口統計学上，一般に，出生時の性比は女100に対して男105であることが知られている。そこで，この性比から作成した男女の配分係数を乗ずると，男女別の総出生数がわかる。

$$GT^f_{t \sim t+5} = GT_{t \sim t+5}\left(\frac{100}{205}\right) \qquad (5)$$

$$GT^m_{t \sim t+5} = GT_{t \sim t+5}\left(\frac{105}{205}\right) \qquad (6)$$

ところで，この男女別の総出生数（$GT^f_{t \sim t+5}$ と $GT^m_{t \sim t+5}$）のすべてが，$t+5$ 年における0-4歳人口になるわけではない。この年齢層にも，やはり死亡が影響するのである。そこで，出生児が0-4歳まで生存する男女別の率，すなわち男女別の生残率（$_5s^f_{B,t}$ と $_5s^m_{B,t}$）をかけることによって，$t+5$ 年における0-4歳の男女別人口（$_5P^f_{0,t+5}$ と $_5P^m_{0,t+5}$）を求めることができる。

$$_5P^f_{0,t+5} = GT^f_{t \sim t+5} \cdot {}_5s^f_{B,t} \qquad (7)$$
$$_5P^m_{0,t+5} = GT^m_{t \sim t+5} \cdot {}_5s^m_{B,t} \qquad (8)$$

後は，これまで述べてきた作業を，$t+10$ 年，$t+15$ 年，……，と何度も繰り返していけば，それだけ長期にわたる将来人口の予測が可能になる。

（2）生残率と出生率

これまでの議論から，コーホート要因法を用いて将来人口推計を行うには，推計の出発年次の男女年齢別人口（$_5P^f_{x,t}$ と $_5P^m_{x,t}$）のほかに，生残率（$_5s^f_{x,t}$ と $_5s^m_{x,t}$）と年齢別出生率（$_5ASFR_{x,t}$）が必要であることがわかる。

まず，生残率であるが，これは厚生労働省が発表する「生命表」の「定常人口（L_x）」から，次の方法によって計算することができる。

$$_5s^f_{x,t} = \frac{_5L^f_{x+5,t}}{_5L^f_{x,t}} \tag{9}$$

$$_5s^m_{x,t} = \frac{_5L^m_{x+5,t}}{_5L^m_{x,t}} \tag{10}$$

ただし，出生児人口が0-4歳まで生存する生残率は下記の方法で求める。

$$_5s^f_{B,t} = \frac{_5L^f_{0,t}}{500{,}000} \tag{11}$$

$$_5s^m_{B,t} = \frac{_5L^m_{0,t}}{500{,}000} \tag{12}$$

なお，ここでは詳細に述べられないが，上記の両式の分母を500,000とする理由は，およそ次のとおりである。生命表は，仮に同時に生まれた10万人の人間が，現行の死亡秩序（年齢別死亡率）に従って死亡していくものとするなら，平均余命（たとえば，出生時の平均余命）は何年になるか，という仮定のもとに作成されている。したがって，5歳階級別の人口推計をするために，5歳階級別の生命表を用いる場合，0-4歳の年齢階級の生命表静止人口L_xを500,000（= 100,000 × 5）で除さなければならないのである。

次は，年齢別出生率$_5ASFR_{x,t}$である。年齢別出生率は，ある特定の年tにおける妊孕可能年齢（15歳から49歳）のなかのx歳女子人口$_5P^f_{x,t}$を分母とし，その年齢層の女子を母親とする出生数$_5B^x_t$を分子として計算する。

$$_5ASFR_{x,t} = \frac{_5B^x_t}{_5P^f_{x,t}} \tag{13}$$

なお，5歳階級別の場合，この年齢別出生率の総和に5を乗ずると，t年の合計出生率$_5TFR_t$になる。

$$_5TFR_t = 5 \cdot \sum_{x=15}^{49} {_5ASFR_{x,t}} \tag{14}$$

3 社会経済発展と人口変動（仮説設定の基盤）

　これまで将来人口推計の手法について概観してきたが，次に推計仮説の設定の仕方について考察しておこう。これまでの手法に基づいて将来人口推計を行うには，たとえば，出生率が今後どの程度まで低下するか，死亡率が今後どの水準まで低下するか（言い換えるなら，出生時平均余命はどの水準まで高まるか）について仮説を設けておかなければならない。

　これらについて考慮することなく，ただ闇雲に人口推計を行っても，それはいわゆる「理論なき測定」にすぎない。人口推計を行うには，何らかの理論的枠組に基づいた，出生率と死亡率に関する仮説が必要になる。

（1）人口転換理論

　このときに役立つのが，人口転換理論（Theory of Demographic Transition）である。人口転換理論の概要は，およそ次のとおりである（図表9－3を参照）。

　いま，縦軸に出生率と死亡率を測り，横軸に社会経済の発展段階（または，年次でもよい）を測る。そして，発展段階に応じた出生率と死亡率の変化をみると，これらは図表9－3が示すような形状をもって変化することがわかる。

　まず，第Ⅰ期は出生率も死亡率も高水準にあるが，出生率が死亡率をわずかに上回っている状況であり（図表9－3－(a)を参照），出生率と死亡率の差である人口の自然増加率も低水準にとどまっている（図表9－3－(b)を参照）。こうした状況は，社会経済の発展が低水準にとどまっている場合にみられる。その後，社会経済の発展がはじまると，死亡率が急速に低下しはじめる反面，出生率は高水準を維持している結果，人口増加率は急速に高まる。これが第Ⅱ期である。なお，第Ⅱ期の出生率が高水準を維持している理由は，高出生高死亡率（すなわち，多産多死）の第Ⅰ期を通じて，多産を歓迎する習慣や通念が形成され，これが社会の隅々にまで浸透した結果，出生が容易に減少しないからである。

　第Ⅲ期に入ると，人口増加率の急上昇がもたらす人口圧力ゆえに，人々が出生抑制に向かうことから，出生率は死亡率を追いかけるかのように急速な低下

図表9－3　人口転換に伴う人口状況の変化

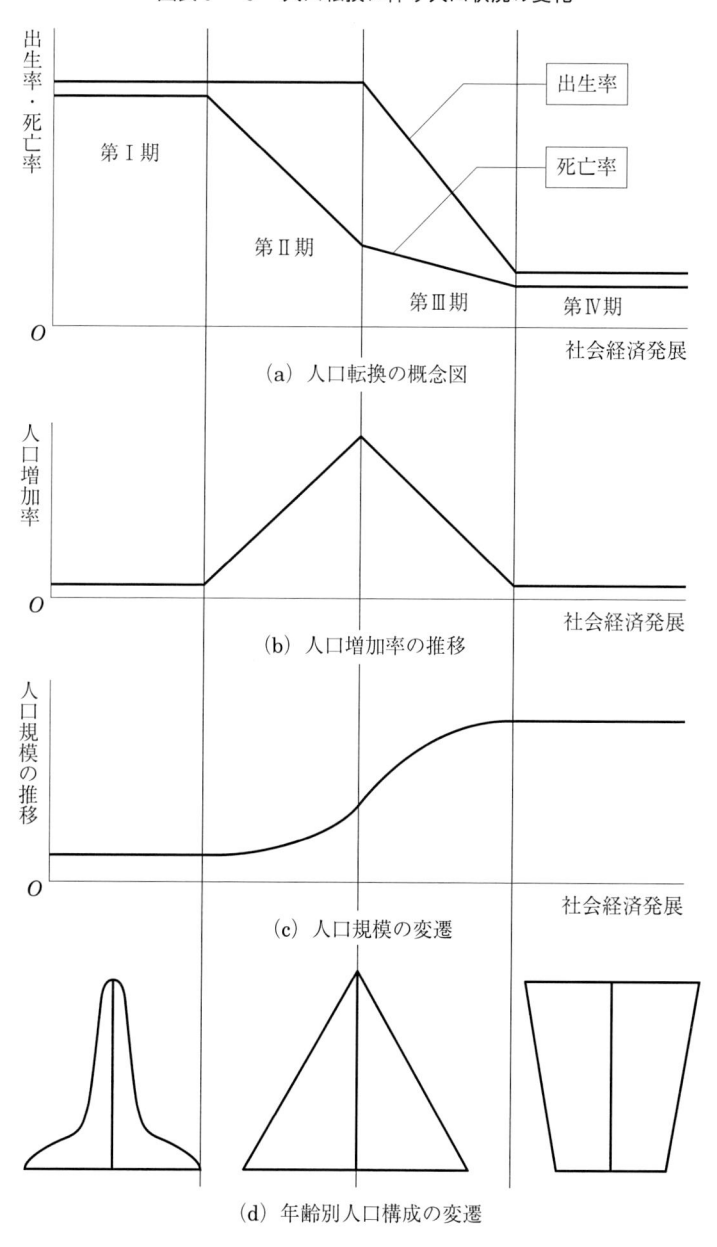

(a) 人口転換の概念図

出生率・死亡率／社会経済発展

第Ⅰ期　第Ⅱ期　第Ⅲ期　第Ⅳ期

出生率
死亡率

(b) 人口増加率の推移

人口増加率／社会経済発展

(c) 人口規模の変遷

人口規模の推移／社会経済発展

(d) 年齢別人口構成の変遷

第9章　将来人口推計

を開始する。その結果,人口増加率は一転して低下しはじめる。なお,この時期の死亡率の低下が緩慢になるのは,社会経済や医学の発展などにより伝染性の疾患などを克服する過程で,治し難い慢性疾患などが疾病の中心になってくるからである。そして,最後の第Ⅳ期に入ると,出生率も死亡率も低水準に落ち着く結果,人口増加率も低水準を維持するようになるのである。

このように,社会経済の発展に伴って,一国の人口状況が高出生高死亡率(すなわち多産多死)から低出生低死亡率(すなわち少産少死)へと推移することを人口転換といい,これを説明したものが人口転換理論である。

ところで,人口転換のこうした進展は,人口の規模や年齢構成に大きな影響を及ぼすことなる。人口規模の増加趨勢は,ロジスティック曲線によって表せることが知られている(図表9−3−(c)を参照)。すなわち,当初は小規模であった人口も,ある時点で増加趨勢に拍車がかかると急増を開始するが,やがて増加傾向が鈍化しはじめ,最終的には一定水準に落ち着く,というのである。一国の人口規模がこのように推移する理由は,先にみた人口増加率の推移(図表9−3−(b)を参照)を想起するなら容易に理解できるであろう。

人口の年齢構成(図表9−3−(d)を参照)に関していえば,人口の年齢構成を示す人口ピラミッドは,第Ⅰ期には逆T字型をしている。この理由は,多産多死の人口状況では,多数の子供が生まれても,その多くが幼少・年少時に死亡してしまう反面,この死亡の危機を乗り切った人口は比較的長く生存できることに求められる。第Ⅱ期に入ると,若い年齢層の死亡率が改善される結果,人口ピラミッドは綺麗な三角形,すなわち人口増加型の人口ピラミッドになる。しかし,第Ⅲ期に入って出生率が低下しはじめると,人口ピラミッドにもゆがみが生じはじめ,第Ⅳ期の少産少死の人口状況では,いわゆる少死高齢化が顕在化するために人口ピラミッドは上底が下底より大きい台形の形状に近づく。

(2) 経済発展と人口転換

以上,社会経済の発展に伴う人口状況の変化について述べてきたが,では社会経済の発展はなぜ人口転換をもたらすのであろうか。この問題点について,

ヘーゲンの経済発展モデル（図表9－4－(a)）を用いて述べておこう。

いま，縦軸に人口増加率rと総所得の増加率vを測り，横軸に1人当たり所得yを測る。このとき，人口増加率rは死亡率の低下によってのみ生ずる，と仮定する。いま，1人当たり所得yが増加すると，それによって生活水準の改善が生じて死亡率が低下することから，人口増加率は高まる。しかし，人口増加率rは，やがて，たとえ1人当たり所得yが増加しても，それ以上には上昇

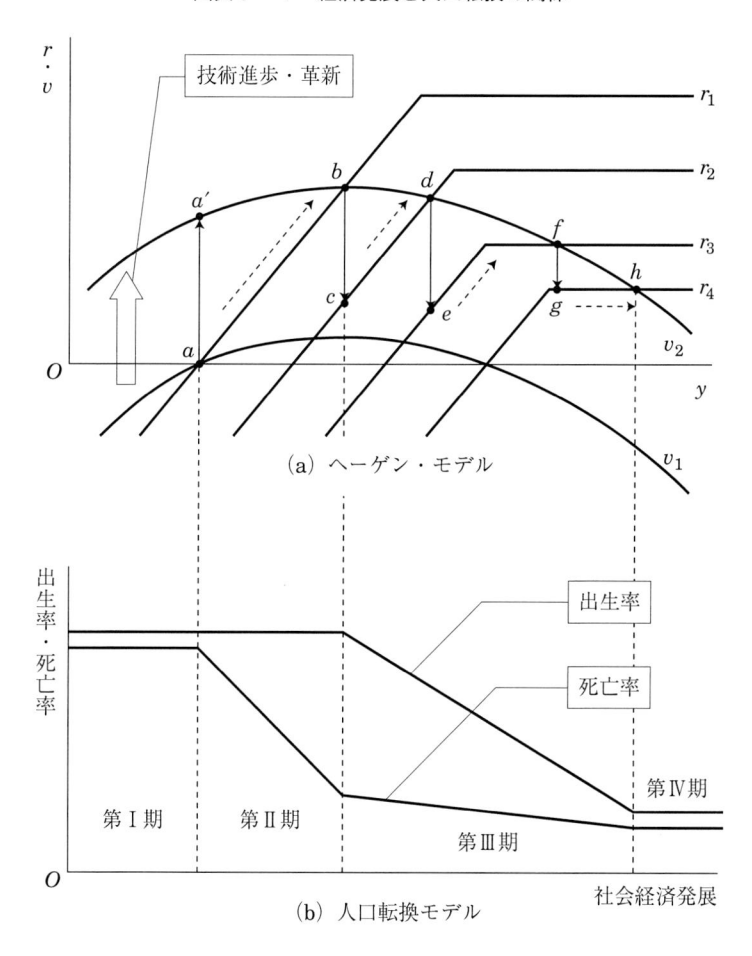

図表9－4　経済発展と人口転換の関係

(a) ヘーゲン・モデル

(b) 人口転換モデル

第9章　将来人口推計

できない上限に達して横ばい状態となる。人口増加率を示すr曲線がこうした形状を呈する理由は，1人当たり所得の増加による生活水準の改善は死亡率の低下をもたらすものの，死亡率にはそれ以下の水準には引き下げられない下限が存在するからである。なお，図表9－4－(a)の複数のr曲線（r_1, r_2, …, r_4)は，社会経済の発展段階に応じたr曲線が存在することを示している。

また，v曲線が示しているのは，1人当たり所得yと総所得の増加率vとの関係である。v曲線がこのような形状を呈する理由は，人口が資本の蓄積より速い速度で増加することに求められる。

さて，図表9－4－(a)の中のa点は，悲惨な状況を示している。いま，何らかの理由によって，1人当たり所得yが増加したとする。すると，死亡率の低下が生じるために，r_1曲線上の人口増加率はv_1曲線上の総所得増加率より高くなってしまう。このため，1人当たり所得yは低下して，死亡率が上昇するために，人口増加率が低下することになり，結局はもとのa点に戻ってしまうのである。

このa点が示しているのが，「マルサス的ジレンマ」と呼ばれる状況であり，この状況からは容易なことでは抜け出せないのである。

ところが，技術革新・進歩が起こって総所得の成長率vが上昇したことにより，v_1曲線がv_2曲線へシフトしたとする。すると，人口増加率はr_1曲線上のa点にあるのに対して，総所得の増加率は人口増加率を上回るv_2曲線上のa'になる。そこで，1人当たり所得は増加し，これによる生活水準の改善が死亡率を引き下げる結果，人口増加率はr_1曲線に沿って上昇しはじめ，やがてb点に到達する。すなわち，マルサス的ジレンマを脱したのである。

通常，この経済成長は，都市化の進展，教育水準の向上，女性の地位向上といった現象を伴っている。これらの要因は，出生を抑制する方向に作用する。このために出生率の低下が生じて，人口増加率はr_1曲線上のb点からr_2曲線上のc点にシフトする。すると，総所得の成長率はv_2曲線上のb点にあり，人口増加率（c点）を上回っていることから，人口増加率はr_2曲線上に沿って上昇しはじめ，新たな均衡点d点に達する。しかし，そのことにより，都市化や

教育水準などがさらに高めるため，出生率が低下して，人口増加率は r_3 曲線上の e 点に達する。こうした過程を繰り返すことにより，1人当たり所得は高く，人口増加率も低水準にある h 点に到達するのである。

以上の議論をまとめると，次のようになる。図表9－4－(a)のヘーゲン・モデルの a 点，すなわち，生活水準に何がしかの改善があっても，人口増加がただちにそれを打ち消してしまうマルサス的ジレンマは，いわゆる低開発の多産多死状況を意味している。次に，人口増加率の a 点から b 点へ向かう上昇は，技術進歩・革新がもたらした生活水準の向上に伴う死亡率の低下が引き起した。その後の b 点から c 点へ，d 点から e 点へ，といった人口増加率の低下は，経済発展にともなって出生が控えられるようになり，出生率が低下したために生じた。こうした過程を経て，生活水準は高く人口増加率が低い h 点に達する。

ここで述べてきたことは，まさに人口転換そのものである。すなわち，a 点のマルサス的ジレンマは人口転換の第Ⅰ期に，a 点から b 点にいたる人口増加期は人口転換の第Ⅱ期に，b 点から h 点にいたる出生率の低下期は人口転換の第Ⅲ期に，そして h 点は人口転換の第Ⅳ期に相当するのである。

社会経済発展と人口転換との間には，こうした関係がある。

（3）仮説設定

上記の議論から明らかなように，人口転換理論の理論的枠組に基づくことによって，将来人口推計に必要な出生率と死亡率に関する整合性のある仮説を設定できる。すなわち，推計しようとする国の社会経済状況などを考察し，それが人口転換のどの段階にあるかがわかれば，出生率と死亡率が将来どのように変化するかについて，大枠を設定することが可能になる。

後は，出生率と死亡率の将来の動向に関して，統計的な手法などを用いることによって，より詳細な仮説を設ければよい。たとえば，その国に経済開発計画などがあって，生活水準（1人当たり国内総生産（GDP/P））などについて将来の目標値が明確に設定されている場合は，回帰分析などを用いることによって，既存の統計データから出生率 TFR や平均寿命 $\overset{\circ}{e}_0$（換言するなら死亡率）の変化

を説明する関数を作成しておき，

$$TFR = f\left(\frac{GDP}{P}\right)$$

$$\overset{\circ}{e}_0 = f\left(\frac{GDP}{P}\right)$$

1人当たり国内総生産 GDP/P に関する目標値をこれらの関数にあてはめれば，今後，出生率がどの水準まで低下し，平均寿命が何年まで延びるか（すなわち，死亡率が低下するか）について推計仮説を設定できることになる。

　もっとも，こうした手法を用いたからといって，設定した出生仮説と死亡仮説が人口状況の変化をうまく反映して，一国の総人口の将来像を正確に予測できる，という保障がどこにもないことは明らかである。しかし，確固とした理論的基盤に基づいた仮説を用いることによって，将来人口推計が「理論なき測定」に堕すことだけは，少なくとも避けることができるはずである。

　将来像を描くことは知的刺激に満ちた作業ではある。とはいえ，コンピュータを用いて，ただ闇雲に人口予測を繰り返しても何の意味もない。これを行うに際しては，何を知るために人口推計を行うのか，そこから得た情報をどのように活動するのか，といった目的意識，問題意識を明確にしておく必要がある。これさえ明確なら，推計仮説も自ずと明確になるはずである。

実験編

1 はじめに

　本実験編においては，その前半ではエクセルの表計算機能を用いて，また後半はVBAを用いて，コーホート要因法（概論編を参照）による日本の将来人口推計を実際に行い，下記の人口ピラミッドを描く。

　なお，本編で行う推計は一種の実験実習であることから，出生率も出生時平均余命（すなわち，死亡率）も2002年の値に固定しておく。これは，現行の出

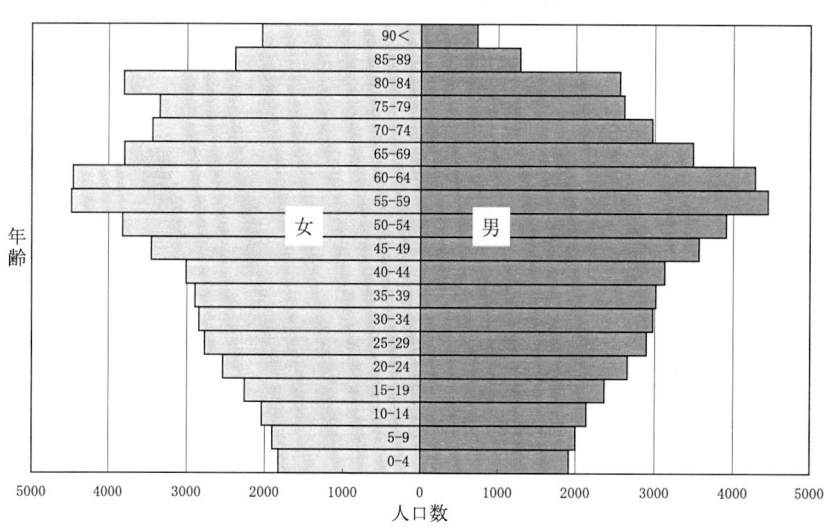

人口ピラミッド（2032年）

　注）このグラフは若干修正してある。たとえば，実際のグラフでは，男女の文字は，グラフの右方に示される【凡例】のなかに表示される。

生率と出生時平均余命が今後とも維持された場合，日本の人口の規模および男女年齢別構成はどのように変化するか，をみることを意味する。

【I】表計算機能の活用

エクセルの表計機能を用いた人口推計は，次の手順に従って進める。

1 将来人口推計

(1) 女子人口の推計

① エクセルを起動し，ワークシート1（Sheet 1）の各セルに，2002年の男女年齢別人口 P_x，年齢別出生率 $ASFR_x$，生命表の定常人口 L_x のデータを下記のように入力する。

	A	B	C	D	E	F	G	H	I	J
1		女	男			女	男			
2	年齢	Lx	Lx		年齢	Px	Px			年齢別出生率
3	<0	500000	500000		0-4	2862	3013		15-19	0.00617
4	0-4	498389	498175		5-9	2919	3064		20-24	0.04005
5	5-9	497934	497643		10-14	3044	3200		25-29	0.09383
6	10-14	497707	497368		15-19	3507	3687		30-34	0.08864
7	15-19	497397	496752		20-24	3910	4102		35-39	0.03268
8	20-24	496824	495406		25-29	4645	4786		40-44	0.00425
9	25-29	496145	493867		30-34	4699	4794		45-49	0.00010
10	30-34	495264	492102		35-39	4099	4163		TFR	1.3286
11	35-39	494003	489736		40-44	3876	3921			
12	40-44	492206	486273		45-49	4064	4086			
13	45-49	489492	480929		50-54	5321	5287			
14	50-54	485199	472283		55-59	4394	4263			
15	55-59	478908	458644		60-64	4171	3930			
16	60-64	470183	439120		65-70	3881	3493			
17	65-69	457144	410818		70-74	3382	2828			
18	70-74	436449	368062		75-79	2744	1929			
19	75-79	403084	307638		80-84	1873	982			
20	80-84	346689	228372		85-90	1145	513			
21	85-89	259670	137763		90<	645	211			
22	90<	230165	81180			65181	62252			
23										

② セルA2～A22に記入された年齢階級の区分に関するデータを，セルL2～L22にコピーする。これは，次の手順で行う。

ⓐ セルA2～A22をドラッグ（左クリックしたままマウスを移動）する。

ⓑ アイコン■（コピー）をクリックする。

ⓒ セル L2 をクリックしたあと，アイコン■（貼り付け）をクリックする。

③ セル M1 に「女」，セル M2 に「sfx（生残率）」とタイトルを記入する。

④ セル M3 に，生残率の計算式「＝B4/B3」を入力する。すると，セル M3 のなかに数値「0.9967780」が現れてくる。

⑤ セル M3 をクリックした後，同セルの右下の角にポインターを合わせて，その色が白（✢）から黒（✚）に変わったら，セル M22 までドラッグする。以上で，生残率の計算結果が各セルのなかに現れる。

⑥ 女子年齢別人口に関するセル F3～F22 のデータを，セル N3～22 にコピーする。コピーの手順に関しては，上記の②を参照。

⑦ セル N2～T2 に，2002 年から 2032 年までの年を，5 年間隔で記入する。

⑧ セル O5 に，5 年後の人口の推計式「＝N4＊$M4」を入力する。すると，セル O5 に，推計値「2859」という数値が現れてくる。この計算式を入力する際には，「$」印のつけ方に注意をすること。

⑨ セル O5 をクリックした後，同セルの右下の角にポインターを合わせて，その色が白（✢）から黒（✚）に変わったら，セル O22 までドラッグする。すると，2007 年の推計結果が各セルのなかに現れる。そのまま，セル O22 の右下角にポインターを合わせて，その色が白（✢）から黒（✚）に変わったら，セル T22 までドラッグする。すると，2032 年までの各年別女子人口の推計結果が各セルのなかに現れる。ただし，セル O4～T4，およびセル P5・T5・T9 を結ぶ 3 角形の範囲内は，空欄およびゼロ（0）になる。この部分は，後の作業において，出生数を計算して導出する。

	L	M	N	O	P	Q	R	S	T	U
2	年齢	Sfx（生残率）	2002	2007	2012	2017	2022	2027	2032	
3	<0	0.9967780	Px							
4	0-4	0.9990871	2862							
5	5-9	0.9995441	2919	2859	0	0	0	0	0	
6	10-14	0.9993771	3044	2918	2858	0	0	0	0	
7	15-19	0.9988480	3507	3042	2916	2856	0	0	0	
8	20-24	0.9986333	3910	3503	3039	2912	2853	0	0	
9	25-29	0.9982243	4645	3905	3498	3034	2909	2849	0	
10	30-34	0.9974539	4699	4637	3898	3492	3029	2903	2844	
11	35-39	0.9963624	4099	4687	4625	3888	3483	3021	2896	
12	40-44	0.9944860	3876	4084	4670	4608	3874	3470	3010	
13	45-49	0.9912297	4064	3855	4062	4644	4583	3852	3451	
14	50-54	0.9870342	5321	4028	3821	4026	4604	4543	3819	
15	55-59	0.9817815	4394	5252	3976	3771	3974	4544	4484	
16	60-64	0.9722682	4171	4314	5156	3904	3703	3901	4461	
17	65-69	0.9547298	3881	4055	4194	5013	3795	3600	3793	
18	70-74	0.9235535	3382	3705	3872	4004	4786	3624	3437	
19	75-79	0.8600912	2744	3123	3422	3576	3698	4420	3347	
20	80-84	0.7489998	1873	2360	2686	2943	3075	3181	3802	
21	85-89	0.8863750	1145	1403	1768	2012	2205	2304	2382	
22	90<	0.0000000	645	1015	1243	1567	1784	1954	2042	
23										

(2) 出生数からの女子人口推計

　次に，女子人口に年齢別出生率を乗じて出生数を推計し，ここからセルO4～T4の範囲内，およびセルP5・T5・T9を結ぶ3角形の範囲内の部分の人口を推計する。そのための作業手順は，およそ以下のとおりである。

① セルI3からセルJ10の矩形範囲内に記載された出生率のデータを，先に述べた要領（②）でセルL25～M32の矩形範囲にコピーする。

② セルN26に，出生数の推計式「＝((N7＋O7)/2)＊＄M26」を入力する。すると，このセルのなかに「20」という値が現れる。なお，この計算式の入力に際しては，「＄」印のつけ方に注意をすること。

③ セルN26をクリックした後，同セルの右下の角にポインターを合わせて，その色が白（✥）から黒（✚）に変わったら，セルN32までドラッグする。そのまま，セルN32の右下の角にポインターを合わせて，その色が白（✥）から黒（✚）に変わったら，セルT32までドラッグする。すると，2002年～2032年までの各年齢の出生数が各セルのなかに現れる。なお，一部のセルにゼロの値が入るが，これはそのままにしてよい。

④ セルN33をクリックし，次いでアイコン∑（オートSUM）をクリックし

てから,【Enter】キーを押す。すると,総出生数がセル N33 に現れる。
⑤ セル N33 をクリックした後,同セルの右下の角にポインターを合わせて,その色が白(⊕)から黒(✚)に変わったら,セル T33 までドラッグする。すると,2002 年〜 2032 年の各年の総出生数が各セルのなかに現れる。
⑥ セル N34 に,5 年間の総出生数を求める計算式「= N33 * 5」を入力する。ついで,上記⑤の要領で 2032 年までの総出生数を算出する。
⑦ 次いで,セル N35 に女子出生数を求める計算式「= N34 *(100/205)」,セル N36 に男子出生数を求める計算式「= N34 *(105/205)」を入力し,上記⑤の要領で 2032 年までの男女の総出生数を算出する。

	L	M	N	O	P	Q	R	S	T
25		年齢別出生率							
26	15-19	0.00617	20	18	18	17	16	15	7
27	20-24	0.04005	148	131	119	115	113	106	51
28	25-29	0.09383	401	347	306	279	270	264	130
29	30-34	0.08864	414	378	328	289	263	255	126
30	35-39	0.03268	144	152	139	120	106	97	47
31	40-44	0.00425	17	19	20	18	16	14	6
32	45-49	0.00010	0	0	0	0	0	0	0
33		総出生数	1144	1046	930	840	784	750	368
34		総出生数5年間	5722	5230	4651	4198	3922	3751	1838
35		女子出生数	2791	2551	2269	2048	1913	1830	897
36		男子出生数	2931	2679	2382	2150	2009	1921	941

⑧ セル O4 に計算式「= N35 * $M$3」を入力する。すなわち,女子の出生数に生残率をかけて,2007 年の 0-4 歳の女子人口を求める。
⑨ 最後に,セル O4 をクリックした後,同セルの右下の角にポインターを合わせて,その色が白(⊕)から黒(✚)に変わったら,セル T4 までドラッグする。すると,2002 年〜 2032 年の各年の年齢別女子人口が推計できる。

	L	M	N	O	P	Q	R	S	T
2	年齢	Sfx(生残率)	2002	2007	2012	2017	2022	2027	2032
3	<0	0.9967780	Px						
4	0-4	0.9990871	2862	2782	2543	2262	2041	1907	1824
5	5-9	0.9995441	2919	2859	2780	2541	2259	2039	1905
6	10-14	0.9993771	3044	2918	2858	2778	2540	2258	2038
7	15-19	0.9988480	3507	3042	2916	2856	2777	2538	2257
8	20-24	0.9986333	3910	3503	3039	2912	2853	2773	2535
9	25-29	0.9982243	4645	3905	3498	3034	2909	2849	2770
10	30-34	0.9974539	4699	4637	3898	3492	3029	2903	2844
11	35-39	0.9963624	4099	4687	4625	3888	3483	3021	2896
12	40-44	0.9944860	3876	4084	4670	4608	3874	3470	3010
13	45-49	0.9912297	4064	3855	4062	4644	4583	3852	3451
14	50-54	0.9870342	5321	4028	3821	4026	4604	4543	3819
15	55-59	0.9817815	4394	5252	3976	3771	3974	4544	4484
16	60-64	0.9722682	4171	4314	5156	3904	3703	3901	4461
17	65-69	0.9547298	3881	4055	4194	5013	3795	3600	3793
18	70-74	0.9235535	3382	3705	3872	4004	4786	3624	3437
19	75-79	0.8600912	2744	3123	3422	3576	3698	4420	3347
20	80-84	0.7489998	1873	2360	2686	2943	3075	3181	3802
21	85-89	0.8863750	1145	1403	1768	2012	2205	2304	2382
22	90<	0.0000000	645	1015	1243	1567	1784	1954	2042
23		女子人口総数	65181	65528	65027	63833	61970	59683	57097

⑩ セルN23をクリックした後，アイコン Σ（オートSUM）をクリックしてから，【Enter】キーを押す。すると，女子総人口がセルN23に現れる。

⑪ セルN23を再度クリックし，同セルの右下の角にポインターを合わせて，その色が白（⊕）から黒（✚）に変わったら，セルT23までドラッグする。すると，2002年～2032年の女子人口の総数が推計できる。

（3）男子人口・総人口の推計

男子人口の推計は，女子人口の推計より単純な作業で終わる。

① セルA2～A22に記入された年齢の階級のタイトルを，先に述べた要領で，セルL40～L60にコピーする。

② セルM41に生残率の計算式「＝C4/C3」を入力し，【Enter】キーを押す。

③ セルM41をクリックした後，同セルの右下の角にポインターを合わせて，その色が白（⊕）から黒（✚）に変わったら，セルM60までドラッグする。以上で，生残率の計算結果が各セルのなかに現れる。

④ セルG3～G22の男子年齢別人口のデータをセルN41～N60にコピーす

る。

⑨ セル N40 〜 T40 に，2002 年から 2032 年までの年を 5 年間隔で記入する。

⑩ セル O43 に，5 年後の人口の推計式「＝ N42 ＊ $M42」を入力する。すると，セル O43 に，推計値 3010 という数値が現れてくる。なお，この計算式を入力する際には，「$」印のつけ方に注意をすること。

⑪ セル O43 をクリックした後，同セルの右下の角にポインターを合わせて，その色が白（⇧）から黒（✚）に変わったら，セル O60 までドラッグする。すると，2007 年の推計結果が各セルのなかに現れる。そのまま，セル O60 の右下角にポインターを合わせて，その色が白（⇧）から黒（✚）に変わったら，セル T60 までドラッグする。すると，2032 年までの各年別男子人口の推計結果が各セルのなかに現れる。ただし，セル O42 〜 T42 は空欄，またセル P43・T43・T47 を結ぶ 3 角形の範囲内の推計結果はゼロ（0）になる。この部分の人口は，先に計算した男子総出生数から算出する。

	L	M	N	O	P	Q	R	S	T	U
40	年齢	Smx(生残率)	2002	2007	2012	2017	2022	2027	2032	
41	<0	0.9963500	Px							
42	0-4	0.9989321	3013							
43	5-9	0.9994474	3064	3010	0	0	0	0	0	
44	10-14	0.9987615	3200	3062	3008	0	0	0	0	
45	15-19	0.9972904	3687	3196	3059	3004	0	0	0	
46	20-24	0.9968935	4102	3677	3187	3050	2996	0	0	
47	25-29	0.9964262	4786	4089	3666	3177	3041	2987	0	
48	30-34	0.9951921	4794	4769	4075	3652	3166	3030	2976	
49	35-39	0.9929288	4163	4771	4746	4055	3635	3151	3015	
50	40-44	0.9890103	3921	4134	4737	4712	4026	3609	3129	
51	45-49	0.9820223	4086	3878	4088	4685	4661	3982	3570	
52	50-54	0.9711211	5287	4013	3808	4015	4601	4577	3911	
53	55-59	0.9574310	4263	5134	3897	3698	3899	4468	4445	
54	60-64	0.9355484	3930	4082	4916	3731	3541	3733	4278	
55	65-69	0.8959247	3493	3677	3818	4599	3490	3313	3492	
56	70-74	0.8358320	2828	3129	3294	3421	4120	3127	2968	
57	75-79	0.7423400	1929	2364	2616	2753	2859	3444	2614	
58	80-84	0.6032395	982	1432	1755	1942	2044	2123	2557	
59	85-89	0.5892729	513	592	864	1059	1171	1233	1280	
60	90<	0.0000000	211	302	349	509	624	690	727	
61										

⑫ セルO42に計算式「＝N36＊＄M＄41」を入力する。すなわち，男子の出生数に生残率をかけて，2007年の0-4歳の男子人口を求める。

⑬ セルO42をクリックした後，同セルの右下の角にポインターを合わせて，その色が白（╬）から黒（✛）に変わったら，セルT42までドラッグする。すると，2002年～2032年の各年の年齢別人口が推計できる。

⑭ セルN61をクリックした後，アイコン Σ（オートSUM）をクリックしてから，【Enter】キーを押す。すると，男子総人口がセルN61に現れる。

⑮ セルN61を再度クリックし，同セルの右下の角にポインターを合わせて，その色が白（╬）から黒（✛）に変わったら，セルT61までドラッグする。すると，2002年～2032年の男子人口の総数が推計できる。

⑯ セルN62に計算式「＝N23＋N61」を入力して【Enter】キーを押すと，総人口が求められる。次に再度，セルN62をクリックし，同セルの右下の角にポインターを合わせて，その色が白（╬）から黒（✛）に変わったら，セルT62までドラッグする。すると，2002年～2032年の総人口が求められる。

	L	M	N	O	P	Q	R	S	T
40	年齢	Smx(生残率)	2002	2007	2012	2017	2022	2027	2032
41	＜0	0.9963500	Px						
42	0-4	0.9989321	3013	2920	2669	2374	2142	2002	1914
43	5-9	0.9994474	3064	3010	2917	2666	2371	2140	1999
44	10-14	0.9987615	3200	3062	3008	2915	2665	2370	2139
45	15-19	0.9972904	3687	3196	3059	3004	2912	2662	2367
46	20-24	0.9968935	4102	3677	3187	3050	2996	2904	2654
47	25-29	0.9964262	4786	4089	3666	3177	3041	2987	2895
48	30-34	0.9951921	4794	4769	4075	3652	3166	3030	2976
49	35-39	0.9929288	4163	4771	4746	4055	3635	3151	3015
50	40-44	0.9890103	3921	4134	4737	4712	4026	3609	3129
51	45-49	0.9820223	4086	3878	4088	4685	4661	3982	3570
52	50-54	0.9711211	5287	4013	3808	4015	4601	4577	3911
53	55-59	0.9574310	4263	5134	3897	3698	3899	4468	4445
54	60-64	0.9355484	3930	4082	4916	3731	3541	3733	4278
55	65-69	0.8959247	3493	3677	3818	4599	3490	3313	3492
56	70-74	0.8358320	2828	3129	3294	3421	4120	3127	2968
57	75-79	0.7423400	1929	2364	2616	2753	2859	3444	2614
58	80-84	0.6032395	982	1432	1755	1942	2044	2123	2557
59	85-89	0.5892729	513	592	864	1059	1171	1233	1280
60	90＜	0.0000000	211	302	349	509	624	690	727
61		男子人口総数	62252	62231	61468	60019	57964	55543	52929
62		総人口	127433	127758	126495	123852	119935	115226	110026

2 人口ピラミッド図の作成

 以上の推計結果をもとに，2032年の人口ピラミッドを描いてみる。その作業手順は，およそ次のとおりである。

① シート2（Sheet 2）を選択し，セルA1～A20に年齢階級を示すタイトルと数字を記入する。

② シート1（Sheet 1）のセルT4～T22の女子人口の推計結果（2032年）を，シート2のセルB2～B20にコピーする。その手順は次のとおり。

　ⓐ シート1のセルT4～T22をドラッグし，アイコン 📋（コピー）をクリックする。

　ⓑ シート2のセルB2をクリックした後，メニュー・バーの【編集（E）】をクリックし，【形式を選択して貼り付け（S）】をクリックする。

　ⓒ ダイアログ・ボックスの【値（V）】を選択してから，【OK】のボタンを押す。アイコン 📋（貼り付け）は，利用してはならない。

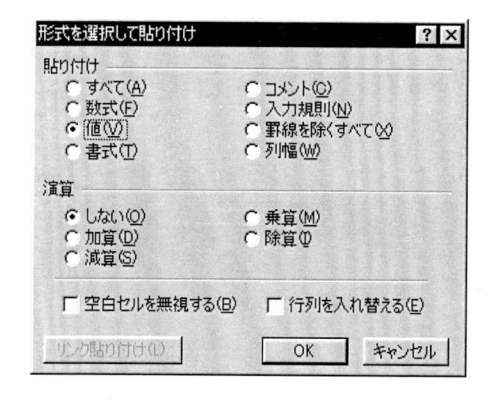

　ⓓ セルC2に，計算式「＝－1＊B2」を入力し，【Enter】キーを押す。－1を乗ずる理由は，作図をする上での便宜的処置である。

　ⓔ セルC2をクリックした後，同セルの右下の角にポインターを合わせ，同セルの右下の角にポインターを合わせて，その色が白（⇩）から黒（✚）に変わったら，セルB20までドラッグする。

⒡ 上記の手順②に従って，シート1のセルT42〜T60の男子人口の推計値を，シート2のセルD2〜D20にコピーする。
⒢ 男女等のタイトルを記入し，以下のデータを完成させる。

	A	B	C	D
1	年齢	女	女	男
2	0-4	1824	-1824	1914
3	5-9	1905	-1905	1999
4	10-14	2038	-2038	2139
5	15-19	2257	-2257	2367
6	20-24	2535	-2535	2654
7	25-29	2770	-2770	2895
8	30-34	2844	-2844	2976
9	35-39	2896	-2896	3015
10	40-44	3010	-3010	3129
11	45-49	3451	-3451	3570
12	50-54	3819	-3819	3911
13	55-59	4484	-4484	4445
14	60-64	4461	-4461	4278
15	65-70	3793	-3793	3492
16	70-74	3437	-3437	2968
17	75-79	3347	-3347	2614
18	80-84	3802	-3802	2557
19	85-90	2382	-2382	1280
20	90<	2042	-2042	727

③ セルC1〜D20をドラッグし，アイコン📊（グラフウィザード）をクリックする。
④ ダイアログ・ボックスで，【グラフの種類（C）】は【横棒】を，【形式（T）】は【集合横棒】を選択し，【次へ>】を押す。
⑤ 【系列】では，【項目ラベルに使用（T）】のボックス右端にあるボタン📊（ダイアログ縮小）を押した後に，セルA2〜A20をドラッグし，さらにボタン📊を押してから，ボタン【次へ>】をクリックする。
⑥ 【タイトルとラベル（T）】には「人口ピラミッド（2032年）」，【X項目軸（C）】には「年齢」，【Y項目軸（V）】には「人口数」と記入し，【次へ>】をクリックし，さらに【完了（F）】をクリックする。
⑦ これまでの諸章で説明した要領で，図を適当な大きさに拡大する。

人口ピラミッド(2032年)

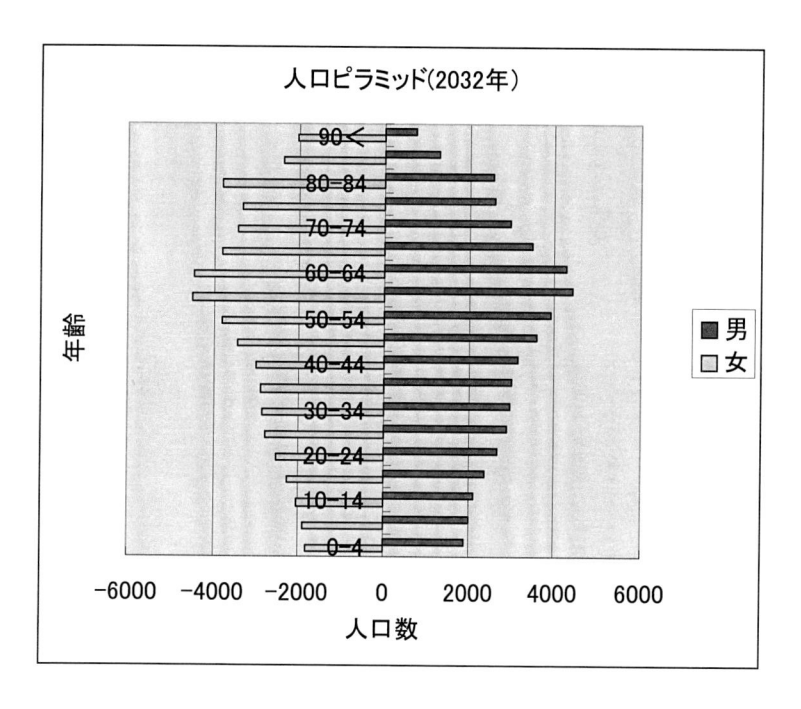

⑧ この図はみにくいので，次の修正を施して，図をみやすくする。
　ⓐ 図中の白地の部分（どこでも良い）をダブルクリックし，画面に現れたダイアログ・ボックス【グラフエリアの書式設定】の中の【フォント】の【サイズ (S)】で「8」を選択し，【OK】ボタンを押す。
　ⓑ 図の底辺の数値軸にポインターを合わせてダブルクリックすると，画面にダイアログ・ボックス【軸の書式設定】が現れるので，【表示形式】を選んで，そのなかの【分類 (C)】は【数値】を，【負の数の表示形式 (N)】は赤い字の【1234】を選択してから，【OK】を押す。
　ⓒ 「年齢」の文字にポインターを合わせてダブルクリックすると，ダイアログ・ボックス【軸ラベルの書式設定】が現れるので，【配置】を選択し，【方向】で縦書きの【文字列】を選択し，【OK】を押す。
　ⓓ 図中の人口を示す任意の横棒（どれでも良い）にポインターを合わせてダブルクリックすると，ダイアログ・ボックス【データ系列の書式設

定】が現れるので，そのなかの【オプション】を選択し，【棒の重なり(O)】を【100】に，【棒の間隔(W)】を【0】に修正してから，【OK】ボタンを押す。

以上の処理を行うことによって，本編の冒頭で示した2032年の時点における日本の総人口の人口ピラミッド図が描ける。

【Ⅱ】VBA の活用

以下では，VBA を用いてコーホート要因法による 5 歳階級別人口推計のプログラムを作成し，これによって人口推計を行う。

VBA を活用する方法の概要は，およそ次のとおりである。まず，最初に行うことは，推計に用いるデータの作成である。

1 推計用データの作成

① ワークシート 3（Sheet 3）を選択する。
② Sheet 1 に入力されていた人口データ（男女別の生命表静止人口，男女年齢（5歳階級別）人口，年齢別出生率に関するデータ）を，Sheet 3 にコピーするなどして，次頁のデータを作成する。

なお，コピーの詳細な方法に関しては，これまでの説明を参照されたい。

	A	B	C	D	E	F	G	H
1		女	男					
2	年齢	Lx	Lx			女	男	年齢別出生率
3	＜0	500000	500000		年齢	PFx	PMx	
4	0-4	498389	498175		0-4	2862	3013	0.00000
5	5-9	497934	497643		5-9	2919	3064	0.00000
6	10-14	497707	497368		10-14	3044	3200	0.00000
7	15-19	497397	496752		15-19	3507	3687	0.00617
8	20-24	496824	495406		20-24	3910	4102	0.04005
9	25-29	496145	493867		25-29	4645	4786	0.09383
10	30-34	495264	492102		30-34	4699	4794	0.08864
11	35-39	494003	489736		35-39	4099	4163	0.03268
12	40-44	492206	486273		40-44	3876	3921	0.00425
13	45-49	489492	480929		45-49	4064	4086	0.00010
14	50-54	485199	472283		50-54	5321	5287	0.00000
15	55-59	478908	458644		55-59	4394	4263	0.00000
16	60-64	470183	439120		60-64	4171	3930	0.00000
17	65-69	457144	410818		65-69	3881	3493	0.00000
18	70-74	436449	368062		70-74	3382	2828	0.00000
19	75-79	403084	307638		75-79	2744	1929	0.00000
20	80-84	346689	228372		80-84	1873	982	0.00000
21	85-89	259670	137763		85-89	1145	513	0.00000
22	90＜	230165	81180		90＜	645	211	0.00000

2 VBAの活用

① メニュー・バーの【ツール(T)】をクリックし，現れてくるプルダウン・メニューの【マクロ(M)】を経て，【Visual Basic Editor(V)】をクリックして，ビジュアル・ベーシック・エディターを起動させる。

② ビジュアル・ベーシック・エディターのメニュー・バーの中の【挿入(I)】をクリックし，次いで【標準モジュール(M)】をクリックする。すると，VBAによるプログラムの入力が可能な状態になる。

③ ここまできたら，次のプログラムを入力する。

――――――――＜将来人口推計プログラム＞――――――――

```
Sub popest1()
Dim pfx, pmx, lfx, lmx, sfx, smx, asfr, nb, yt, tf, tm, gt
```

```
n = 19: m = 7: yt = 2002: age = 0
ReDim pfx(n, m), pmx(n, m), lfx(n), lmx(n), sfx(n), smx(n), asfr(n), nb(m)

' 【データ読込】
For i = 0 To n
lfx(i) = Sheets("sheet3").Cells(i + 3, 2).Value
lmx(i) = Sheets("sheet3").Cells(i + 3, 3).Value
Next i


For i = 1 To n
pfx(i, 1) = Sheets("sheet3").Cells(i + 3, 6).Value
pmx(i, 1) = Sheets("sheet3").Cells(i + 3, 7).Value
asfr(i) = Sheets("sheet3").Cells(i + 3, 8).Value
Next i


For i = 1 To n
sfx(i - 1) = lfx(i) / lfx(i - 1)
smx(i - 1) = lmx(i) / lmx(i - 1)
Next i


' 【推計演算】
For y = 2 To m


' 【人口】
    For a = 1 To n
    pfx(a, y) = pfx(a - 1, y - 1) * sfx(a - 1)
    pmx(a, y) = pmx(a - 1, y - 1) * smx(a - 1)
    Next a
```

```
'【出生】
    tb = 0
      For a = 2 To n
        b = ((pfx(a, y - 1) + pfx(a, y)) / 2) * asfr(a)
        tb = tb + b
      Next a
    nb(y - 1) = tb * 5

'【出生人口推計】
    pfx(0, y - 1) = nb(y - 1) * (100 / 205)
    pmx(0, y - 1) = nb(y - 1) * (105 / 205)
pfx(1, y) = pfx(0, y - 1) * sfx(0)
pmx(1, y) = pmx(0, y - 1) * smx(0)


Next y


'【推計結果表示】
Sheets("sheet4").Cells(1, 1).Value = "年"
Sheets("sheet4").Cells(2, 1).Value = "女"
Sheets("sheet4").Cells(3, 1).Value = "年齢"
Sheets("sheet4").Cells(23, 1).Value = "合計"
Sheets("sheet4").Cells(25, 1).Value = "年"
Sheets("sheet4").Cells(26, 1).Value = "男"
Sheets("sheet4").Cells(27, 1).Value = "年齢"
Sheets("sheet4").Cells(47, 1).Value = "合計"
Sheets("sheet4").Cells(48, 1).Value = "総計"


age = age - 5
```

```
For k = 1 To n
    age = age + 5
    Sheets("sheet4").Cells(k + 3, 1).Value = age
    Sheets("sheet4").Cells(k + 27, 1).Value = age
Next k

yt = yt - 5

For y = 1 To m

    yt = yt + 5
    Sheets("sheet4").Cells(1, y + 1).Value = yt
    Sheets("sheet4").Cells(25, y + 1).Value = yt

    tf = 0: tm = 0: gt = 0
    For a = 1 To n
    tf = tf + pfx(a, y): tm = tm + pmx(a, y): gt = tf + tm
    Sheets("sheet4").Cells(a + 3, y + 1).Value = pfx(a, y)
    Sheets("sheet4").Cells(a + 27, y + 1).Value = pmx(a, y)
    Next a
    Sheets("sheet4").Cells(23, y + 1).Value = tf
    Sheets("sheet4").Cells(47, y + 1).Value = tm
    Sheets("sheet4").Cells(48, y + 1).Value = gt
Next y

End Sub
```

③ 上記のプログラムの入力した後，人口推計を実施すると，Sheet 4にその結果が現れる。なお，このプログラムの動かし方であるが，これには2つの方法がある。まず第1は，ビジュアル・ベーシック・エディターの上で，メニュー・バーの【Sub/ユーザーフォームの実行】のアイコン（▶の印）を選択する方法である。第2の方法は，ワークシート4（Sheet 4）に戻って，メニュー・バーの【ツール（T）】をクリックし，【マクロ（M）】を経て，【▶マクロ（M）】をクリックした後，現れてきたダイアログ・ボックスの【マクロ名（M）】を指定し，【実行（R）】のボタンを押す方法である。いずれの場合にも，Sheet 4に下記の計算結果が現れる。

	A	B	C	D	E	F	G	H
1	年	2002	2007	2012	2017	2022	2027	2032
2	女							
3	年齢							
4	0	2862	2782	2543	2262	2041	1907	1824
5	5	2919	2859	2780	2541	2259	2039	1905
6	10	3044	2918	2858	2778	2540	2258	2038
7	15	3507	3042	2916	2856	2777	2538	2257
8	20	3910	3503	3039	2912	2853	2773	2535
9	25	4645	3905	3498	3034	2909	2849	2770
10	30	4699	4637	3898	3492	3029	2903	2844
11	35	4099	4687	4625	3888	3483	3021	2896
12	40	3876	4084	4670	4608	3874	3470	3010
13	45	4064	3855	4062	4644	4583	3852	3451
14	50	5321	4028	3821	4026	4604	4543	3819
15	55	4394	5252	3976	3771	3974	4544	4484
16	60	4171	4314	5156	3904	3703	3901	4461
17	65	3881	4055	4194	5013	3795	3600	3793
18	70	3382	3705	3872	4004	4786	3624	3437
19	75	2744	3123	3422	3576	3698	4420	3347
20	80	1873	2360	2686	2943	3075	3181	3802
21	85	1145	1403	1768	2012	2205	2304	2382
22	90	645	1015	1243	1567	1784	1954	2042
23	合計	65181	65528	65027	63833	61970	59683	57097

	A	B	C	D	E	F	G	H
25	年	2002	2007	2012	2017	2022	2027	2032
26	男							
27	年齢							
28	0	3013	2920	2669	2374	2142	2002	1914
29	5	3064	3010	2917	2666	2371	2140	1999
30	10	3200	3062	3008	2915	2665	2370	2139
31	15	3687	3196	3059	3004	2912	2662	2367
32	20	4102	3677	3187	3050	2996	2904	2654
33	25	4786	4089	3666	3177	3041	2987	2895
34	30	4794	4769	4075	3652	3166	3030	2976
35	35	4163	4771	4746	4055	3635	3151	3015
36	40	3921	4134	4737	4712	4026	3609	3129
37	45	4086	3878	4088	4685	4661	3982	3570
38	50	5287	4013	3808	4015	4601	4577	3911
39	55	4263	5134	3897	3698	3899	4468	4445
40	60	3930	4082	4916	3731	3541	3733	4278
41	65	3493	3677	3818	4599	3490	3313	3492
42	70	2828	3129	3294	3421	4120	3127	2968
43	75	1929	2364	2616	2753	2859	3444	2614
44	80	982	1432	1755	1942	2044	2123	2557
45	85	513	592	864	1059	1171	1233	1280
46	90	211	302	349	509	624	690	727
47	合計	62252	62231	61468	60019	57964	55543	52929
48	総計	127433	127758	126495	123852	119935	115226	110026

参考文献

（1） 石橋春男『現代経済学』成文堂，1999年。
（2） 石弘光『ケインズ政策の功罪』東洋経済新報社，1982年。
（3） 市村潤・酒井慶一『予測のためのBASIC』ナカニシヤ出版，1981年。
（4） 上田正夫『人口統計学』一粒社，1977年。
（5） 大塚友美『ボーダーレス化の政治経済学』創成社，1996年。
（6） 大西正和『フォートラン演習120題』日刊工業新聞社，1977年。
（7） 大西正和『需要予測とコンピュータプログラム』日刊工業新聞社，1982年。
（8） 小野旭『労働経済学』東洋経済新報社，2004年。
（9） 尾上久雄・新野幸次郎編『経済政策論』有斐閣，1979年。
（10） 香西泰監訳『経済成長理論』日本経済新聞社，1999年。
（11） 国立社会保障・人口問題研究所編『人口の動向（2004年度版）』厚生統計協会，2004年。
（12） 小島紀男・町田東一『パソコンBASIC数値計算』東海大学出版会，1982年。
（13） 小宮隆太郎・兼光秀郎訳『現代経済学』創文社，1976年。
（14） 伊達邦春・柏崎利之輔『経済原論』学文社，1992年。
（15） 趙華安『Excelによる数値計算法』共立出版，2003年。
（16） 東北学院大学教養学部情報処理教育研究会編『教養のための情報処理入門』東北学院大学教養学部情報処理教育研究会，1999年。
（17） 鳥居泰彦『経済発展理論』東洋経済新報社，1983年。
（18） 日本経済新聞社編『日本経済入門』日本経済新聞社，1999年。
（19） 原田康平『Visual Basicプログラミング入門』牧野書店，1998年。

(20) 藤野正三郎『所得理論』東洋経済新報社，1984年。
(21) 古川哲也『FortranとCによる経済分析』九州大学出版会，1996年。
(22) 古郡鞆子『働くことの経済学』有斐閣，2004年。
(23) 三橋規宏・内田茂男・池田吉紀『日本経済入門（2003年度版）』日本経済新聞社，2003年。
(24) 蓑谷千凰彦『計量経済学』東洋経済新報社，2003年。
(25) 村田光義『基本マクロ経済学』税務経理協会，1991年。
(26) 唯是康彦『Excelで学ぶ計量経済学入門』東洋経済新報社，2003年。
(27) 余語將尊『現代ミクロ経済学』慶應義塾大学出版会，2002年。
(28) 渡部茂『経済理論入門』税務経理協会，1997年。
(29) Andrew Hinde, *Demographic Methods*, Arnold, 1998.
(30) N. Keyfitz and W. Flieger, *Population: Facts and Methods of Demography*, W. H. Freeman and Company, 1971.
(31) Roland Pressat, *Demographic Analysis*, Aldine・Atherton, 1972.

索引

<ア>

- IS-LM 分析 ……………………………150
- IS-LM モデル …………………………155
- IS 曲線 …………………………………147
- アダム=スミス ………………2, 94, 100, 120
- 安価な政府 ………………………………2

<イ>

- インフレーション ………………………128

<エ>

- LM 曲線 …………………………………148
- MINVERSE ……………………………23
- MMULT …………………………………24

<オ>

- 温室効果ガス ……………………………13

<カ>

- 回帰分析 …17, 19, 71, 73, 74, 78, 80, 83, 103, 106, 109, 188, 190, 191, 214, 216
- 回復 ………………………………………171
- 外部不経済 ………………………………13
- ガウス=ザイデル法 ………139, 163, 166
- 下級財 ……………………………………36
- 家計 …………………………2, 3, 30, 60
- 家計所得 …………………………………38
- 家計の行動 ………………………………49
- 加速度係数 ………………………………177
- 加速度原理 ………………………………176
- 貨幣市場 …………………………………146
- 貨幣市場の均衡 …………………………148

<カ> (right column)

- 可変費用 …………………………………61
- 神の『見えざる手』……2, 8, 94, 100, 120
- 環境破壊 ……………………………12, 13
- 完全競争市場 ………………………60, 99

<キ>

- 企業 …………………………………2, 3, 60
- 技術革新説 ………………………………175
- 技術進歩率 …………………204, 206, 226
- 基礎消費 ……………………………122, 133
- キチンの波 ………………………………174
- 供給曲線 ………………4, 17, 19, 68, 99
- 供給重視の経済 …………………………131
- 行列 ………………………………………23
- 行列の利用 ………………………………162
- 均衡価格 ………………………4, 15, 22, 99
- 均衡国民所得 ………………………123, 124
- 均衡量 …………………………4, 15, 22, 99

<ク>

- クズネッツの波 …………………………174
- クラウディング・アウト ………………152
- グラフウィザード ……20, 49, 57, 85, 111, 135, 157, 183, 194, 219, 248

<ケ>

- 景気循環 …………………………………170
- 景気変動 …………………………………170
- 経済財 ……………………………………11
- 経済成長 …………………………………200
- 経済成長経路 ……………………………204
- 計量経済モデル …………………………173
- ケインズ ……………………………121, 146

ケネディ政権 …………………………127
限界収入 ……………………………65, 97
限界収入曲線 …………………………107
限界消費性向 ……………………122, 133
限界費用 ……………………………62, 97
限界費用曲線 ………………64, 81, 109
現実成長率 ……………………………201

＜コ＞

公害 ……………………………………12, 13
好況 ……………………………………171
公共事業 ………………………………125
合計出生率 ……………………………231
合成の誤謬 ……………………………127
後退 ……………………………………171
効用 ……………………………………30
効用関数 ………………………………38
効用の最大化 …………………………34
コーホート要因法 ……………226, 230
ゴールシーク ………………86, 88, 112, 159
固定費用 ………………………………61
コンドラチェフの波 …………………174

＜サ＞

サーベイ・データ ……………………173
最終生産物市場 ………………………3
最適生産量 ……………………………64, 98
裁量的財政政策 ………………………124
サムエルソン …………………………176
産業の空洞化 …………………128, 130

＜シ＞

自己責任原則 …………………………8
市場 ……………………………2, 60, 120
市場経済 ……………………………2, 30, 94
市場の失敗 ……………………………10, 14
市場（価格）の自動調節機能 ………6, 94
市場モデル …………………………2, 15, 19
自然成長率 ……………………………203

資本係数 ………………………………202
資本蓄積率 ……………………207, 208
社会経済的格差 ………………………8
社会主義経済 …………………………6
社会保障制度 …………………………9
自由競争 ………………………………94
自由財 …………………………………10
自由放任 ………………………………2
ジュグラーの波 ………………………174
需要曲線 ………………………3, 17, 103
乗数理論 ………………………………176
消費者余剰 ……………………………5
消費選択 ………………………………30
将来人口推計 …………………230, 240
所得・消費曲線 ………………………35
所得効果 ………………………………36
人口増加率 …204, 205, 206, 207, 208, 226
人口転換理論 …………………………232
人口ピラミッド ………………227, 234
人口要因 ………………………………226

＜ス＞

スタグネーション ……………………128
スタグフレーション …………………128

＜セ＞

生産者余剰 ……………………………5
生産物市場 ……………………………146
生産物市場の均衡 ……………………147
生産要素市場 …………………………3
生残率 …………………………………229
正常財 …………………………………35
生存権 ………………………9, 14, 121
セイの法則 ……………………………121
生命表 …………………………………230
世界的大不況 …………………………120

＜ソ＞

操業停止点 ……………………………68

総収入	60, 96
総収入曲線	105
総費用	60, 61, 95
総費用曲線	71
総余剰	5, 99
ソルバー	45, 46, 54, 86, 114, 138, 160
損益分岐点	67

<タ>

対外直接投資	130
大恐慌	120
大衆民主主義	126
代替効果	36
高橋是清	125
男女の配分係数	230

<チ>

中央計画機関	6
中間生産物市場	3
直接用役市場	3

<ト>

独占	8, 95
独占企業	94, 96
独占禁止法	9, 14, 94, 100

<ニ>

2・26事件	126
2分法	89, 90
日本経済	125
ニュートン法	112, 114, 116

<ネ>

年齢構成	234
年齢別出生率	229, 231

<ハ>

ハーヴェイ・ロードの前提	126
排出権の取引	13

掃出し法	25
ハロッド＝ドーマー・モデル	201, 210
ハロッド＝ドーマー生産関数	211, 213

<ヒ>

必要資本係数	202
表計算機能	16, 43, 70, 101, 133, 155, 181, 212, 240
VBA	16, 25, 43, 51, 70, 89, 90, 101, 116, 142, 165, 194, 221, 250

<フ>

不況	171
福祉国家	9, 14
プライス・テーカー	61, 95
プライス・メーカー	95

<ヘ>

平均可変費用	62
平均可変費用曲線	79
平均固定費用	62
平均固定費用曲線	77
平均費用	62, 97
平均費用曲線	63, 74, 109
ヘーゲンの経済発展モデル	235

<ホ>

保証成長率	202

<マ>

マクロ経済モデル	176
マルサス的ジレンマ	236

<ム>

無差別曲線	32, 34, 42, 48

<ヤ>

夜警国家観	2

索引

＜ユ＞

有効需要の原理 ……………121, 124, 146

＜ヨ＞

余暇時間………………………………38, 55
予算制約線 ………………31, 34, 42, 44

＜リ＞

利潤 ………………………………………60
利潤の最大化 …………………60, 95, 97

＜レ＞

連立方程式……………………………22, 23

＜ロ＞

労働供給 ………………37, 38, 53, 56
労働供給曲線 ……………………………40
労働時間………………………………38, 55
ロシア革命 ……………………………10, 120
ロジスティック曲線……………………234

《著者紹介》

大塚友美（おおつか・ともみ）

　1953年　東京都に生まれる
　1976年　日本大学経済学部卒業
　1982年　日本大学大学院経済学研究科博士後期課程満期退学
　1999年　学術博士（東北学院大学）
　2001～2019年　日本大学文理学部教授
　2005～2015年　日本大学大学院総合科学研究科教授
　2019年　日本大学文理学部特任教授（現在に至る）

《主要著書》

『人類の歩み』（共著，文眞堂，2017年）
『ボーダーレス化の政治経済学』（単著，創成社，1996年）
『生存と死亡の人口学』（共著，大明堂，1994年）
『中国の社会経済発展』（共著，人と文化社，1994年）
『国際労働移動の政治経済学』（単著，税務経理協会，1993年）
『アジアの労働力移動』（共著，アジア人口・開発協会，1992年）

（検印省略）

　2005年6月5日　初版発行
　2007年3月10日　二刷発行
　2011年3月10日　三刷発行
　2020年3月10日　四刷発行
　2022年3月10日　五刷発行　　　　　　　　　略称―実験経済

実験で学ぶ経済学

著　者	大　塚　友　美
発行者	塚　田　尚　寛

発行所	東京都文京区 春日2-13-1	株式会社 創 成 社

電　話　03（3868）3867　　FAX　03（5802）6802
出版部　03（3868）3857　　振　替　00150-9-191261
http://www.books-sosei.com

定価はカバーに表示してあります。

©2005 Tomomi Otsuka　　組版：ワードトップ　印刷：SDプリント
ISBN978-4-7944-3076-2　C3033　　製本：宮製本所
Printed in Japan　　　　　　　　落丁・乱丁本はお取り替えいたします。

─── 経済学選書 ───

実験で学ぶ経済学	大塚友美 著	2,600 円
ボーダーレス化の政治経済学	大塚友美 著	2,330 円
需要と供給	ラルフ・タービー 著 石橋春男／関谷喜三郎 訳	1,500 円
ミクロ経済学	関谷喜三郎 著	2,500 円
国際公共経済学 —国際公共財の理論と実際—	飯田幸裕／大野裕之／寺崎克志 著	2,000 円
福祉の総合政策	駒村康平 著	2,800 円
日本の財政	大川政三／大森誠司／大江川雅司／池田浩史／久保田昭治 著	2,800 円
財政学	小林威 編著	3,600 円
韓国の地方税—日本との比較の視点—	鞠重鎬 著	2,000 円
新生アルバニアの混乱と再生	中津孝司 著	1,800 円
エネルギー資源争奪戦の深層 —国際エネルギー企業のサバイバル戦略—	中津孝司 著	2,000 円
国際経済学	多和田眞／近藤健児 編著	2,600 円
企業金融の経済理論	辻幸民 著	3,500 円
多変量・統計解析の基礎	岡本眞一 著	1,800 円
経済分析のための統計学入門	原田明信 著	2,400 円
公共経済学	谷口洋志 著	3,495 円
米国の電子商取引政策	谷口洋志 著	2,800 円
マクロ経済学＆日本経済	水野勝之 著	2,500 円
イギリス経済思想史	小沼宗一 著	1,700 円
インド経済と開発	澤田貴之 著	2,700 円
アジア経済論	澤田貴之 著	2,300 円

（本体価格）

─── 創成社 ───